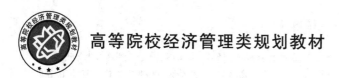

高等院校经济管理类规划教材

电子商务案例及分析
（第2版）

主　编　胡　桃　陈德人
副主编　张少中　高功步　邵　明
　　　　徐林海　吕廷杰

北京邮电大学出版社
www.buptpress.com

内 容 简 介

本书从大数据和小案例的视角对电子商务进行了剖析,包括具有代表性的 40 多个电子商务案例。本书分为导引篇、电子商务平台服务篇、电子商务专业服务篇、电子商务衍生服务篇、电子商务特色服务篇等 5 篇,具体包括用大数据和小案例认识电子商务、电子商务案例研究方法和立体化电子商务案例平台概述、B2B 平台服务类、B2C 平台服务类、C2C 平台服务类、C2B 平台服务类、O2O 平台服务类、SNS 平台服务类、金融与支付类、信用服务类、物流服务类、信息服务类、运营管理类、营销与推广服务类、社区与生活服务类、跨境电子商务服务类、农村电子商务服务类、区域电子商务服务类、电子商务服务园区类、"互联网+"服务类、直播电商服务类等内容,对电子商务相关企业的发展历程、商业模式、经营业务、现存问题和发展趋势等方面进行了系统分析。大部分案例都附有案例导读、课堂讨论、课后思考题及拓展阅读,有助于学生拓展思维和提高案例分析能力。

本书可作为高等院校经济管理、电子商务等专业本科生、研究生的教材,也可作为电子商务领域的专业人员进行案例调研的参考资料。

图书在版编目(CIP)数据

电子商务案例及分析 / 胡桃,陈德人主编 . -- 2 版.
北京 : 北京邮电大学出版社,2025. -- ISBN 978-7-5635-7421-6
Ⅰ. F713.36
中国国家版本馆 CIP 数据核字第 202415HD43 号

策划编辑:彭 楠　　责任编辑:刘春棠　王小莹　　责任校对:张会良　　封面设计:七星博纳

出版发行	北京邮电大学出版社
社　　址	北京市海淀区西土城路 10 号
邮政编码	100876
发 行 部	电话:010-62282185　传真:010-62283578
E-mail	publish@bupt.edu.cn
经　　销	各地新华书店
印　　刷	保定市中画美凯印刷有限公司
开　　本	787 mm×1 092 mm　1/16
印　　张	14.25
字　　数	380 千字
版　　次	2020 年 6 月第 1 版　2025 年 1 月第 2 版
印　　次	2025 年 1 月第 1 次印刷

ISBN 978-7-5635-7421-6　　　　　　　　　　　　　　　　　　　　定价:42.00 元

・如有印装质量问题,请与北京邮电大学出版社发行部联系・

编委会

主　编　胡　桃　陈德人

副主编　张少中　高功步　邵　明　徐林海　吕廷杰

参　编　白东蕊　焦春凤　祝凌曦　郭永奇　柯　浚
　　　　　顾建强　左匡天　吴怡莹　郑君臣　刘　畅

前　言

《电子商务案例及分析》(第1版)自2020年6月出版以来,受到广大师生的厚爱,在此我们表示衷心的感谢。

随着互联网技术的飞速发展,电子商务已经渗透到我们生活的方方面面,成为推动经济发展的重要力量。电子商务行业的竞争日趋激烈,新的商业模式和电商案例不断涌现。

本书内容围绕电子商务平台服务、电子商务专业服务、电子商务衍生服务、电子商务特色服务4个模块展开,共计21章。本书对经典案例进行了介绍、分析和探讨,旨在帮助读者更好地了解电子商务领域的最新动态和未来趋势。本书在《电子商务案例及分析》(第1版)的基础上做了如下修改。

① 更新扩充教材章节内容。我们对本书内容进行了全面更新和扩充,新增了"马蜂窝自由行,马上出发,蜂玩天下！——马蜂窝""从社交平台到电商平台的'种草'——小红书""亚马逊的十大物流技术""中国邮政的农村电子商务发展战略""抖音电商——创造美好生活""逛蘑菇街,总有高手帮你挑""李佳琦的成功之路"等7个具有时代特色的案例。这些案例不仅展示了电子商务行业的最新发展动态,也展示了电商创新模式在具体实践中的广泛应用,旨在为读者在电商领域的学习和实践提供丰富的参考。

② 删减优化章节内容。我们删除了"线上线下协同打造中国时尚品牌——宁波太平鸟""京东也困难——京东关闭原拍拍网平台""幸福手拉手——拉手网"等案例。随着时代的变迁,这些案例已难以准确反映当前电子商务行业的最新动态与发展趋势。我们对原有章节进行了深入细致的优化调整,重新梳理了各章节之间的逻辑关系,确保全书结构更为紧凑、条理更为清晰。

本书具有以下几个特点。

① 从大数据、小案例视角编写电子商务案例。电子商务行业的发展十分迅速,电子商务案例存在非常强的时效性。本书精选了40多个在电子商务浪潮中脱颖而出的案例,向读者展示了案例企业的最新数据和发展模式,与实际接轨,这样有利于培养实用型电子商务人才。

② 内容全面,框架完整。本书基于对案例分析方法的研究,从企业发展运作的视角,注重构建分析框架,而不仅仅是介绍、总结案例本身的基本情况,既有利于读者更好地掌握案例分析方法,也有利于教师更好地实现将理论与实际结合的教学目的。

③ 注重对学生思维的拓展和分析能力的培养。本书在各案例结尾处安排了与案例

相关的课后思考题和拓展阅读，有助于读者拓宽视野，发散思维，化被动听课为主动学习，强化学习效果。所选题目难度适中，无标准答案，适合在教学过程中引导学生进行头脑风暴，利用小组讨论等方式活跃课堂气氛，从而达到更好的教学效果。

本书是集体智慧的结晶，由胡桃、陈德人、张少中、高功步、邵明、徐林海、吕廷杰、白东蕊、焦春凤、祝凌曦、郭永奇、柯浚、顾建强、左匡天、吴怡莹、郑君臣、刘畅等人共同编写。感谢南京奥派信息产业股份公司组织大家编写本书，该公司建设的中国电子商务案例教学平台(http://www.ceccase.com/)为本书提供了很多电子商务案例素材。同时，本书在编写过程中参考了很多书和论文，在此我们一并向作者致以谢意。

由于编者水平有限，书中难免存在疏漏和不足之处，恳请广大读者批评指正，编者将不胜感谢。

编　者

2024 年 12 月

目　录

第1篇　导引篇

第1章　用大数据和小案例认识电子商务 3
1.1　从工业制造到工业智造：电子商务的核心作用 3
1.2　用大数据服务电子商务：后时代电商来临 4
1.3　用小案例梳理电子商务的内涵：中国电子商务案例库 7

第2章　电子商务案例研究方法和立体化电子商务案例平台概述 9
2.1　电子商务案例研究方法 9
 2.1.1　基于项目的案例研究 9
 2.1.2　基于模型的案例研究 10
 2.1.3　基于价值的案例研究 11
 2.1.4　基于课程的案例研究 12
 2.1.5　基于内容的案例研究 12
 2.1.6　基于互动的案例研究 12
 2.1.7　基于大数据的案例研究 13
2.2　立体化电子商务案例平台和教学模式 14
 2.2.1　协作、互动、开放、共享的平台特色 14
 2.2.2　电子商务案例教学云服务平台的主要功能模块 15

第2篇　电子商务平台服务篇

第3章　B2B平台服务类 21
3.1　钢铁行业的亚马逊——宝钢电商平台 21
 3.1.1　宝钢电商的发展历程 21
 3.1.2　宝钢发展电子商务给企业带来的好处 22
 3.1.3　宝钢电子商务给我们的启示 23
3.2　供给侧结构性改革的先行者——海尔透明工厂 24
 3.2.1　海尔透明工厂简介 25
 3.2.2　海尔透明工厂的要素分析 25

  3.2.3 海尔透明工厂——供给侧结构性改革新模式 …………………………… 26
 3.3 商业连锁＋产业链融合——红豆居家 ………………………………………… 27
  3.3.1 红豆集团电子商务的发展背景 …………………………………………… 27
  3.3.2 红豆集团电子商务的发展现状 …………………………………………… 28
  3.3.3 红豆集团电子商务的商业模式分析 ……………………………………… 28

第 4 章　B2C 平台服务类 ……………………………………………………………… 31

 4.1 中国最大品牌折扣网——唯品会 ……………………………………………… 31
  4.1.1 唯品会的商业模式特征 …………………………………………………… 31
  4.1.2 唯品会的业务架构 ………………………………………………………… 32
  4.1.3 唯品会盈利模式的基本特征 ……………………………………………… 32
  4.1.4 对唯品会进一步发展的建议 ……………………………………………… 33
 4.2 马蜂窝自由行，马上出发，蜂玩天下！——马蜂窝 ………………………… 34
  4.2.1 马蜂窝的成长历程 ………………………………………………………… 34
  4.2.2 马蜂窝发展的流量密码——内容 ………………………………………… 35
  4.2.3 马蜂窝的核心竞争力 ……………………………………………………… 36
  4.2.4 马蜂窝的优化路径 ………………………………………………………… 39

第 5 章　C2C 平台服务类 ……………………………………………………………… 41

 5.1 商业巨头的成长之路——eBay ………………………………………………… 41
  5.1.1 eBay 的商业模式 …………………………………………………………… 41
  5.1.2 贝宝支付服务 ……………………………………………………………… 42
  5.1.3 从收购易趣到败走中国 …………………………………………………… 43
  5.1.4 机遇和挑战 ………………………………………………………………… 44
 5.2 C2C 二手交易平台——闲鱼 App ……………………………………………… 46
  5.2.1 经营模式 …………………………………………………………………… 46
  5.2.2 优势 ………………………………………………………………………… 47
  5.2.3 存在的问题 ………………………………………………………………… 47
  5.2.4 解决对策及建议 …………………………………………………………… 48

第 6 章　C2B 平台服务类 ……………………………………………………………… 50

 6.1 无所不能聚，好货不用挑——聚划算 ………………………………………… 50
  6.1.1 发展轨迹与成功的团购案例 ……………………………………………… 50
  6.1.2 合作运营模式及合作流程 ………………………………………………… 51
  6.1.3 创新模式 …………………………………………………………………… 52
 6.2 在线旅游 C2B 模式开创者——Priceline …………………………………… 53
  6.2.1 独特的商业模式——"Name Your Own Price" ………………………… 53
  6.2.2 核心竞争力 ………………………………………………………………… 55
  6.2.3 精明的扩张策略和多领域的运营方式 …………………………………… 55
  6.2.4 给中国旅游在线网站的启示 ……………………………………………… 56

第7章 O2O平台服务类 · 57

7.1 山西农村O2O电商服务平台——乐村淘 · 57
- 7.1.1 乐村淘开启农村O2O电商新模式 · 57
- 7.1.2 制定"六位一体"战略体系,构建电商村镇社区生态圈 · 58
- 7.1.3 独特的商业模式实现了农村传统经营与O2O模式的深度融合 · 58
- 7.1.4 乐村淘的成功经验及其面临的问题 · 59

7.2 外卖O2O平台巨头——饿了么 · 61
- 7.2.1 饿了么的营销战略 · 61
- 7.2.2 饿了么的盈利来源 · 63
- 7.2.3 饿了么的优势 · 63
- 7.2.4 饿了么的劣势 · 63
- 7.2.5 外卖O2O平台的未来发展趋势 · 64

第8章 SNS平台服务类 · 66

8.1 快速布局微信社交圈——腾讯广点通 · 66
- 8.1.1 广点通介绍 · 66
- 8.1.2 广点通在微信公众号、微信朋友圈推送广告 · 67
- 8.1.3 微信广点通广告 · 68
- 8.1.4 流量仍然是微信的红利 · 70

8.2 从社交平台到电商平台的"种草"——小红书 · 71
- 8.2.1 小红书的前世今生 · 71
- 8.2.2 小红书的商业模式画布分析 · 72
- 8.2.3 小红书的传播特征 · 74
- 8.2.4 "种草美学"引起的滤镜事件 · 74

8.3 有问题,就会有答案——知乎 · 76
- 8.3.1 知乎的发展概况 · 76
- 8.3.2 知乎提供的产品和服务 · 76
- 8.3.3 知乎的传播特征 · 77
- 8.3.4 知乎的广告营销策略 · 77

第3篇 电子商务专业服务篇

第9章 金融与支付类 · 83

9.1 从全民狂欢到全民失望——支付宝新春集五福分红包 · 83
- 9.1.1 硝烟弥漫的红包活动 · 83
- 9.1.2 意料之外的全民失望 · 83
- 9.1.3 营销劣势 · 84

9.2 真正意义上的中国首家互联网金融机构——阿里金融 · 85

9.2.1 阿里金融的缘起与现状 85
9.2.2 真正意义上的首家互联网金融机构 86
9.2.3 互联网金融机构的蓝海战略 88
9.2.4 互联网金融创新分析 88
9.3 金融创新服务大众——银联云闪付 90
9.3.1 银联云闪付概述 90
9.3.2 银联云闪付应用场景规划 90
9.3.3 银联云闪付的优势 91
9.3.4 银联云闪付的劣势 92
9.3.5 对银联云闪付未来发展的建议 92

第 10 章 信用服务类 94

10.1 解决消费者和商家之间的信任问题——芝麻信用 94
10.1.1 评价体系及评估维度 94
10.1.2 数据来源 95
10.1.3 场景应用 96
10.1.4 优势 97
10.2 中小微企业信贷春天——阿里小贷 98
10.2.1 阿里小贷的业务特点 99
10.2.2 阿里小贷的信用管理方法 100
10.2.3 阿里小贷的发展优势 100
10.2.4 阿里小贷面临的问题 101

第 11 章 物流服务类 103

11.1 飞机快递,快递中的战斗机——顺丰速运 103
11.1.1 发展历程 103
11.1.2 竞争环境分析 105
11.1.3 未来发展建议 106
11.2 无忧送达——联邦快递 107
11.2.1 发展概况 107
11.2.2 管理模式 107
11.2.3 客户关系管理 109
11.2.4 核心竞争力 110
11.3 亚马逊的十大物流技术 111
11.3.1 智能机器人技术 112
11.3.2 无人机送货交付技术 112
11.3.3 电商物流的大数据技术 113
11.3.4 智能入库管理技术 114
11.3.5 大数据驱动的智能拣货技术 114
11.3.6 随机存储技术 115

- 11.3.7 智能分仓和智能调拨技术 ... 115
- 11.3.8 精准预测、二维码精准定位技术 ... 116
- 11.3.9 可视化订单作业、包裹追踪技术 ... 116
- 11.3.10 独特的发货、拣货技术——"八爪鱼"技术 ... 116

第12章 信息服务类 ... 118

12.1 从位置到云端——Google ... 118
- 12.1.1 Google 概况 ... 118
- 12.1.2 Google 的主要产品 ... 118
- 12.1.3 Google 的位置服务 ... 120
- 12.1.4 Android 平台服务 ... 120

12.2 神奇网站助力现代美好生活——58同城 ... 121
- 12.2.1 58同城概况 ... 121
- 12.2.2 58同城的主要产品 ... 122
- 12.2.3 58同城做好平台建设,弥补自身短板 ... 122
- 12.2.4 58同城生活服务电商化尚有难度 ... 123
- 12.2.5 58同城的未来发展方向 ... 123

第13章 运营管理类 ... 125

13.1 电子商务代运营案例分析——宝尊电商 ... 125
- 13.1.1 简介 ... 125
- 13.1.2 运营特色 ... 126
- 13.1.3 盈利模式 ... 126
- 13.1.4 存在的问题 ... 127
- 13.1.5 发展建议及规划 ... 127

13.2 智慧零售——苏宁易购 ... 128
- 13.2.1 苏宁易购的变革历程 ... 129
- 13.2.2 苏宁易购的优势分析 ... 130
- 13.2.3 苏宁易购的劣势分析 ... 130

第4篇 电子商务衍生服务篇

第14章 营销与推广服务类 ... 135

14.1 爆红的社交电商——拼多多 ... 135
- 14.1.1 电子商务的流量困境 ... 135
- 14.1.2 拼多多简介 ... 136
- 14.1.3 用社交推广赚取流量的C2B电商 ... 136
- 14.1.4 拼多多的社交策略 ... 138

14.2 萌文化下的猛营销——"三只松鼠" ... 139

| 14.2.1 "三只松鼠"的品牌营销 ································· 140
| 14.2.2 "三只松鼠"的"萌"文化 ······································ 140
| 14.2.3 "三只松鼠"的文化推广营销 ································ 141
| 14.3 线下向线上转型——打造潜江小龙虾的网络公共品牌 ············ 142
| 14.3.1 小龙虾成了潜江的"金名片" ·································· 142
| 14.3.2 湖北潜江有望成为"小龙虾淘宝县" ··························· 143
| 14.3.3 物流保鲜与政府引导下的品牌建设 ························· 143
| 14.3.4 发展前景 ·· 143

第 15 章 社区与生活服务类 ··· 145

  15.1 生活服务类电商 O2O 平台——利安社区电超市 ··················· 145
    15.1.1 利安社区电超市简介 ·· 145
    15.1.2 利安社区电超市的优势 ·· 146
    15.1.3 利安社区电超市的发展战略分析 ···································· 147
  15.2 新零售模式开端,未来生鲜电商的发展方向——盒马鲜生 ······ 148
    15.2.1 新零售的定义 ··· 148
    15.2.2 新零售能快速发展的关键原因 ·· 149
    15.2.3 盒马鲜生——阿里巴巴新零售的大胆尝试 ····················· 149
    15.2.4 未来的新零售 ··· 150

第 5 篇 电子商务特色服务篇

第 16 章 跨境电子商务服务类 ··· 155

  16.1 综合性服务的在线外贸交易平台——敦煌网 ···························· 155
    16.1.1 国际 B2B 跨境电商的创新者——敦煌网 ························ 155
    16.1.2 敦煌网的经营模式 ·· 156
    16.1.3 敦煌网的核心竞争力 ·· 156
    16.1.4 敦煌网的未来是 B2B 还是 B2C? ·································· 157
  16.2 阿里巴巴国际化的重要战略产品——全球速卖通 ····················· 159
    16.2.1 从 C2C 到 B2C ·· 159
    16.2.2 全球速卖通的优势和劣势 ·· 159
    16.2.3 全球速卖通的未来 ·· 160

第 17 章 农村电子商务服务类 ··· 162

  17.1 一个核桃引发的电商扶贫大戏——成县模式 ···························· 162
    17.1.1 成县简介 ·· 162
    17.1.2 成县贫困的原因 ··· 163
    17.1.3 成县模式 ·· 163
    17.1.4 成县模式成功经验中的关键问题 ···································· 164

17.2 电子商务综合服务商＋网商＋传统产业——遂昌模式 165
  17.2.1 案例背景 165
  17.2.2 传统产业的新发展 166
  17.2.3 遂昌模式的成功经验 168
17.3 中国邮政的农村电子商务发展战略 169
  17.3.1 中国邮政的物流优势助力其农村电商发展 169
  17.3.2 打造农村电商生态圈 169
  17.3.3 安吉邮政的"快递活村"示范项目 171
  17.3.4 未来发展方向 172

第18章 区域电子商务服务类 174

18.1 行业整合与创新——北京经济技术开发区电子商务示范基地 174
  18.1.1 北京经济技术开发区发展电子商务示范基地的背景环境 174
  18.1.2 发展目标 176
  18.1.3 重点工作 177
18.2 区域家电连锁商的转型之路——从汇银家电到汇银智慧社区 178
  18.2.1 困局 178
  18.2.2 智慧社区之路 179
  18.2.3 发展前景 179

第19章 电子商务服务园区类 181

19.1 技术推动服务——沈阳浑南电子商务产业园 181
  19.1.1 电子商务的发展形势 181
  19.1.2 沈阳浑南电子商务产业园的相关介绍 182
  19.1.3 浑南新区电子商务发展中的机遇、挑战和主要成就 183
  19.1.4 沈阳浑南电子商务产业园未来的发展前景 184
19.2 总部电商经济——天津滨海高新技术产业开发区电子商务产业园 185
  19.2.1 项目简介 185
  19.2.2 项目建设情况 186
  19.2.3 项目总结及评价 188

第20章 "互联网＋"服务类 190

20.1 "电视＋网购"——湖南快乐淘宝文化传播有限公司 190
  20.1.1 "电视＋网购"的融合电商模式 190
  20.1.2 电子商务结合电视传媒的全新商业模式 191
  20.1.3 运营发展中出现的问题 192
20.2 全国首家互联网医院——乌镇互联网医院 193
  20.2.1 面对电商,桐乡市政府和微医集团成立乌镇互联网医院 194
  20.2.2 乌镇互联网医院的创新与突破 194
  20.2.3 乌镇互联网医院的待完善之处 195

第21章 直播电商服务类 ·················· 197

21.1 抖音电商——创造美好生活 ·················· 197
21.1.1 电商赛道的黑马——抖音电商 ·················· 197
21.1.2 "兴趣电商"助力抖音电商精细化运营 ·················· 200
21.1.3 将"兴趣电商"升级为"全域兴趣电商" ·················· 201
21.1.4 抖音电商的未来 ·················· 203

21.2 逛蘑菇街,总有高手帮你挑 ·················· 204
21.2.1 蘑菇街的"坎坷人生" ·················· 204
21.2.2 蘑菇街的3次转型 ·················· 206
21.2.3 蘑菇街的盈利困境 ·················· 207

21.3 李佳琦的成功之路 ·················· 209
21.3.1 李佳琦直播内容的多样性 ·················· 209
21.3.2 严格的选品流程与多渠道的产品预热 ·················· 210
21.3.3 直播矩阵化,每个人的能力都值得被看见 ·················· 211
21.3.4 李佳琦的不可替代性 ·················· 212

第1篇 导引篇

第1章 用大数据和小案例认识电子商务

1.1 从工业制造到工业智造：电子商务的核心作用

中华人民共和国成立以来，特别是改革开放40多年来，我国工业实现了跨越式发展，建立了独立完整的工业体系，我国成为全球制造业大国。2016年，国内生产总值为744 127亿元，其中，第一产业增加值为63 671亿元。原煤、钢、水泥、化肥、微型计算机、彩电等主要工业产品产量以及固定电话、移动电话和互联网用户数均居世界第一；纺织、机械、家电、成品油、乙烯、部分有色金属等的产量位居世界前列；航空、航天、船舶等国防科技工业也取得了举世瞩目的成就。

目前，我国虽然已经成为制造业大国，但并非制造业强国。我国制造业正面临着欧美等发达国家制造业技术领先和东南亚等后发国家制造业低成本生产的"夹击"。近几年来，我国制造业面临劳动力和原材料成本上升的重大压力，传统层面的成本优势逐渐消失，"中国制造"已经到了非改革不可的地步。而就在这时，工业4.0的概念横空出世，迅速在全世界范围内走红。其实，工业4.0简单来说就是智能制造。智能制造会从根本上改变传统制造业的生产模式，从而能够让中国制造业快速实现产业转型。

智能制造是技术、产业和理论积淀的必然趋势。从工业革命以来，任何一次产业进步的主要动力都来源于技术。智能制造包括两个部分：一是制造；二是智能。制造和智能一起推动制造业发展模式的转变。智能技术有3个方面的内涵。一是传感技术和物联网。它们使得智能制造、制造的自动化和智能化有了感知和起点。有了感知的信息，并且这些信息与生产过程中的设备、系统和人连接起来，才有了智能制造的起点。二是内容技术、软件技术和系统技术。智能制造是一个系统，这个系统的构成部件和原来制造的构成部件不一样，我们要辨析这样的系统，把这个系统构件分析出来。实际上不管智能制造是简单的一个装备、一条生产线，还是一个复杂的流程，支撑它的、我们看到的、我们用的都是软件，软件的背后是系统，系统操作的是数据、是内容，这就是软件与系统的技术。三是网络技术。它使智能制造除了公路、铁路之外，又有了一个新的平台——网络平台，而这个平台成为社会基础设施，在规模、性能、价格等方面支持智能制造的发展，使得智能制造各环节都能够以一种新的方式协同。总而言之，智能技术主要是指上述3个方面的内容，三者的成熟发展推动着智能制造从原来的工业自动化上升到智能化。

电子商务是引领智能制造的新模式。杭州已经成为电子商务发展的基地，阿里巴巴已经远远领先于世界上其他的电子商务企业。电子商务引领区域经济已经从原来的块状经济、工贸一体的业态转向了与电子商务结合的新模式。电子商务作为信息化条件下的新型经济活动,不仅突破了工业企业的物理环境限制,帮助企业大幅缩减了交易成本,还引发了企业在经营战略和组织管理等方面的深刻变革。工业电子商务作为电子商务在工业领域中的应用,是两化深度融合的重要体现,为切实推动中国制造业转型带来了新机遇。

电子商务推动了工业制造的深度改革。电子商务逐步从交易环节拓展至研发设计、生产制造、客户关系管理和售后服务等环节。通过应用现代化信息技术,电子商务不断推动工业企业深度革新经营环节,实现业务流程重组和组织结构优化,及时把握市场动向,缩短产品研发和生产周期,加快市场响应速度,推动互联网与工业深度融合,实现管控集成与产供销集成等创新发展,促进经营效率和竞争能力提升。电子商务的普及促进了产业链各环节信息的共享与交流,推动了业务流程重组和信息化建设,减少了浪费,实现了优势互补,从而促进了上下游深化合作,提高了整体竞争力,形成了协同效应。大型工业企业应用电子商务可引领中小型企业加强电子商务应用,从而逐步整合优化供应链,形成互动友好的电子商务生态圈,加速供应链发展,为整个产业链带来红利。未来,C2B模式将成为商业模式的主流。电子商务作为互联网与工业融合发展的产物,紧密连接需求端与生产端,迅速地向生产者传达消费信息,从而成为消费者驱动生产模式的关键要素。

电子商务促进了生产模式以生产者驱动向以消费者驱动的转变。在研发设计环节,工业电子商务可直接提供强大的市场数据支撑,并促进众包和众创等开放式研发设计模式的发展,加快各类创新主体和创新资源的集聚与协同,从而为从根本上打造出符合消费者需求的创意产品提供基础保障。在生产制造环节,借助互联网平台的深度交互功能,电子商务可第一时间将消费者的个性化需求反馈给制造相关部门或上游生产厂商,并引导企业生产方式的柔性化和协同化发展,最终在保持规模经济的同时实现个性化定制和柔性制造,切实满足多品种、小批量、快速变化的市场需求。在营销环节,依托大数据分析,工业电子商务能以消费者为中心实现精准营销,促成产品与消费者的高效匹配,助力品牌成长。由此,通过一方面改善有效供给,另一方面以消费者为中心创造有效需求,电子商务将大力推动推动式供应链向拉动式供应链转变,并将对缓解产能过剩危机,加快推动微笑曲线向设计、生产和营销三者紧密结合的铁三角模式转变,全面提升制造业附加值起到重要作用。

1.2 用大数据服务电子商务:后时代电商来临

电子商务的发展与大数据的发展密切相关。随着互联网的不断发展,电子商务承载着大量的个人及交易信息。电子商务中的数据不仅数量庞大,而且结构复杂多样,这意味着对于电子商务中的数据必须进行大规模的数据分析和挖掘,才能获得其真实价值。大数据在电子商务中的应用需求日益显著。因此,电子商务将进入一个数据驱动的竞争时代,掌握大数据及其处理能力将成为制胜的关键。

电子商务经历了3个时代:①基于用户数的时代,电子商务企业通过收取会员费、广告费等方式发展用户来赚取利润;②基于销量的时代,电子商务企业通过投放广告来实现销售量的增长,以此提升品牌影响力和企业价值;③基于数据的时代,电子商务企业通过对消费者海量数据的收集、分析、整合,挖掘出商业价值,促进个性化和精确化营销的开展。随着电子商务的广泛开展,选择网上购物的消费者越来越多,使得电子商务网站的数据越来越多,这些数据就是典型的大数据。全球迎来大数据时代,数据成为越来越有用的资源,电子商务企业在开发利用大数据的市场上有着广阔的发展前景。

电子商务的发展是必然的,电子商务的转型也是必然的。随着电商平台的发展和完善,电子商务进入转型升级的新阶段,各种全新概念和微创新的出现标志着后电商时代的到来。

电子商务的发展与互联网的发展密切相关。表1-1展示了1997—2023年中国互联网用户和网上购物者数量的变化情况。

表1-1 中国互联网用户和网上购物者数量的变化(单位:万人)

年份	互联网用户数量	网上购物者数量
1997年	62	15
1998年	117	20
1999年	210	31
2000年	890	69
2001年	2 250	282
2002年	3 370	313
2003年	5 910	679
2004年	7 950	790
2005年	9 400	1 304
2006年	11 100	2 719
2007年	13 700	3 233
2008年	21 000	4 641
2009年	29 800	7 400
2010年	38 400	10 800
2011年	45 700	16 100
2012年	51 300	19 400
2013年	56 400	24 200
2014年	61 800	36 100
2015年	66 800	39 600
2016年	68 826	46 000
2017年	77 200	53 300
2018年	82 900	61 000
2019年	90 400	71 000
2020年	98 900	78 200
2021年	103 200	84 200
2022年	106 700	84 500
2023年	109 200	91 500

电子商务发展至今,在快速经历了3次浪潮,形成了两个发展阶段、一个成熟稳定阶段后,于2015年进入第四次浪潮。

第一次浪潮从20世纪90年代中期到21世纪初,电子商务经历了从无到有的过程。1994年IBM提出e-Business,1995年企业开始使用Web做广告,2000年Dot.com公司崩盘,2002年大量新投资和新公司进入电子商务领域,电子商务经历了从疯狂到理性的过渡。

电子商务的第二次浪潮加速了全球社会经济发展的扁平化。2004年联合国贸易和发展会议（Unite Nations Conference on Trade and Development，UNCTAD）的报告显示，发达国家的电子商务稳步发展，发展中国家的网络普及速度已超过发达国家，双方之间的数字鸿沟明显缩小。电子商务进入新的发展阶段，特别是中国的电子商务。《电子商务发展"十一五"规划》指出：电子商务是网络化的新型经济活动，正以前所未有的速度迅猛发展。

电商巨头如阿里巴巴、京东、亚马逊等已进入成熟稳定期，标志着第二次浪潮向第三次浪潮的过渡。第一次浪潮以网站建设为特征，虽规模不大，但为电子商务的发展奠定了基础。阿里巴巴和中国化工网成为此次浪潮中的代表。2003年"非典"推动了以系统建设为核心的第二次浪潮，此次浪潮孕育出大量网商，形成了中国特色的电子商务运营模式。淘宝和支付宝成为此次浪潮中的杰出代表。

电子商务的第三次浪潮以金融危机为起点，形成于2008—2009年并持续发展。此次浪潮以平台应用为特色，促使大量电子商务服务商形成产业链结点群，进而形成电子商务生态链，实现大规模应用和可持续发展。如今，电子商务已进入大规模时代，其标志包括庞大的用户群体、日益增长的数据量、强大的计算机处理集群及庞大的资金支持。

从2015年起，随着云计算、物联网、大数据的发展，电子商务进入智能化、智慧化阶段。其显著特征不再是网民数量和交易额的快速增长，而是云计算、物联网、智能制造的引入和推广。这标志着电子商务智能化发展的第四次浪潮——后电商时代的开始。

表1-2列出了电子商务4次浪潮时期的规模数据变化。表1-3对电子商务的4次浪潮进行了对比。

表1-2 电子商务4次浪潮时期的规模数据变化

类别	第一次浪潮	第二次浪潮	第三次浪潮	第四次浪潮
网民数量	几万人到几十万人	几百万人到几千万人	几亿人	几亿人
企业数量	上百家到上千家	上万家到几十万家	几百万家到几千万家	几百万家到几千万家
交易额（仅C2C）	几十万元到几百万元	几千万元到几百亿元	几千亿元到几万亿元	几千亿元到几万亿元
服务器数量（企业）	几台到几十台	几百台到上千台	几千台到几万台	云计算
处理的数据量	MB级	GB级	TB级	大数据

表1-3 电子商务4次浪潮的对比

阶段	内容	特征	定位	研究主线	电子商务共识
第一次浪潮	从无到有	网站建设	出生期	电子商务是什么	是互联网应用的一种
第二次浪潮	网商形成规模	系统建设	童年期	运营模式	改变生活
第三次浪潮	电子商务服务商形成规模	平台应用	少年期	如何促进经济发展	改变经济体系
第四次浪潮	新兴产业业态，智能化和智慧化	生态系统、大数据、云计算、智能化	青年期	如何促进社会进步，智能化、大数据分析	怎样改变世界

用大数据服务电子商务，人们作出决策将日益基于数据和分析，而非经验和直觉。大数据时代的来临让互联网的发展达到一个新高度，人们需要掌握如何运用数据，以使其展现其威

力。历史大数据可揭示商业规律,电商通过分析销售情况可识别优势与弱势品类,决定促销策略,同时挖掘潜在需求和隐含问题。利用大数据可预测电子商务发展趋势,实现数据驱动产品和市场。电商可根据品类增长率预测未来交易量,为精细化运营提供依据。大数据分析在互联网领域备受重视,大数据是核心资产,对其进行深入分析有助于作出科学的决策。

1.3 用小案例梳理电子商务的内涵:中国电子商务案例库

在中国电子商务的发展浪潮中,涌现出一批成功闯关的优秀企业,今天它们成为电子商务生态链各个环节中的核心结点;大批传统企业通过开展电子商务活动焕然一新,甚至更上一层楼;新一代年轻网商和新兴服务商后来居上成为新兴行业的领军企业。所有这些电子商务案例,无论它是成功的还是失败的,都是中国电子商务发展的宝贵财富。及时记录和整理这些具有代表性的电子商务案例,对于大学教学和社会各界总结研究来说,都是一项非常有意义的工作,这也是我们开展中国电子商务案例库建设的初衷。

中国电子商务案例库的建设要追溯到"十一五"初期的2005年,教育部高等学校电子商务类专业教学指导委员会成立以后就开始有计划、有组织地收集和研究电子商务案例,开展和商务部等政府主管部门、中国电子商务协会等行业主管机构、各个地方政府主管部门、阿里巴巴等多个电子商务企业的合作,目前已经收集到各地方、各时期、各种类型的案例近千个,其中绝大部分是国内案例。这些案例生动鲜活地反映了中国电子商务的发展历程。

从源头上来看,案例主要来自以下几个渠道。

① 从2005年开始到2008年,教育部和商务部通过联合发布《教育部、商务部关于推动有关高等学校进一步加强电子商务理论与实践研究的通知》,共同启动了电子商务促进与推广工程和案例调研项目。在教育部和商务部两部主管部长亲自领导下,各职能司局负责人、各有关行业主管以及部分高校电子商务学科或院系积极参与,先后有24所高校的数百位专家和研究队伍参与了两届大规模的电子商务案例调研工作,在对400多个企业进行调研的基础上共形成了238个企业的电子商务案例。部分经典案例已分别汇编在高等教育出版社出版的《中国电子商务案例精选(2007版)》和《中国电子商务案例精选(2008版)》中。

② 从2004年开始,中国电子商务协会、杭州市人民政府、阿里巴巴集团联合在杭州举办每年一届的网商大会,逐步形成了每年评选十佳网商的机制。自2011年以来,阿里研究中心对评选出的网商的优秀案例进行收集、整理和分析,形成了一批来自全国乃至世界各地的鲜活案例。由阿里研究中心团队著、电子工业出版社出版的《灯塔:点亮网商路》真实地记录了"2011年全球百佳网商"的案例故事。

③ 2011年12月15日,在上海国际商城举办了第一届中国电子商务服务商年会,大会评选出了首届十佳中国电子商务服务商。2012年9月7日,在浙江省人民大会堂举办的第九届网商大会评选出了2012年度的十佳中国电子商务服务商。从此,电子商务服务商的案例体系开始形成。

④ 2010年,教育部高等学校电子商务类专业教学指导委员会为了鼓励和推进大学生创业和就业,特别是网络创业和就业,向全国高校征集大学生网络创业和就业的典型案例。在两个多月的时间中收集到100余个在校大学生和刚刚毕业几年的大学生成功网络创业的案例。在对这些案例进行整理分类后,选择了其中的39个案例汇编成《大学生网络创业——理论、案例、平台》由高等教育出版社于2011年出版。

⑤ 从 2008 年开始,浙江大学等高校和机构通过在杭州、宁波、北京、深圳、南京、上海等开展对电子商务发展的研究,汇集了一部分电子商务和现代服务产业相关的案例。例如,杭州市从 2008 年开始每年都编制电子商务发展或互联网经济发展的年度报告,其收录了部分电子商务典型案例。

⑥ 浙江大学电子服务研究中心在与中国互联网协会、中国电子商务研究中心、国家大学科技园、阿里学院和淘宝大学,以及杭州、宁波、福建、深圳等地的电子商务协会等开展的各类合作中形成了一系列极具特色的案例。

⑦ 2016 年 4 月,由中国国际电子商务中心主办、中国电子商务案例中心承办的"2016 中国电子商务案例高峰论坛暨全国百佳电子商务案例颁奖典礼"在义乌国际博览中心开幕,该论坛以促进校企合作交流、深化高校教学改革、助力企业"互联网"创新创业为主题,采用案例的形式探讨了电子商务发展所面临的关键性问题及其应对思路,展示分享了目前我国企业开展电子商务的发展历程、发展趋势和成功经验。该论坛收到了全国范围内的 356 个优秀电子商务案例,其中 149 个优秀电子商务案例经过初选评比入围决选,经过评审委员会网络盲评、会议面评,共评出特等奖 1 名、一等奖 3 名、二等奖 10 名、三等奖若干名。这些案例反映了我国互联网、电子商务行业的发展状况和电子商务的发展趋势。

参考文献

[1] 国务院关于大力发展电子商务加快培育经济新动力的意见[EB/OL].(2015-05-07)[2019-12-02]. https://www.gov.cn/zhengce/content/2015-05/07/content_9707.htm.

[2] 郑华君. 浅谈电子商务的大数据时代[J]. 科技视角,2015(23):209+267.

[3] 陈德人. 中国电子商务案例精选(2007 版)[M]. 北京:高等教育出版社,2007.

[4] 陈德人. 中国电子商务案例精选(2008 版)[M]. 北京:高等教育出版社,2008.

[5] 阿里研究中心. 灯塔:点亮网商路[M]. 北京:电子工业出版社,2011.

[6] 亿恩 IDC 资讯. 大数据时代,电商如何用好数据?[EB/OL].(2014-04-23)[2023-12-26]. http://www.enkj.com/idcnews/Article/20140423/5045.

[7] 陈德人,吴吉义. 大学生网络创业——理论、案例、平台[M]. 北京:高等教育出版社,2011.

[8] 陈德人. 中国电子商务之都 2008 年度发展报告[M]. 杭州:浙江大学出版社,2008.

[9] 陈德人. 电子商务案例及分析[M]. 北京:高等教育出版社,2010.

第2章 电子商务案例研究方法和立体化电子商务案例平台概述

2.1 电子商务案例研究方法

对电子商务的研究需要收集、了解和分析电子商务案例。对电子商务的开发和应用需要借鉴成功的电子商务案例中的经验以及失败的电子商务案例中的教训。在电子商务的教学过程中,需要通过介绍电子商务案例来深化教学内容。因此,无论是电子商务领域的学者、开发应用人员还是电子商务专业的教师、学生,都需要进行电子商务案例研究。案例研究对任何一门学科的发展来说都是非常重要的,尤其是与社会经济发展紧密关联且在快速变化的电子商务学科。

电子商务专业的许多课程,如电子商务概论、电子商务管理、电子商务系统结构等,都涉及大量的案例。学生需要通过对一个个案例的剖析来真正理解和掌握电子商务专业知识。很多成功的电子商务创新和创业模式都是在前人成功经验的基础上进一步深入挖掘和进一步创新发展而来的。由此可见,电子商务案例研究的重要性。

"十一五"期间,教育部高等学校电子商务类专业教学指导委员会专门对电子商务案例教学进行了专题研究和专项讨论,专家学者们提出了关于案例教学研究的参考性建议。这里我们归纳了专家学者们对电子商务案例的教学分析研究方法、分类研究方法,以及实践体系研究的一些典型思路和方法。

2.1.1 基于项目的案例研究

西安交通大学经济与金融学院李琪教授建议以项目为基础进行电子商务案例研究。

1. 将案例研究作为项目可行性评估的一种方法

在确认整个目标清晰明了的基础上,对项目案例进行具体指标的可行性分析,分析的主要内容包括以下几个方面。

① 项目的必要性:社会的现实需求和潜在需求;需求的供给有多大缺口。
② 项目的技术可行性:国内外成熟的技术。
③ 项目的经济可行性:总投入、分期投入估算;总收入、分期收入估算;盈亏平衡点。
④ 项目的管理可行性:类似项目的管理;新项目的管理设计。
⑤ 项目的环境可行性:法律法规、市场等方面的可行性。

2. 案例的模式分析

① 商业模式分析:适用性、先进性、独特性。

② 经营模式分析：低成本、高效率、高可靠性。
③ 技术模式分析：适用性、先进性、独特性。
④ 管理模式分析：科学性、规范性、经济性。
⑤ 资本模式分析：合理性、合法性、先进性。

3. 案例的评估分析

① 功能与目标的一致程度分析：所有功能是否紧紧围绕目标设计和实现，以及这些功能对于实现目标的必要性和充分性。

② 性能与目标的一致程度分析：目标要求的必要性能指标达到的程度和目标要求的充分性能指标达到的程度。

③ 项目的系统完整程度分析：包括目标的系统设计和实现的完整程度以及项目系统运行的完整程度。

④ 系统运行的效率分析：信息系统的效率、经营系统的效率、管理系统的效率和组织系统的效率4个方面。

⑤ 资产分析：有形资产和无形资产。

⑥ 运行效益分析：经济效益（分项，综合；主项，其余）和社会效益。

4. 案例学习方法

组建研究小组，每小组3～4人。以小组为单位，每小组对其中的6个或者6个以上案例进行归纳、分析。结合社会实践，给出案例的特色、优点和缺点，提出小组的综合见解和改进建议。

2.1.2 基于模型的案例研究

河南工业大学司林胜教授等提出了以电子商务模型为基础来进行案例研究。他认为，电子商务案例研究的目的是在掌握某种电子商务模式应用基本情况的基础上，系统分析案例的商业模式、技术模式、经营模式、管理模式、资本模式等，并提出改进意见与建议，为进行电子商务项目策划与实施积累经验。

在进行电子商务案例研究时，一般应该遵循一定的程序，按照一定的模型（图2-1）进行系统分析，以便科学地把握案例的精髓。

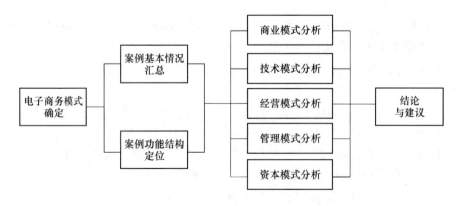

图2-1 电子商务案例分析模型

1. 电子商务模式确定

分析一个电子商务案例时首先要判断其电子商务模型,了解这种电子商务模型的特征和分类,进而理解对电子商务各利益主体来说其具有的优势,为进行案例分析奠定基础。

2. 案例基本情况汇总

对案例基本情况的汇总是进行电子商务案例分析的基础工作,需要通过对现有文献的阅读、网络调查、实地考察、网站浏览、在线讨论等途径尽可能详细地收集拟分析案例的基本情况,并对其进行汇总整理。

3. 案例功能结构定位

电子商务案例分析要对案例进行由表及里的系统分析,这就需要对电子商务案例的功能结构进行科学定位,如果可能,可以绘制电子商务功能结构图,以界定电子商务模式中所包含的主体(包括相关的电子商务公司、客户、供应商和合作伙伴),把握信息流、资金流和物流的主要特点,明确该电子商务模式对各主体的作用以及各主体所获得的利益。

4. 电子商务模式分析

在对电子商务案例进行功能结构定位的基础上,分别就案例的商业模式、技术模式、经营模式、管理模式、资本模式进行系统的分析,以掌握电子商务模式的内涵,为进行电子商务项目策划积累经验。

5. 结论与建议

对案例的电子商务模式进行总结,得出结论,并提出建议,以为进行电子商务项目设计提供借鉴。

2.1.3 基于价值的案例研究

北京大学蔡剑教授和哈尔滨工业大学叶强教授等结合北京大学创新研究院、工学院及光华管理学院在电子商务教学中的经验,针对服务产业的不同领域形成了自己的电子商务案例体系,在该体系下以电子商务的客户价值为核心开展研究和讨论,试图让学习者理解电子商务商业模式和价值创造的原理、认识商业模式和服务模式的规律,以帮助学习者思考如何正确地设计和运营以价值为核心的电子商务业务。

上述体系将服务产业划分为商贸与流通变革、内容提供与信息服务、网络营销与客户关系管理、虚拟经济与社会变革、公共服务与新农村建设等5个领域。每一个领域又被分成若干模块,每一个模块分别介绍1~4个案例。

在电子商务价值分析的概念讨论中,上述体系关于客户价值的定义主要依据1988年Zeithaml提出的"客户价值就是客户感知价值"及其他专家的一些基本观点。该体系介绍了传统商业价值创造的表现形式和电子商务的价值创造模型,特别介绍了2001年Raphael Amit和Christoph Zott在对59家企业进行分析的基础上提出的"电子商务价值创造来源于新颖性、锁定、效率、互补性4个方面"的观点。该观点认为,无论交易活动的参与者是企业、消费者还是合作伙伴、联盟等,在电子商务交易中创造和产生的总价值就是客户价值(图2-2)。从后面的案例分析结果可以看出,如何利用这些成果对中国大多数电子商务企业进行有效的价值创造分析还有大量的工作要做。

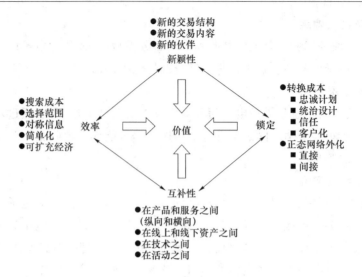

图 2-2　电子商务价值创造的来源

2.1.4　基于课程的案例研究

东北财经大学电子商务学院李洪心教授认为,按照"电子商务案例分析"课程教学大纲的要求,"电子商务案例分析"应属于专业类实践课程。该课程通过对真实案例的阐述与分析,使学生在学习和掌握电子商务基本知识的基础上,对电子商务有一个全面的了解。学生通过这门课程既要了解电子商务的过去、现在与未来,知道电子商务当前所用到的新技术、新理念,又要对电子商务的发展进行更深层次的研究,即从电子商务的实践中寻找电子商务发展的一般模式。该课程致力于让学生及时了解电子商务的短期炒作与它的务实和长期发展之间的区别,从管理与运营的角度谈及技术,从战略的高度研究过程,将战略概念与电子商务的真实案例联系起来。在介绍案例时,要在总结它的成功经验的同时,分析其存在的不足与隐患,帮助学生在今后的专业学习和行业工作中做好心理上和知识上的准备,为学生日后成为成功的电子商务战略的设计者奠定一定的基础。

在教学组织上,建议采用课堂讲解和课堂讨论相结合的方式。如果有条件,可以搭建与教学相配套的教学网站,以帮助学生更好地学习这门课程。

2.1.5　基于内容的案例研究

华中师范大学桂学文和王伟军等教授在开发电子商务案例分析网络课程、开展武汉城市圈电子商务发展研究等项目的基础上编写了《电子商务案例分析》一书。该书以电子商务教学内容为主线来开展电子商务案例研究。该书分为电子商务模式、电子商务流程、电子商务组织、电子商务行业应用 4 篇。每篇又分为几章。例如,电子商务模式篇分为 B2B、B2C、C2C 等 3 章;电子商务行业应用篇分为农业、工业、批发与零售业、我国国际贸易、保险业、旅游业等 6 章,每章对若干案例进行展示和分析。大部分案例都包括企业介绍、实施模式或体系架构介绍,以及案例评析三大部分。该书的一大特色是归纳了电子商务案例研究的主要内容和方法,并提出了独到的见解。

2.1.6　基于互动的案例研究

未来的教学,无论是课堂教学还是实践教学,都将是基于平台的教学。互动、协作和共享的网络平台将在未来的教学中起到越来越重要的作用。

由浙江大学陈德人教授、浙江万里学院张少中教授、扬州大学高功步副教授、南京财经大学李冠艺副教授、杭州师范大学林慧丽副教授、高教出版社经管分社张冬梅、南京奥派公司徐林海研究员、浙江财经学院姚建荣教授等组成的电子商务案例研究团队通过5年多的合作研究,从案例教学的师生互动性、案例问题的灵活性、案例分析形式的多样性出发,提出了基于互动的案例研究方法(图2-3)。其中,教师和学生都可以发表自己的观点,并能够评价对方的观点,可以多层次、多角度对相关问题进行全方位的分析。在案例分析中通过灵活设置各级典型问题,引导学生思考案例的分析途径和分析思路,各种分级问题的设置解决了在传统的电子商务案例研究中从商业、技术、经营、管理和资本几个方面进行分析难以概括案例的全部内容,且难以体现出新型案例的侧重点和特色之处的问题,实现了案例问题分析的全面性和重点性的统一。案例分析的多样性能够很好地满足当前的教学需求,教师可利用互联网、课堂、教材等灵活地进行教学,学生也可通过互联网、课堂、教材等灵活地进行学习,解决了案例分析中往往缺乏评价和讨论的空间,难以进行讨论、评价等问题。

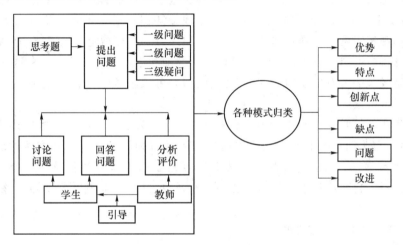

图 2-3 以互动为基础的案例研究方法

2.1.7 基于大数据的案例研究

基于大数据的案例研究将大数据分析引入案例研究中,通过对不同层次、不同类型、不同领域、不同规模、不同区域的众多典型案例的搜集、整理、分析和挖掘,形成一系列的典型小案例、微案例,并通过对这些案例的分析和研究,探讨电子商务的典型形式、发展过程和动态趋势。基于大数据的案例研究过程如图2-4所示。

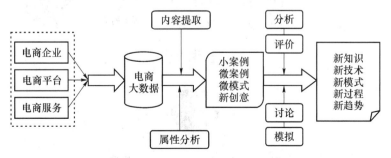

图 2-4 基于大数据的案例研究过程

2.2 立体化电子商务案例平台和教学模式

本书是"四维一体"的电子商务案例教学云服务平台的一部分。为了推动"大数据、小案例"进课堂,开展电子商务教学,中国电子商务案例中心组织建设了基于 Web 端的线上平台、移动端 App、基于客户端的电子商务案例分析系统和案例教学微信公众号 4 种服务渠道的"四维一体"的立体化电子商务案例教学云服务平台。用户可以在线创建案例、共享案例、学习案例、交流讨论。该平台将纸质教材、手机 App、微信公众号等完美结合在一起。

2.2.1 协作、互动、开放、共享的平台特色

电子商务是一个信息技术与商务模式创新、社会需求与经济发展紧密结合的产物。电子商务专业是理论与实践紧密结合的专业。因此,在电子商务课程的教学过程中应该以实践为中心,通过对案例的分析来提升学生的电子商务理论知识水平。而电子商务案例课程的教学应该更多地体现基于网络的师生间的互动、协作和共享。教师指定典型案例,介绍背景并提出问题,学生分组进行研讨、分析、对比并给出观点,教师和学生共同点评。所有这一切都可以在网络平台上完成。一些有价值的、鲜明的观点或结论可以永久地保存在案例教学研究平台上供以后的学习者解读。

电子商务案例教学云服务平台就是依据上述要求,为了适应电子商务应用模型、盈利模式、业务流程和商业创新的不断变化而构建的一个学习和研究电子商务案例的云服务环境。该平台有效融入 Web 2.0 技术以及二维码技术,实现了以教师和学生为主体,集案例开发、案例学习、相互协作、自我成长于一体的互动、协作、开放、共享的案例教学实践。该平台的主要特色如下。

1. 基于 Web 2.0 的平台架构

图 2-5 所示为基于 Web 2.0 的平台架构。

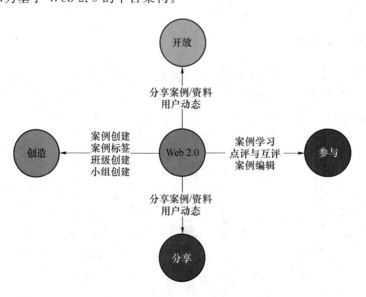

图 2-5 基于 Web 2.0 的平台架构

基于 Web 2.0 构建案例实践平台，引入用户自主创建案例、编辑案例、学习案例、点评与互评、分享案例与资料的模块，同时实现班级创建、小组创建等功能。

2. 基于二维码的 O2O 交互模式

该平台通过教材与出版社合作，给出版社提供应用程序接口（Application Program Interface，API）和软件开发工具包（Software Development Kit，SDK），在平台中导入教学内容，出版社在教材中增加二维码，用户通过用移动终端扫描二维码进入平台中，即可学习教材中的相关内容，实现线下线上点评互通，被点评者可以接收到点评信息，并回复点评。

图 2-6 所示为二维码在平台中的应用。

图 2-6　二维码在平台中的应用

3. 互动和共享的三级点评体系

图 2-7 所示为互动和共享的三级点评体系。

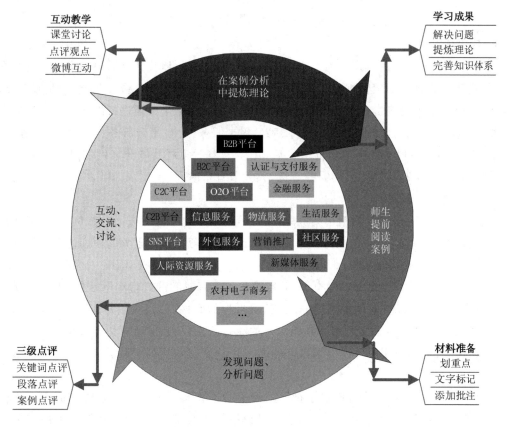

图 2-7　互动和共享的三级点评体系

2.2.2　电子商务案例教学云服务平台的主要功能模块

电子商务案例教学云服务平台主要面向学校，有教师和学生两类用户，是一个校企合作的云平台。该平台主要包括案例类目、案例坊、案例教室、案例角和档案馆 5 个功能模块,如图 2-8 所示,基本实现了案例教学的开发互动及资源共享的目的。

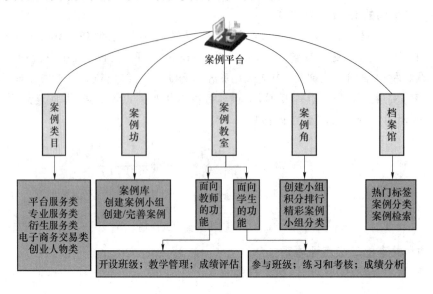

图 2-8　电子商务案例教学云服务平台的主要功能模块

1．案例类目

案例类目相当于书的目录。为了让用户方便、快捷、有效地找到所需要的案例并进行案例学习,该模块在设计时对案例进行了详细的划分。首先,将其分为平台服务类、专业服务类、衍生服务类、电子商务交易类和创业人物类五大类。然后,将每个大类进行细分,比如,将平台服务类细分为七小类,分别为 B2B 平台服务、B2C 平台服务、C2C 平台服务、C2B 平台服务、O2O 平台服务、SMS 平台服务和跨境电商。最后,每个小类下面是具体的案例信息。利用该功能模块,用户可以迅速高效地找到所需的案例,大大节省了时间。

2．案例坊

案例坊是关于电子商务的精选案例库,用户若想了解电子商务方面的案例,则可以在该功能模块寻找,且案例坊中的案例众多,为用户进行案例学习提供了很大的便利。案例坊的功能如下。

① 案例库:用户可以根据案例类别、适用对象和编写时间等进行案例筛选,迅速查找自己需要的案例,也可以根据案例标签,选择自己感兴趣的案例。另外,用户还可以选择"浏览最多"、"点评最多"或"收藏最多",关注其他用户的动态信息,与其他用户交流与互动。

② 创建案例小组:用户可以根据自己的需求创建案例小组,招募其他用户加入自己的案例小组。

③ 创建/完善案例:用户可以根据自己的经验和所搜集的素材创建新的案例或完善已有的案例,发挥集体智慧,完善案例教学系统。平台提供了案例编辑模板,能够帮助用户迅速创建和编辑案例。

3．案例教室

案例教室的功能是按照教学规律和特点,对教学过程进行全面管理,其为教师提供了管理教学活动的工具。该模块融合了面向教师和面向学生的功能。

(1) 面向教师的功能

① 开设班级：为了方便教师进行多次教学活动，平台提供了开设班级的功能，教师可以在平台中创建多个班级。班级类型有3种，即专属、申请和开放，方便学生加入班级进行案例学习。

② 教学管理：教师可以针对开设的班级进行案例教学活动的管理，在每次教学活动中教师选择相应的班级学生、教学活动类型，添加相应的案例，以供学生参考和学习。添加的案例可以是教师自己创建的案例，也可以是案例平台中其他用户创建的案例。

③ 成绩评估：教师根据学生的答案给出分数和评语，有针对性地对学生进行指导和训练。

(2) 面向学生的功能

① 参与班级：学生必须参加专属班级的活动，对于申请班级和开放班级的活动，学生可根据自己的意愿有选择地参加。

② 练习和考核：学生可以对案例进行批注，通过加粗、画线、变色等方式标识出关键内容，为解答问题提供便利。学生提交答案后，系统可根据教师设置的考察重点对学生提交的答案进行智能评分。

③ 成绩分析：学生可以查看教师和系统的评分及教师的评语。

4. 案例角

案例角通过组织用户成立小组，使其有效地参与案例的创建和完善，能够充分调动用户学习的主动性，有利于培养用户的逻辑思维能力、理论联系实际的能力及团队协作能力。

① 创建小组：提供了具体的创建小组的步骤，用户可以根据步骤及自身需求创建案例小组，招募其他用户加入自己的案例小组。

② 积分排行：积分排行榜是按照小组积分的高低进行排列的，以此激发用户的学习兴趣。用户可查看积分高的小组的案例，将其与自己所在小组的案例进行对比，找出自己的不足，从而更有效地提高自己分析问题、解决问题的能力。

③ 精彩案例：精彩案例是根据案例的星级筛选出来的，用户可查看自己所在小组的精彩案例。

④ 小组分类：对各个小组进行分类，以方便用户查找。

5. 档案馆

档案馆的主要功能包括收集、保管、接收、征集、管理案例等。用户可通过选择案例一级类别、地区分类、适用对象、编写时间等条件来精确搜索案例，也可直接输入案例名称进行搜索。

参考文献

[1] 教育部高等学校电子商务类专业教学指导委员会. 普通高等学校电子商务本科专业知识体系[M]. 北京：高等教育出版社，2008.

[2] 司林胜. 电子商务案例分析[M]. 重庆：重庆大学出版社，2007.

[3] 蔡剑，叶强，廖明珠，等. 电子商务案例分析[M]. 北京：北京大学出版社，2010.

[4] 李洪心. 电子商务案例[M]. 北京：机械工业出版社，2006.

[5] 桂学文，王伟军. 电子商务案例分析[M]. 北京：高等教育出版社，2010.

[6] 陈德人. 电子商务案例及分析[M]. 北京：高等教育出版社，2010.

第 2 篇　电子商务平台服务篇

第3章 B2B平台服务类

3.1 钢铁行业的亚马逊——宝钢电商平台

移动端浏览：

案例标签：宝钢；钢铁企业；电商平台

案例网站：https://www.ibaosteel.com/ibaosteel/index

案例导读：

在国内电商行业快速发展和钢铁行业转型的背景下，钢铁电商近年来发展迅猛。各企业和第三方机构竞相抢占市场，希望通过电商解决产能过剩问题、物流成本高问题、诚信问题等。宝钢很早就开始开展电商活动，且成绩突出。

2000年，宝钢成立首家钢铁电商公司——东方钢铁电子商务有限公司（简称东方钢铁），其负责宝钢集团的电商建设。2010年，宝钢将电商作为五大战略之首。2012年，宝钢获得第三方支付牌照。2013年，宝钢与宝山区政府合资组建上海钢铁交易中心。2015年，宝钢在东方钢铁和上海钢铁交易中心的基础上组建欧冶云商股份有限公司（简称欧冶云商），从此宝钢电商进入一个新的发展阶段。综上所述，宝钢电商的发展经历了东方钢铁和欧冶云商两个时期。

课堂讨论：钢铁企业在电商化转型的过程中可能会遇到哪些问题？钢铁电商平台对钢铁行业来说有着怎样的价值？它们又该如何实现盈利？谈谈你的看法。

3.1.1 宝钢电商的发展历程

1. 东方钢铁时期

东方钢铁注册于上海张江高科技园，注册资金为8 000万元人民币，主要股东为宝钢股份和宝钢国际。东方钢铁主要负责宝钢集团旗下各个部门电商网站和相关行业电子商务平台的搭建。经过10多年的发展，其建立了包括电子采购、电子销售、电子交易、循环物资交易、供应链融资和物流管控在内的六大电子商务系统，涵盖了企业经营的主要业务领域，并通过电子商务实现了企业间信息化的对接和融合。

宝钢电商平台主要围绕钢材销售、物资采购、循环物资利用、金融服务等4个方面开展活动。在直供方面，宝钢建立了大客户通道这一与战略客户采购模式相适应的供应链管理体系和营销服务体系,在汽车、能源、锅炉等多个行业为25家战略客户提供了基于供应链协同模式的大客户通道服务。大客户通道在功能上实现了客户与宝钢的紧密协同。在计划协同方面,通过与客户的深层次交流,为客户提供了供货计划保障。在订货协同方面,通过全程的订货卡管理流程,实现了大客户的采购合同与宝钢销售合同的无缝连接。在生产和物流跟踪协同方面,实现了大客户对宝钢各生产单元的生产进程和产成品出厂物流、在途物流的跟踪和业务协同。通过大客户通道,客户还能实时了解库存情况,根据供需变化调整合同的订货量以及交货期,从而实现供应链的敏捷反应。

上海钢铁交易中心的建立帮助宝钢完善了其在产业链上围绕主业做的延伸,并实现了其从制造业向服务业辐射的多元化经营战略。其对内为宝钢提供交易数据、资金数据和信用数据,对外则为客户提供贸易服务的电商平台。其电商平台包含以下三大交易服务平台。

① "宝时达"成立于2003年,是销售宝钢集团自有产品的电子交易平台,交易及支付均通过互联网在平台上完成。

② "范达城"是主要销售除宝钢之外其他品牌产品的电子交易平台,可以根据客户的需求,先以相对较低的价格从会员钢厂订购产品,再销售给客户,并为客户提供供应链融资服务等。上述模式旨在借助电子商务,缩短传统钢贸模式的链条,压缩钢铁流通环节的成本,是钢铁行业的首创,也是上海钢铁交易中心最突出的亮点。

③ "来客圈"是撮合交易模式下的钢铁行业电子商务平台,其客户主要以中小企业为主。

2. 欧冶云商时期

2015年2月,宝钢股份及其全资子公司宝钢国际以其持有的东方钢铁电子商务有限公司全部股权合计认缴出资10.2亿元(持股比例为51%)、宝钢集团认缴出资9.8亿元(持股比例为49%)共同成立欧冶云商,以整合宝钢股份和宝钢集团在钢铁服务和电商业务方面的内部能力以及社会外部在相关电子商务、加工配送、技术服务、支付结算、金融服务和大数据分析等方面的资源和业务,其目标是使欧冶云商成为国内规模最大的钢铁交易和服务综合性平台,为钢铁企业和钢铁用户提供个性化服务,开拓新的盈利模式。这是从制造向服务转型的战略,实践"一体两翼"(以钢铁为主体,发展电商及信息产业)的具体安排。欧冶云商打造集资讯、交易结算、物流仓储、加工配送、投融资、金融中介、技术与产业特色服务等功能于一体的生态型钢铁服务平台,下设欧冶电商、欧冶物流、欧冶金融、欧冶材料、欧冶数据5个子平台。其立足华东地区,陆续在华东、华中、东北等区域设置了7个地区专区,进一步拓展电商业务。

欧冶云商是上海钢铁交易中心的"升级版",其页面更为活泼,更像零售网站。该平台提供自营、寄售、撮合等多种交易模式,其目标是成为全球最大的第三方钢铁交易平台。该平台设有竞价区、欧冶团(团购)、欧冶帮卖(加价或原价分销)、欧冶撮合、特价区和欧冶商城六大板块,用户可按品种、用途进行产品搜索。欧冶云商作为率先上市的运作平台,以股权开放的模式,分别引入钢厂、钢贸商及其他战略投资方等多重投资主体,上市后股份按前期投入的资源量进行划分。

3.1.2 宝钢发展电子商务给企业带来的好处

① 宝钢发展电子商务改变了企业竞争形态,有利于宝钢集团的企业与其他企业竞争。在电子商务模式下,宝钢集团的企业可以通过电子商务与其他企业竞争。

② 宝钢发展电子商务改变了传统的营销方式,有利于拓展宝钢集团的企业的市场空间。电子商务的发展可使宝钢集团的企业的市场空间扩展到全球,宝钢集团的企业可以在全球范

围内推销自己的产品和服务,让全球的消费者了解自己的产品和服务。

③ 宝钢发展电子商务改变了宝钢集团的企业的营销模式,有利于供应链从传统市场向虚拟市场延伸。随着电子商务的发展,厂商将外包更多的非核心业务,客户将需要更多的电子通信以用于下订单、记账等业务,当大量的客户有这种需求时,将对供应链产生大的影响,为宝钢集团的企业带来巨大利益。

④ 宝钢发展电子商务改变了市场营销环境,增加了宝钢集团的企业的商机,开拓了商业前景。宝钢集团的企业利用网络可以快速、准确地获取各方面的最新商业信息,以指导自己的生产和销售,使企业的市场前景更加广阔。

⑤ 宝钢发展电子商务扩大了销售范围,提高了办事效率及销售速度,降低了销售成本及物流成本,减少了库存,增加了资金的周转率。

3.1.3 宝钢电子商务给我们的启示

从宝钢的电商发展历程可以看到,其电商产业是脱胎于企业信息化建设,顺应信息技术发展,在不断的实践和应用中成长的,因此其可以在技术催生新商业模式的快速变化中迅速做出反应,完成传统业务模式向新型业务模式的转变。

1. 捕捉科技发展趋势,提前布局

宝钢的电子商务是紧跟互联网及信息技术的发展脚步而发展的,东方钢铁和阿里巴巴几乎同期成立,并且随着电子商务的蓬勃发展,宝钢建立了与钢铁电子交易及供应链相关的电商平台。此外,宝钢还在钢铁电商爆发式发展之前就申请了第三方支付牌照,提前完成了重要的布局。

2. 以产业形式发展,利用资本运作

同样是以信息化建设为契机,宝钢以成立专业公司(东方钢铁)的形式来进行这项工作。这样做一方面有助于不断探索公司内外部的新项目(公司发展需要),在尝试中积累经验;另一方面也有助于在适当时期(电商标的受资本热捧时)将其包装上市(欧冶云商)。

3. 以二方电商平台起步,打好基础

二方电商是以提高工作效率和服务质量、降低业务成本为出发点,将传统人工作业转为电子化交易的商务模式。这种从纯线下到线上的商务模式虽然无法起到开拓渠道、扩大业务范围的作用,但在培养用户交易习惯、建立相应的业务流程,培养电商人才等方面都起到了积极的作用,并为建设第三方交易平台打下了良好的基础。

4. 探索新模式:第三方电商平台

在意识到二方电商的局限性后,宝钢提出了要"去宝钢化",于是建立了上海钢铁交易中心这一第三方平台。虽然受宝钢背景等方面原因的影响,这次尝试并不顺利,但在钢贸危机后第三方电商平台崛起之时,其快速转型为欧冶云商。

5. 开放共赢,引入混合所有制

如果说东方钢铁时期的宝钢电子商务是"关门自己玩",那么欧冶云商阶段的宝钢电子商务就是"敞开了大门"。不论是主业还是多元产业的电商板块,都采用混合所有制的模式,不再要求绝对控股,而是尽量减少宝钢色彩,通过去背景化来谋求包括民营资本在内的多方合作,力求成为真正的"第三方"。这样做一方面可以打消竞争对手的顾虑,另一方面也可以给电商这一耗资巨大的领域引入更多外部资金。

课后思考题

参考宝钢电商的发展历程,在电子商务迅速发展的当下,钢铁企业应如何利用电子商务来应对危机呢?

参考文献

[1] 孙鹤.宝钢电子商务的发展历程和启示[J].武汉工程职业技术学院学报,2016,28(02):38-42.

[2] 江晶晶.打造钢铁版阿里巴巴[J].中国外汇,2013(16):21-23.

[3] 王招华.电商——钢铁产业链价值优化的方向[N].中国冶金报,2015-06-09(007).

拓展阅读

1. 宝钢集团电商案例分析.2016-04-12.https://wenku.baidu.com/view/f9d37f17770bf78a642954e6.html。

2. 宝钢建第三方电子商务平台 欲打造钢铁版亚马逊.2013-05-08.http://finance.ce.cn/rolling/201305/08/t20130508_17107013.shtml。

3.2 供给侧结构性改革的先行者——海尔透明工厂

移动端浏览:

案例标签:海尔;透明工厂;供给侧结构性改革

案例网站:https://www.haier.com/cn/yxhd/2015/transparent/index.shtml

案例导读:

在德国工业 4.0 概念风靡全球的同时,中国制造也在谋求转型升级,利用历史机遇走上世界工业制造强国之路。"中国制造 2025"正是中国版的工业 4.0,力求在十年内实现中国从制造大国向制造强国的转型。2015 年 8 月 11 日,海尔面向全球开放透明工厂,这无疑是中国制造业历史上一个里程碑式的事件。

课堂讨论:如何理解"中国制造 2025"?"中国制造 2025"在转型的过程中可能会遇到哪些问题?请给出你的看法。

透明工厂依托的是海尔强大的互联工厂,互联工厂率先实现了客户个性化、定制化生产,彻底颠覆了过去工厂批量生产、大规模制造的固定模式。而透明工厂可以让用户实时观看工厂先进的生产画面,并监督工厂的制造过程,从而对产品真正放心。这必将引领家电行业在工业 4.0 时代发展的新趋势。海尔通过建立互联工厂,率先实现从大规模制造向大规模定制的转型,用差异化产品满足用户的个性化需求。透明工厂向全球开放意味着其将接受全球用户的监督,与全球用户进行深度互动。

海尔透明工厂是行业内首个对全球用户开放的智能制造基地,这一大胆探索源于海尔对自身实力的自信。作为行业内缔造过数个"第一"的企业，海尔不仅要通过新技术手段实现对传统家电产业的持续改造，还要在"中国制造 2025"的战略驱动下，不断探索中国制造业转型升级的新道路。

3.2.1 海尔透明工厂简介

海尔透明工厂是全球首个对外开放的互联工厂，如图 3-1 所示。海尔在旗下的互联工厂中安装摄像头，直接收录工厂实时生产画面，并将其上传到数据中心。全球用户通过网络可以实时观看海尔工厂的制造过程，实现企业与用户"零距离"。

图 3-1 海尔透明工厂实景

3.2.2 海尔透明工厂的要素分析

1. 个性化定制，满足多种体验需求

海尔推出透明工厂，使用户能够在全球任何地方、任何时间，通过终端随时定制产品，并可实现全流程可视化监督。

课堂讨论：你觉得这种个性化定制会成为海尔透明工厂新的、稳定的盈利点吗？试举例进行分析。

2. 订单直达工厂，生产零距离

用户个性化定制后，订单直接送到海尔透明工厂。透明工厂实时接收订单，实现零延迟、零中间环节，与用户零距离。

3. 智能制造，注重品质

海尔透明工厂拥有多项全球领先技术，让多种需求与高品质产品完美融合。例如，产品的组装从过去用几百个零部件来组装变成了用十几个模块来组装，这种由零部件到模块的转变为我们提供了高质量、高效率的保证，模块就像七巧板一样，可以按照客户的需求来组合。

4. 自动化运输系统智能高效

海尔独创的自动化运输系统可以根据订单执行情况，自动识别生产线需要的物料并将其配送到位,整条运输线的长度相当于从拉萨到珠穆朗玛峰峰顶的距离。其中,空中物流系统是海尔首创的新型全自动智能化输送线,它要解决的是海尔半成品物流的问题。传统企业都是靠叉车在地面上运输,以及人拉肩扛,这道工序大约需要40人,海尔则是通过线体和信息化技术,实现无人输送,所有工件不落地,智能精准分拣配送,杜绝错装、漏装和周转造成的质量损伤,确保交给用户的产品一定是正确的、没有瑕疵的。

3.2.3 海尔透明工厂——供给侧结构性改革新模式

海尔透明工厂颠覆了传统制造,通过打造定制、互联、柔性、智能、可视的互联工厂生态系统,率先在制造业探索出供给侧结构性改革的3种新模式,探索家电业务的C2B定制。

课堂讨论:海尔能够做到真正的"透明"吗?这样做会不会损害它自身的一些利益?

1. 新模式之一:无人化生产新模式

改革人工作业模式,实现从工人到机器人的无人化生产新模式。海尔的透明工厂全部采用机器人社区无人作业,通过先进的设备进行自动换模、自动上料等,实现自动化生产,不仅能与生产链其他环节无缝对接,提高生产效率,还能保证生产精度,杜绝生产误差,为消费者提供更高品质的产品。

2. 新模式之二:智能互联生产新模式

在海尔透明工厂精密装配机器人社区,预装机器人沟通、协同作业,通过射频识别实现产品与设备、产品与模块、产品与人员之间的多重互联,全程数字化监控,颠覆传统串联式作业,实现并联式生产,从孤岛生产转变为智能互联生产。

3. 新模式之三:大规模定制新模式

海尔用户可根据个人喜好在网上下单,透明工厂通过智慧大脑先进规划排程系统(Advanced Planning and Scheduling,APS)自动排产,为用户提供个性化定制的最佳体验,改变过去工厂批量生产、大规模制造的固定模式,改革同质化生产,实现从大规模制造到大规模定制的转变。

案例来源

朱晓峰、陆敬筠、张琳,南京工业大学,2016年中国电子商务案例高峰论坛暨全国百佳电子商务案例颁奖典礼,中国义乌。

课后思考题

1. 试用选择板理论分析海尔的透明工厂如何通过可视化方式实现与互联网用户零距离。
2. 从供给学派角度分析海尔的透明工厂如何改善生产型企业的产品结构,以满足互联网时代用户的个性化需求。

拓展阅读

1. 全流程开放 教你随时随地看海尔透明工厂. 2015-08-11. http://dh.yesky.com/health/323/86991323.shtml.
2. 温顾:海尔"透明工厂"知新:中国版的工业4.0. 2016-01-11. http://www.robot-china.com/news/201601/11/29961.html.

3.3 商业连锁+产业链融合——红豆居家

移动端浏览：

案例标签：居家服饰；服装产业；电商平台

案例网站：www.hodo.cn

案例导读：

无锡红豆居家服饰有限公司上属的红豆集团是江苏省重点企业集团，是一家以专业设计、制造、加工针织类产品为主的公司。"红豆"商标于1997年被国家工商行政管理总局(后更名为国家市场监督管理总局)认定为中国驰名商标。2008年该公司全新推出"HOdoHOME 红豆居家"商业连锁店模式，将人们的日常服饰以"家门"为分界线，分为门里服饰和门外服饰。

红豆居家以经营门里服饰和用品为主，为人们购买"家文化"的居家生活服饰提供了一个一站式购物场所以及物超所值的产品和服务。红豆集团的品类有红豆男装、红豆居家、红豆家纺和红豆童装等。截至2023年6月30日，红豆居家拥有线下门店超1 500家，在各大线上平台上均在内衣品牌TOP榜前列。近几年，红豆居家成为首批尝试智慧零售的品牌，打通线上线下营销场景，数智赋能品牌，深化渠道，精细化运营，获得全渠道用户超5 500万人。

课堂讨论："家文化"这一元素在中国的市场上起到了关键作用吗？请给出你的看法。

2011年年底，红豆集团的网络销售总额已达到1亿元，同时红豆集团组建了近200人的网络销售团队，建立了现代化的电子商务销售系统与物流系统。在此前提下，红豆集团将电子商务发展战略进一步提高到了集团高度，加大投入建设自主电子商务平台。2011年年底，无锡红豆网络科技有限公司正式成立，该公司旨在整合红豆集团内外各项资源，打造全品类、一站式服装销售平台——红豆商城。

3.3.1 红豆集团电子商务的发展背景

对于服装行业来说，企业的高库存是亟待解决的关键问题之一。高库存就是服装行业飞速发展过程中埋下的深水炸弹。2012年上半年，李宁、安踏、361°、特步、匹克等42家上市服装企业存货总金额高达483亿元。2012年第三季度服装企业存货金额环比普遍增加，如红豆集团存货金额达39.78亿元，其环比增加较多。由于第三季度的销售速度持续放缓，因此服装企业的库存雪球越滚越大。"如果现在中国所有的服装企业都停产，中国人也不用担心没有衣服穿。"据业内人士统计，当时各企业所有的库存加起来够在市场上卖三年。对于服装行业来说，高库存不仅会让企业的资金周转率下降，而且在储存和运输成本持续上涨的背景下会让企业付出额外的成本。

服装行业的业内人士表示，服装行业中的库存问题一直存在。服装企业的销售额一旦下降，企业就会明显地感受到高库存带来的资金链压力，尤其是在银行的银根收紧之后，企业的渠道扩张受限，库存压力更为显著。另外，由于大部分服装企业采取的分销模式的中间环节太多，从企业到一级、二级经销商甚至代理商，再到零售商，这中间积累的库存量很大。

课堂讨论：服装行业中的库存积压一直是令人头疼的问题，对此你有什么好的解决方法？

试结合案例进行分析。

与传统企业运行不同,电商讲求的是货品充足、效率为先。2008年红豆集团开始对网上零售进行全盘布局,将产品布局为引流款、基本款和形象款,实体工厂的生产也随之进行调整。这一改变迎来了企业电子商务的大突破。2011年年底,红豆集团仅用3天时间就在网上卖掉了5万件衣物,销售额超过800万元。

3.3.2 红豆集团电子商务的发展现状

2008年5月18日,红豆集团官方购物网站——红豆商城正式上线测试。

该网站采用B2C商城模式,上线初期已有红豆集团内部16家品牌供应商入驻,产品涉及男装、女装、居家、家纺等多个品类。红豆商城一开始就以丰富的款式、优惠的价格吸引了众多的消费者,试营业当天销售额即突破万元。

红豆商城以种类丰富的产品和人性化的服务为消费者提供了一站式的购物体验,让消费者足不出户便能便捷地购买到红豆集团的产品。

2002—2011年,红豆集团的销售额增长了7倍。特别是2012年,在复杂多变的国内外经济环境下,红豆集团全年产销同比增长15%。红豆商城的建立对红豆集团电子商务战略的实现起到了重大作用,红豆集团成为传统品牌转型电商的典范。

3.3.3 红豆集团电子商务的商业模式分析

1. 红豆居家的一站式购物商业模式分析

2011年年底,红豆集团将电子商务提到集团战略高度,加大投入,大力发展自主电子商务,努力打造全品类、一站式服装销售平台——红豆商城。红豆商城整合了红豆集团旗下的所有服装品牌、品类,其中品牌包括红豆男装、红豆居家、红豆家纺等,品类包括商务男装、时尚女装、童装、居家内衣、家纺等,为其消费者提供了高品质、一站式的消费体验。

红豆居家以"提供居家生活服饰一站式购物场所及服务"为理念,产品包含了内衣、袜子、毛巾、居家服饰等,采取亲民的平价策略。专业的设计团队保证了红豆居家产品的丰富多样、款式的快速更新。红豆居家天猫旗舰店对客服进行产品知识培训,提高进店流量转化为购买力的比例,提升回头率,做好连带销售,凭借红豆居家产品齐全的优势,发挥一站式购物特色,紧抓客单价,做到稳扎稳打、稳中求胜。在商业模式方面,红豆居家把"连锁专卖"加"电子商务"模式作为企业商业模式转型升级的重点。截至2012年年底,红豆集团五大品牌专卖店已发展到3 200家。

(1)红豆居家六大系列

红豆居家六大系列包括居家服、内衣、配饰、文胸、童装、家纺。红豆居家的一站式购物模式大大提高了客单价。

课堂讨论:红豆居家的这种一站式购物模式有什么特色?试结合案例进行分析。

(2)新模式四者合一的优势

① 专卖店的产品陈列:红豆居家生活馆通过专卖店式的产品陈列和摆放方式,让消费者感受到家的温馨。

② 仓储式的货物管理:所有产品在终端直接摆放陈列出来,看上去产品非常丰富,店铺的视觉效果达到极致,这不仅容易唤起消费者的购买欲望,而且节省营业员取货的时间,从而提

高了成交率。

③ 超市的平价销售：红豆集团的生产原料、产品品质都有一定的保障，红豆居家的平价原则让消费者能真正买到高质、低价、物超所值的产品。

④ 产品间的关联销售：红豆居家的产品几乎涵盖了所有与家有关的内装服饰、休闲服饰，甚至家庭用品，产品间的关联程度极高。

2. 红豆居家的线下连锁专卖体系

红豆居家的线下连锁专卖体系具有六大优势。

- 红豆品牌优势：是中国名牌产品、国家免检产品、中国驰名商标。
- 市场营销优势：有全国主流媒体的广告支持。
- 红豆资本优势：是上市公司，财力雄厚。
- 产品开发优势：有强大的设计团队。
- 产品平价优势：物超所值，品质好，平价。
- 信息化优势：能以最快的速度了解市场发展动态。

3. 逐渐完善的物流体系

红豆居家电子商务的快速发展得益于红豆居家强大的物流系统。

红豆居家电子商务就是凭借专卖店的物流平台快速开展的。强大的物流系统在很大程度上缓解了网络营销中常见的断货问题。在货物储备、数据分析、流量计算等方面，红豆居家有一支专业的队伍。所有红豆居家连锁店都引进了 ERP 系统，通过该系统对店铺进行管理和运营。为了加快这一模式的推广，红豆居家建设了红豆连锁物流基地，通过高效的物流运输，大大地降低了物流成本。

（1）普通快递

红豆居家提供申通、圆通等普通快递服务，顾客可根据自己所在的地区选择适合的快递服务公司。

（2）顺丰速递

红豆居家提供货到付款服务，若顾客选择货到付款服务，则将由顺丰速递发货，并由顺丰速递代收货款。

（3）支付方式

支付方式有货到付款和在线支付两种。

案例来源

曹杰，南京财经大学，2016 年中国电子商务案例高峰论坛暨全国百佳电子商务案例颁奖典礼，中国义乌。

课后思考题

1. 如何评价红豆集团电子商务的商业模式？
2. 红豆集团电子商务的突出优势是什么？
3. 在开展服装类电子商务时需要注意哪些事项？

参考文献

[1] 电子商务催生红豆传统商业模式新变革[EB/OL]. (2014-05-21)[2023-01-01].

http://hongdou.com/news/hongdou/details/91.html.

［2］红豆：借力电子商务 实现跨越发展［EB/OL］.（2013-08-02）[2023-01-01]. https://www.entrepreneurdaily.cn/2013-08-02/6/1896778.html.

拓展阅读

1. 比 ZARA 还 ZARA，这家服装电商是怎么做的？2017-01-19. https://www.huxiu.com/article/179071.html.

2. 从危机到行业第一，红豆居家做对了什么？2020-03-18. https://www.thepaper.cn/newsDetail_forward_6564243.

3. 对话国民品牌红豆居家：回归数字商业的逻辑本质. 2023-03-28. https://www.jiemian.com/article/9145091.html.

第4章 B2C平台服务类

4.1 中国最大品牌折扣网——唯品会

移动端浏览：

案例标签：品牌特卖；B2C；网络营销

案例网站：https://www.vip.com

案例导读：

广州唯品会信息科技有限公司(以下简称"唯品会")成立于2008年8月，2012年3月在美国纽约证券交易所上市。唯品会的定位是"一家专门做特卖的网站"。其主营产品为服装、美妆、母婴、鞋包、家居、食品等品牌折扣商品。唯品会拥有2200多个全网独家合作品牌和超过2000人的买手团队(数据截至2021年)。

近年来，"消费升级"成为热词。消费环境和消费观的变化使消费者看到了品牌背后的价值，并愿意为正品买单。因此，"是否正品"成为广大消费者越来越重视的问题。为践行正品保障，2017年6月，唯品会进行了全面的品牌升级，将"一家专门做特卖的网站"升级为"全球精选、正品特卖"的品质生活平台。"全球""精选""正品"和"特卖"成为唯品会的4个战略关键词，推行自营货品、自营物流、自营仓储，通过"正品十重保障""品控九条"等措施为正品全程护航。

4.1.1 唯品会的商业模式特征

1. 品牌折扣

唯品会成立之初的定位为电商奢侈品商店，与它合作的品牌都是一线奢侈品品牌，这虽然迎合了一部分追求奢侈品的消费者心理，但从盈利和发展的角度来说，它面对的群体毕竟有限，不利于长期发展。针对这一情况，经过调查，唯品会迅速调整了目标消费者群体，并改变了品牌结构和产品范围，开始转向二、三线品牌以及大众品牌，产品开始变得多样化。唯品会网站上所出售的衣服都是名品尾货，与线下实体店相比，价格相对便宜，相当于名品的线上促销活动。发展至今，唯品会以其强大的采购议价能力确保其出售的商品享有全网底价。

2. 限时抢购

唯品会最初效仿法国的VP网的闪购模式，即电子商务网站对名牌商品进行限量限时的销售,消费者在规定的时间段下单。产品限时折扣,对于注重产品品质的消费者来说,在其购买决策过程中起到了很大的促进作用。在打折的情况下还能买到品牌的正品,这无疑增加了消费者的购买欲望。限时抢购是使消费者在较短时间内下订单的推动力量,避免了消费者犹豫不决而占用太多的交易时间。消费者一旦错过这一期的心仪产品,就会产生悔意并会关注下一期该品牌产品的限时抢购,这样消费者就被"绑"在唯品会网站上。

3. 正品保障

在电子商务发展之初,淘宝网一直独霸我国的网购市场,但其在货源方面监管不到位,致使淘宝假货横行。而唯品会避开了淘宝网"亡羊补牢"的路子,通过直接与生产商对接将正品引入平台,从而保证了商品质量。中国电子商务研究中心发布的"2017年综合零售电商用户满意度 TOP10 榜"显示,"唯品会"的投诉占比为 6.16%,综合排名第三,购买评级为"放心购买"。

课堂讨论:在品牌折扣、限时抢购、正品保障 3 个特征中哪一个特征对你来说最有吸引力?为什么?

4.1.2 唯品会的业务架构

唯品会与品牌商签署协议,将其尾货引入平台进行销售,这样既保障了低价折扣,把控了商品质量,又促进了合作品牌商商品的更新换代,实现了互利共赢。唯品会的业务架构如下。

1. 销售业务

唯品会引入商品后,会安排专业的模特展示商品,并安排拍摄人员对展示过程进行全程记录,之后,将商品信息与展示图片上传至平台,消费者下单后,唯品会会根据收货地址选择就近的仓储中心进行派送。限时销售结束后,未售出的商品直接由品牌商收回。2018 年,唯品会已与 8 000 多家品牌商达成协议。

2. 时尚资讯分享业务

唯品会的时尚资讯分享业务旨在为消费者提供时尚资讯,以配合其商品的销售。唯品会虽然并未将此业务与唯品会的直接营业收入挂钩,但是通过分享时尚资讯引导了消费者的消费行为,这无疑间接增加了消费者的购物欲望。另外,通过定时发布时尚资讯并与消费者进行互动交流,唯品会摆脱了电商的窠臼,具有了社交平台的部分作用,在为用户提供体验式服务的同时增加了用户黏性。

3. 广告推广业务

唯品会在销售商品的同时,还通过感知用户体验,打造大气、精美的购物主页,吸引用户眼球,为品牌商提供广告推广和宣传等一系列服务。

课堂讨论:谈谈你对唯品会业务架构组成的看法和建议。

4.1.3 唯品会盈利模式的基本特征

唯品会在激烈的市场竞争中准确定位,形成了独具特色的盈利模式。具体而言,唯品会的盈利模式具备以下几个基本特征。

1. 锁定服务对象

唯品会面对 B2C 市场的激烈竞争,并没有盲目模仿其他 B2C 电商企业,也没有选择与京东、天猫等占有领先市场地位的 B2C 电商企业硬碰硬,而是结合中国市场的特点,锁定自己的目标消费者群体——二、三线城市女性品牌爱好者。

2. 采用提升用户体验的"导购"模式

尽管唯品会提供的产品种类有限,但是其采用了能够提升用户体验的"导购"模式。在天猫上购物的消费者往往会由于同类产品过多、质量参差不齐、价格差距过大而感到无所适从。而唯品会商品选购导航的导购模式可以快速定位消费者需求并激发其购买欲望。"名品＋低价＋闪购"的独特网络特卖模式迎合了目标用户的消费心理,增加了网站访问量及用户黏性。

3. 拥有"干线＋落地配"的独特物流模式

为了降低物流成本,提高配送效率,唯品会在全国不同地区都有自己的物流配送中心。这在一定程度上提高了消费者的认可度。唯品会独特的闪购模式使得其库存更新迅速,远超其他 B2C 电商平台。独特的先销售后付款的采购模式、"干线＋落地配"的轻物流模式为其盈利提供了保障,从而使其获得了竞争优势。

课堂讨论:相较于其他 B2C 平台的盈利模式,唯品会的盈利模式有哪些优势?

4.1.4 对唯品会进一步发展的建议

1. 有针对性地扩充商品品类,实现差异化经营

在网购市场竞争激烈的情况下,作为垂直电商的唯品会不能盲目扩充商品品类,而要通过定位差异化的消费群体,围绕特定群体的需求扩充商品品类,从而凸显垂直电商的优势。另外,唯品会还要通过提供个性化、特色化的服务提升用户的购物体验,提高用户的忠诚度,逐步形成核心竞争力。

2. 优化上下游供应链,构建特卖网购商业生态系统

国内限时特卖网购市场竞争激烈,任何成功的模式都极易被其他企业模仿,导致竞争优势丧失,甚至导致恶性竞争。未来最先建立电商生态系统,实现产品、用户和渠道互相融合的电商企业才能在激烈的竞争中脱颖而出。唯品会应充分发挥其在限时特卖网购市场上起步较早的优势,致力于优化该领域内上下游供应链,构建健康的特卖网购商业生态系统,不断加强供应链整合能力,持续改进物流服务,提升用户体验。

3. 践行"正品"承诺,打造诚信的品牌形象

唯品会自创建起就以"低价""正品"吸引消费者,但近年来关于唯品会售假的消息屡屡出现,严重打击了消费者的信心。唯品会在规模迅速扩张的同时,决不能放松对商品质量及服务品质的把控,只有用心把控商品质量,树立诚信的品牌形象,才能获得消费者的信赖,从而在商品质量参差不齐的网购市场上赢得竞争优势。

4. 重视粉丝化运营,扩大企业的影响

在互联网时代,网购平台开展粉丝化运营已成为必然趋势,粉丝化运营能带来一定的用户流量。唯品会可通过与微店、蘑菇街等导购企业合作,与微博、微信、QQ 等社交平台合作,在平台内开辟用户交流社区,增加互动,借助明星代言,冠名电视台节目等手段进一步扩大其在目标消费者中的影响力,增加用户黏性。

课后思考题

1. 如何评价唯品会的商业模式?
2. 唯品会存在哪些不足?有没有解决办法?
3. 唯品会最突出的优势是什么?

4. 在今后的发展过程中,唯品会会面临哪些问题?对于这些问题你有哪些建议?

参考文献

[1] 陈红海,闫雪珂. 唯品会和拼多多带来的电商发展模式分析[J]. 特区经济,2019(03):136-138.

[2] 王越. 唯品会盈利模式研究[D]. 兰州:兰州财经大学,2018.

[3] 黄绍聪,张永庆."消费升级"背景下电商"正品保障"模式分析——以唯品会为例[J]. 电子商务,2018(10):22-23+89.

[4] 李如梦. 基于消费者视角对唯品会营销模式的分析[J]. 中国管理信息化,2017,20(10):152-153.

[5] 胡志仁,王冬云,韦晓霞,等. 唯品会运营策略分析[J]. 电子商务,2015(05):1-3.

拓展阅读

1. 黄樟. 殊途同归(上):阿里京东唯品会的商业模式对比. 2018-03-26. https://www.jianshu.com/p/7e41f002ac3a.

2. 唯品会再造唯品会. 2019-04-16. https://baijiahao.baidu.com/s?id=1630932416822310667&wfr=spider&for=pc.

3.《对比其他电商平台,唯品会特别在哪里?一文深度分析电商特卖模式》. 2021-09-24. https://zhuanlan.zhihu.com/p/413548132.

4.2 马蜂窝自由行,马上出发,蜂玩天下!——马蜂窝

移动端浏览:

案例标签:用户生成内容(User Generated Content,UGC);内容+交易;旅行攻略

案例网站:https://www.mafengwo.cn

案例导读:

随着国民经济的不断发展,人们对于生活质量的要求越来越高,旅游逐渐成为大众提升幸福感的一种方式。在移动互联网的助力下,"互联网+旅游"逐渐体系化,用户可以通过 App 查询酒店、门票等信息,还可以将自己的亲身体验写成攻略分享在 App 上,马蜂窝 App 便是具有代表性的 UGC 在线旅游攻略平台。马蜂窝采用"内容+交易"的商业模式,逐渐成为中国个性化自由行平台的典型代表。

4.2.1 马蜂窝的成长历程

"出去玩之前,先上马蜂窝",与传统在线旅行社(Online Travel Agency,OTA)不同,马蜂窝以一种新潮的方式带领年轻一代发现并认识世界。2006年,旅行爱好者陈罡和吕刚共同创建了一个不以盈利为目的的 UGC 旅行社交网站——蚂蜂窝旅行网,旅行爱好者们可以在这

里写下自己的旅行经历,还可以将旅行攻略分享给别人,帮助别人更快地制定旅行方案。网站创建初期没有宣传、没有运营,仅靠用户口碑便吸引了大量用户,并于2011年获得500万美元A轮融资,之后网站正式开始公司化运营,以旅行目的地为中心,给用户提供旅行目的地攻略、游记以及相关问答等信息,截至2014年4月,马蜂窝激活用户数高达5 500万,游记总量突破百万。

2015年以后,马蜂窝开始探寻新的盈利方向,从最初直接将品牌广告放在首页,到后来"自由行"产品的发布,马蜂窝找到了适合自己的商业模式——"内容+交易"商业模式。"自由行"产品的功能主要是将用户分享的旅行攻略、游记以及相关问答的信息精准推送给有需要的其他用户,以便其可以在旅途中轻松预订酒店、确定旅行路线等。

2018年2月5日,着眼于更清晰的认知、更少的歧义以及更长远的未来,"蚂蜂窝旅行网"正式更名为"马蜂窝旅游网",并希望其如同蜂巢一般,成为旅行者的栖息之地,成为大众探索世界、打开新世界大门的一把钥匙。"北极星攻略"和"好货情报局"产品的上线更是体现出马蜂窝对内容变现的良苦用心以及"后疫情时代"给旅游业带来的明显变化。"北极星攻略"主要采取三方共建的模式,即马蜂窝攻略研究团队对于攻略的梳理与总结、旅游局等官方机构对于信息情报的提供、平台创作者们对于攻略的补充与验证,多维度、多层面以最快的速度为消费者提供一份完美的旅行计划。"好货情报局"的上线更是让马蜂窝独有的内容"森林体系"锦上添花,该产品通过内容社区、旅行攻略和产品预订3个功能打通旅行消费决策闭环,平台旅行达人对于热门度假产品的体验与测评可以大幅提升人们的旅行决策效率。

4.2.2　马蜂窝发展的流量密码——内容

马蜂窝自2006年创建以来,一直致力于寻求新的发展商机,始于爱好、终于内容便是马蜂窝长久以来屹立不倒的原因。源于一个小小的旅行分享爱好,其创始人创立了UGC旅行社交网站,目的是为分布于各地的旅行爱好者提供一个分享旅行游记的地方。在网站获得了一些流量后,因网站维护的需要,马蜂窝开始寻求更好的商业模式,在保证提供优质内容的前提下,新增广告服务,但此时网站仍处于内容与交易不对等的阶段。在互联网发展的"下半场",内容逐渐成为流量入口与增长机遇,马蜂窝开始优化"内容+交易"的商业模式,重塑供应链,将从前的"人找货"模式转变为"货找人"模式,进而大幅提升了用户旅行消费决策的效率。

1. 仅有内容而无交易阶段

2010年开始,马蜂窝依靠用户口碑吸引了大量的旅行爱好者,他们将自己的旅行经历、攻略等整理成文字分享给他人,随着用户群体的不断壮大,马蜂窝逐渐发展成注册用户多达10万人的旅游社区。马蜂窝的创立始于开发人员对于旅行的热爱,其从用户视角对产品进行设计与开发,目的是帮助用户作出更好的旅行决策。在这个仅有内容而无交易的阶段,马蜂窝不以盈利为目的,旨在提高用户留存率,随着内容的增多,沉淀了一定量的旅行数据,这为其后续发展打下了坚实的基础。

2. 内容与交易不平衡阶段

随着人们对于生活品质的追求以及互联网旅游业的快速发展,马蜂窝逐渐成长。在这一阶段,用户输入的旅行攻略、游记等数据信息开始变多,如果没有规范化的数据处理流程,就会造成数据灾难。因此,马蜂窝引进了一家数据公司,搭建起结构化、灵活的数据结构框架,对数据进行清洗与挖掘，最终以目的地为中心，为用户提供目的地的游记、攻略、相关问答等旅行信息。在看到用户内容的商业化价值后，马蜂窝开始尝试商业化发展。其收入来源主要包括两部分：其一是广告收入，即将旅游品牌的产品直观地展示在平台首页，获取一定的广告位收入；其二是交易佣金，即与酒店、旅行社合作，将其预订服务链接至平台中，使得用户可直接在马蜂窝平台进行交易，马蜂窝向酒店、旅行社收取一定的佣金。虽然马蜂窝开始尝试商业化发展，但是其内容与交易仍处于不平衡状态，内容供给远超交易需求，马蜂窝在商业化发展方面还需要继续探索。

3. 内容与交易趋于平衡阶段

随着我国旅游消费市场的发展，马蜂窝不再满足于仅仅作为一个提供旅行信息的社交平台，2019年，马蜂窝选择跳出舒适圈，致力于优化"内容＋交易"的商业链路，打造一个社区用户、平台、供应商以及其他资源方之间的商业闭环，从而达到内容成就交易的目的。马蜂窝从用户输入的攻略内容数据中获取用户的交易需求，同时对此内容数据进行沉淀与挖掘，进而将这些攻略精准推送给其他有旅行决策需求的用户。马蜂窝在获取了用户的交易需求后，将信息反馈给旅行供应商，进而引进在玩乐、交通、住宿、度假等领域的优质资源，使用户在一个平台便可完成"从知晓到交易"的整个过程，实现平台对用户的精细化运营。马蜂窝此次商业模式的升级不仅提升了用户体验、实现了内容精准赋能，还使得人们的旅游习惯发生了变化，即从以前的"提前规划"转变为如今的"临时起意"，大大提升了用户的消费决策效率。从用户需求出发，向用户精准推送心仪产品，促使用户消费，反过来，用户在亲身体验了所购买的旅行服务后在平台上分享其心得与攻略，从而为平台输入了新的内容数据，进而形成"决策—交易—分享"的商业闭环，内容与交易逐渐趋于平衡。

课堂讨论：马蜂窝是如何逐渐将内容变成其流量密码的？

4.2.3 马蜂窝的核心竞争力

马蜂窝起源于旅游社交网络服务（Social Networking Services，SNS），其在创建初期积累了海量 UGC，借助自研发的大数据算法，汇聚核心数据，由强大的编辑团队提供高质量旅行攻略，为用户提供精准旅行服务。因此，马蜂窝的核心竞争力是其优质的旅行攻略、游记等有价值的信息。2015年，马蜂窝推出产品"自由行"，围绕旅行目的地为用户提供攻略、游记、机票、酒店等推荐服务，大幅提升了用户的旅行决策效率。其中，攻略服务主要对旅行目的地的景点路线、酒店住宿、必游景点等进行全面介绍，游记服务主要对旅行目的地的某一景点进行详细介绍，机票、酒店等服务主要根据用户喜好定向推荐相关产品。

马蜂窝除了输出优质旅行攻略、游记等有价值的信息外，还是一个旅行分享社交App，作为一个纯旅行分享社区，马蜂窝社区的板块很多，其中最主要的3个板块是问答广场、马蜂窝周边以及蜂首俱乐部。在问答广场中，用户可以在相似的问题中寻找答案，也可以在这里针对旅行问题进行提问。马蜂窝周边主要销售一些具有"马蜂窝"特色的产品。在蜂首俱乐部中，用户可以选择自己感兴趣的俱乐部，还可以发现一群志同道合的朋友。

马蜂窝的成功之处在于其不仅可以为有出行意愿的用户提供最佳旅行决策，还可以使得没有明确目的地的用户产生旅行想法。在用户打开App后，有出行意愿的用户直接搜索目的地查看当地的攻略、景点、酒店等旅行信息，制定旅行计划，选购旅行产品，分享旅行游记等，而对于无明确目的地的用户来说,平台为他们精准推送旅行产品及相关信息,使得他们产生浏览甚至购买意愿。马蜂窝成功的关键主要有 3 点。

第一,马蜂窝的产品定位不同于其他传统的 OTA,其依托平台 UGC,从旅行爱好者的角度,帮助用户做出合理的旅行消费决策。此外,社交基因是马蜂窝区别于其他传统 OTA 的本质特征,当汇集了海量攻略内容数据后,平台利用大数据分析用户偏好,进而为用户提供个性化服务。

第二,为了提高用户使用满意度,马蜂窝不断优化供应链,从流量驱动转向用户驱动,针对不同出行目的的用户,提供个性化的旅行攻略,使用户可以在一个平台上完成旅行路线决策、机票和酒店预订以及旅行经历分享等,实现"决策—交易—分享"的商业闭环。

第三,马蜂窝为用户提供了大量决策信息,除了常规的旅行景点打卡攻略,马蜂窝还为用户提供了许多小众、新奇、有趣的产品,这些小众打卡地吸引着新一代的旅行群体,这也是马蜂窝的优势所在。此外,产品的植入非常自然,由于产品与用户的旅行决策存在一定的关联,因此平台将产品包装成用户游玩路线的一部分也毫无违和感。

课堂讨论:马蜂窝是如何借助内容实现"决策—交易—分享"这一商业闭环的?

图 4-1 所示为马蜂窝 App 的旅行攻略、游记和问答功能。图 4-2 为马蜂窝 App 业务流程图。图 4-3 展示了马蜂窝如何进行数据赋能。

图 4-1　马蜂窝 App 的旅行攻略、游记和问答功能

马蜂窝的盈利来自其用户输入的攻略内容数据,包括交通、住宿、景点、美食和购物等信息,内容是马蜂窝的流量密码,在"内容+交易"的商业模式下,马蜂窝在为用户精准推送旅行攻略、游记的同时,提供用户可以自主选择的旅行产品,如酒店、美食服务等,以提升用户的决策效率。除此之外,马蜂窝的盈利还来自广告收入以及供应商的服务费。随着入驻平台的商家越来越多,供应商的服务费逐渐成为马蜂窝的主要收入来源。

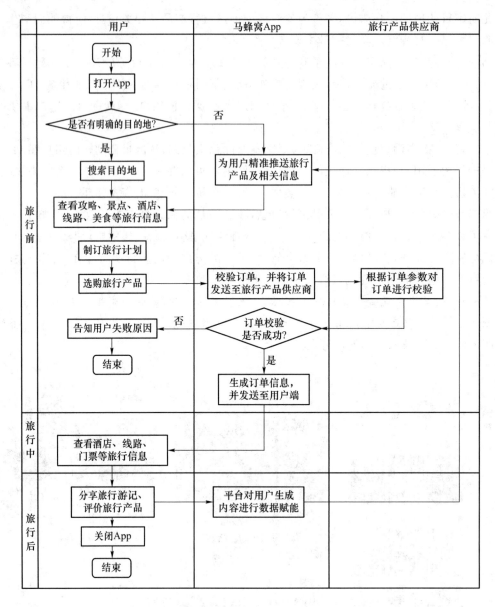

图 4-2 马蜂窝 App 业务流程图

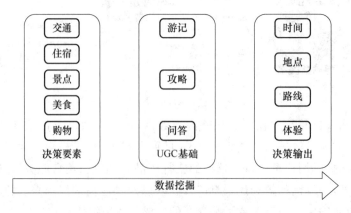

图 4-3 马蜂窝如何进行数据赋能

4.2.4 马蜂窝的优化路径

马蜂窝利用庞大的 UGC 数据,向用户精准推送攻略内容,帮助用户做出合理的旅行消费决策,迅速发展成我国旅行社交平台的一匹黑马。但是马蜂窝也存在一定的不足,如社区氛围不够浓郁、游记内容冗长以及营销手段需要创新等。

1. 社区氛围不够浓郁

创立马蜂窝的初衷是分享旅行经历,希望旅行爱好者们在这里畅所欲言,写下并分享自己的旅行心得,因此,许多用户在该平台输出的内容大多是旅行攻略和游记,对其他用户游记的点评不多,而且许多用户基本不看点评,仅看与目的地有关的游记、攻略等信息,导致平台的社区氛围不够浓郁。在现有功能的基础上,马蜂窝应将社区问答功能放在首页,这样不仅便于平台解答用户对于旅行目的地的疑问,还便于用户讨论与旅行目的地相关的攻略和优化旅行决策。

2. 游记内容冗长

目前马蜂窝平台的游记内容冗长,大多是在记录用户的旅行心得与感悟,偏感性,让看游记的用户一时间难以抓住重点。对于这些游记,马蜂窝可以按照官方攻略的排版格式,为每篇游记设置目录导航,以便于用户快速获取想看到的信息。

3. 营销手段需要创新

近年来,大众的旅行消费理念发生了明显的变化,有目的、有计划的旅行逐渐减少,更多的是被互联网信息"种草",从而产生的冲动型旅行。因此,马蜂窝应该在现有营销策略的基础上做出一些改变,比如,通过平台的 UGC 促使用户作出旅行决策。

案例来源

李宏,《中国在线旅游研究报告 2019》,旅游教育出版社。

课后思考题

1. 马蜂窝为什么可以从众多旅行 App 中脱颖而出?
2. 在马蜂窝的众多特色服务中,吸引你的有哪些?
3. "互联网+旅游"逐渐成为旅游推广营销的新常态,那么旅游电子商务的发展对我们有什么启示?

参考文献

[1] 李纯青,贺艳婷,刘伟."内容+交易"平台型企业商业模式的构建及其演化机制——基于马蜂窝的案例研究[J]. 广西财经学院学报,2020,33(6):105-117.

[2] 王劲. 马蜂窝网络营销模式研究[D]. 桂林:广西师范大学,2020.

[3] 张守卫,唐进秋. 旅游电子商务平台信息服务优化研究——以马蜂窝旅行网为例[J]. 情报探索,2021(12):77-84.

[4] 符家铁. 马蜂窝:从内容出发深耕旅游业[J]. 国际品牌观察,2021(19):51-52.

[5] 郭嘉颖. 基于 UGC 的在线旅游攻略平台商业化的探究——对比穷游网、马蜂窝[J]. 南方论刊,2022(2):25-27.

拓展阅读

1. 马蜂窝：中国领先自由行服务品牌，内容＋交易构建旅游闭环，打造全球旅游消费指南．2018-05-18. https://zhuanlan.zhihu.com/p/36990037.

2. 4个角度：马蜂窝旅游APP思考与分析．2018-06-11. https://www.woshipm.com/it/1053354.html.

3. 马蜂窝攻略不止于"旅游"，从目的地到兴趣玩法全覆盖．2021-09-01. https://baijiahao.baidu.com/s?id=1709670251698525435&wfr=spider&for=pc.

4. 马蜂窝：构建"数字＋旅游"新业态．2023-03-14. https://baijiahao.baidu.com/s?id=1760346805281315758&wfr=spider&for=pc.

第5章 C2C平台服务类

5.1 商业巨头的成长之路——eBay

移动端浏览:

案例标签:C2C;跨境服务;贝宝(PayPal)支付

案例网站:https://www.ebay.cn

案例导读:

eBay 于 1995 年诞生于美国,是全球电子商务巨头之一。eBay 创始人彼埃尔·奥米迪亚(Pierre Omidyar)在少年时期就对计算机有着浓厚的兴趣,大学期间攻读了计算机专业。1995年,彼埃尔·奥米迪亚创建了 Auctionweb(拍卖网),其以提供拍卖服务为主。1997年 Auctionweb 正式更名为 eBay,1998 年 9 月 24 日 eBay 上市,时价每股 18 美元,而仅仅半年后股票价格就翻了 4 倍。

2003 年,eBay 通过全资控股易趣网进入中国,却被淘宝的免费模式打败。2006 年,它和 TOM 成立合资公司,TOM 占易趣 51%的股份,eBay 签署协议承诺 5 年内不在中国开展与易趣竞争的业务。2012 年年初,这份协议到期,TOM 全资控股易趣,eBay 退出。

虽然在 C2C 领域折戟,但 eBay 并未离开中国,而是低调发展跨境 B2C 业务。2012 年 11 月 12 日,eBay 宣布与走秀网合作,计划重新跻身中国市场;2014 年 2 月 19 日,eBay 宣布收购 3D 虚拟试衣公司 PhiSix;2017 年,eBay 与宁波跨境电商综试区达成合作,布局跨境电商业务。

5.1.1 eBay 的商业模式

俗话说:"栽下梧桐树,凤和鸟齐鸣。"在商界,这是一种非常好的商业模式,梧桐树是交易平台,凤和鸟是平台上的商品经营者,"凤和鸟齐鸣"可以招徕成千上万的顾客前来购物,从而使梧桐树成为摇钱树,栽树者自然财源滚滚。只要种好了梧桐树,让梧桐树枝繁叶茂,凤和鸟就会蜂拥而至,企业就可以盈利。eBay 采用的就是这样的模式。

eBay 的商业模式是一个完美的印钞机模式。要让这台印钞机运转,eBay 必须解决两个问题,即信用问题和付款问题。首先,eBay 必须解决信用问题。由于在网上交易的双方无法见面,因此一方甚至双方弄虚作假的情况很难避免。eBay 的解决办法是让买卖双方互相给对方评估打分,久而久之,每个 eBay 的用户都有一个评级和交易的记录,包括正面评价的次数和百分比以及最近交易的细节。这样在 eBay 上交易或多少能让人放心一点。接下来 eBay 必须解决付款问题。以前的主要支付方式是现金支付、支票支付和信用卡支付,这 3 种方式对于 eBay 的交易双方都不合适。由于买卖双方无法见面,现金就无法使用了。而使用支票交易也很不方便,一方面卖家怕收到假支票(100 元的账户开出 1 000 元的支票),另一方面买家怕对方收了支票不发货。另外,支票寄来寄去也会耽搁时间。信用卡支付本来是比较好的支付方式,但是个人和很多小商家无法支持信用卡支付,并且顾客普遍不太放心将信用卡信息交给不认识的个人或小商家。因此,eBay 需要一种专门针对网上交易的支付方式。于是它花高价收购了 PayPal 公司,解决了这个问题。这样 eBay 的印钞机就打造完成了。

平台交易模式的重要功能体现在平台本身,参与交易的供应商和客户越多,这个平台就越有价值。随着交易量的增加,通信成本和交易成本将持续降低,即使对每一笔交易少量收费,平台也是有利可图的。

eBay 获得利润的多少取决于交易量和交易金额。显然,仅靠卖点旧货是不能维持利润以指数级增长的。因为极少有人能每天把自家旧货拿到 eBay 上拍卖。于是 eBay 进行了一次商业模式的转变,渐渐地从网上跳蚤市场转变成了网上自由市场。eBay 开始帮助从事电子商务的小商家在 eBay 上开设自己的网店,为它们提供一个只要花钱为自己的网店做广告就能接触到全球消费者的场所,并且这些小商家将一部分销售所得作为交给 eBay 的提成。这种商业模式实际上是对传统零售商业模式的一种颠覆。在传统零售商业模式中,广告几乎是获得消费群体的唯一的方式,因此广告成本成为商业成本的一部分。小商家在 eBay 上开网店,则是将广告费转化成了 eBay 的挂牌费和很低的销售提成。eBay 将自己的收费控制得比传统的广告成本低,于是大量从事电子商务的公司和个人都选择到 eBay 上去卖东西。这时 eBay 主要卖的不再是跳蚤市场上的旧货了,而是全新的消费品。事实上,eBay 的商品数量比世界上任何一家连锁百货店都多。eBay 上的一些商家做了几万笔甚至几十万笔交易,这些商家不是个人,而是从事电子商务的零售商和批发商。在 eBay 上出售的商品主要是这些商家的产品,而不是个人的旧货。当然,大量个人在 eBay 上的买卖行为为 eBay 贡献了足够的人气。eBay 从此搭上了电子商务的快车。

5.1.2 贝宝支付服务

长期以来,eBay 一直为零售企业提供各种极具价值的电子商务工具,其中最著名的就是大获成功的贝宝支付服务。eBay 通过并购加强了公司的无线产品线,收购了移动支付公司 Zong 和比价应用 RedLaser。2011 年,eBay 斥资 24 亿美元收购了 GSI Commerce,2012 年年底,eBay 宣布达成了一桩交易,可以让消费者在任何支持 Discover 卡支付的实体店使用贝宝。此举让 eBay 终于能为零售商提供全套的商业服务了。

这些努力使 eBay 的业绩大幅增长,2012 年,eBay 的营收达到 141 亿美元,比前一年增长了 21%。其中的主要增长来自贝宝完成的支付业务,其营收增加到了 56 亿美元。日益成为固定价格商品展示窗口的 eBay 商场也实现了 11% 的健康增长。

2012 年,eBay 的所有业务部门都实现了两位数的用户数增长,移动商务业务额强劲增加,公司在线交易平台业务加速增长,移动业务部门在美国市场上实现了总交易额 19% 的增长。

5.1.3 从收购易趣到败走中国

1. 收购易趣

1999年8月18日,易趣成立。成立之初,易趣的办公地点在上海的一个民居内。创始人邵亦波和谭海音是当时仅有的两名员工。2002年3月,eBay公司注资3 000万美元,与易趣结成战略合作伙伴。2004年6月,易趣宣布进入网站整合期,将于当年秋天与eBay平台对接;同月,易趣在北京召开第二季度新闻媒体通报会。2004年9月17日,易趣与eBay平台成功整合。自此,eBay易趣的用户能与来自美洲、欧洲以及亚洲各国的1亿多用户进行网上跨国交易。

2005年7月11日,贝宝中国(PayPal China)网站正式开通,标志着贝宝正式登陆中国市场。贝宝与银联电子支付合作使中国用户能用15家银行的20多种银行卡通过贝宝进行安全、快捷、便利的网上支付。贝宝与eBay易趣平台的对接在同年9月1日完成。eBay易趣1 160多万用户能通过贝宝方便、快捷、安全地进行网上支付,这大大促进了eBay易趣用户的交易。然而2015年4月,贝宝从eBay拆分出去,双方协议规定,eBay在5年内不得推出支付服务,而贝宝则不能为实体产品开发自主的在线交易平台。

课堂讨论:

1. 失去贝宝后eBay该何去何从呢?
2. 贝宝是中国的"支付宝"吗?二者有什么异同?

2. 败走中国

2006年12月,eBay和TOM合作,关闭C2C主站,退出中国C2C市场,仅保留PayPal和Skype业务,以及一个跨国交易网站。

根据协议,eBay将在新网站持有49%的股份,而TOM持有51%的股份。为了在中国抢占更多的市场份额,eBay已经投入了数亿美元,但并未获得预期的回报。Caris公司分析师蒂姆·博伊德表示:"这一交易意味着eBay已经承认在中国市场以失败告终,至少无法独立发展。但我认为,市场早已证明了这一点。"

根据市场研究公司易观国际公布的数据,淘宝网2005年在中国网络拍卖市场占据了57.7%的份额,遥遥领先于eBay易趣的31.5%。

分析师指出,eBay一直未能理解中国市场和中国文化,这是该公司兵败中国的主要原因之一。例如,与淘宝网有所不同,eBay易趣并没有为用户提供电话支持,也不鼓励买家和卖家直接交流。此外,当淘宝网进入中国拍卖市场并开始提供免费服务时,eBay易趣的反应速度过慢,这导致大量用户流失。

eBay的中国之路从来都不平坦。2002年,eBay收购了当时中国最大的拍卖网站易趣网1/3的股份,从而借道进入中国市场。2003年,eBay收购了易趣网的全部股份,使后者变为自己的全资子公司。到此为止,eBay收购易趣网总计支出1.8亿美元。2005年,eBay投入1亿美元在中国市场发动营销攻势。

课堂讨论: 是什么导致eBay的中国之路如此不平坦?

分析师认为,eBay的问题并不在于中国电子商务市场的发展速度快,而在于该公司失去了大量的市场份额。

当初吴世雄空降eBay易趣和后期廖光宇的到来被很多人解读为eBay开始重视本土化战略,但不论是吴世雄还是廖光宇,他们都来自台湾。他们或许对台湾互联网市场有着精辟的见解,但是对大陆互联网市场规律、传统和习惯的洞悉能力值得怀疑。

2010年2月,易趣正式推出海外代购业务,为买家提供代购美国购物网站商品的服务。

2012年4月,易趣不再是eBay在中国的相关网站,易趣成为TOM的全资子公司,易趣网站提供的各项服务均未变化。

5.1.4 机遇和挑战

败于淘宝,又重生于跨境B2C,5年的时间,eBay在中国经历了从弃子到宠儿的蜕变。

2011年10月底,正当马云为"淘宝商城事件"焦头烂额之时,他曾经的对手——eBay在美国发布了第三财季报告,eBay全球单季营收同比增长32%,达30亿美元,同时,净利润同比增长14%,达4.91亿美元。

在中国,借助电商热潮,eBay卖家的活跃度持续增加,销售总额上涨34%,他们贡献的大量佣金帮助eBay中国转变为全球第五大利润中心。显然,那个曾经被马云比作"深海巨鲨"的eBay已经习惯了"长江水性",找到了自己的中国引擎。

曾任eBay中国业务运营总经理的承丹丹说过:"真正重要的是,保持一颗战战兢兢的心,紧紧抓住客户和行业变化,否则,稍有不慎,就可能被淘汰。"

这段话也恰恰映衬了eBay在中国的轨迹——从并购"易趣"进入中国,与淘宝针锋相对,到在C2C领域折戟,几乎退出国内市场,再到后来适时布局跨境B2C业务,重启中国业务。eBay演绎了一出外企在中国翻身的经典剧目。

1. 玩转跨境B2C

从2006年年底开始,eBay中国开始从迷失中醒悟,寻求跨境B2C的新模式。此时,eBay的高层也从之前的管理模式中吸取教训,给予中国管理团队越来越多的自主权。"毕竟每一个市场都有它自身的规律,只有当地的团队才能清楚自己应该提供什么样的服务,如何满足本地的需求,只有这样才可以更好地迎合卖家,而卖家赢了,eBay才能胜出。"曾任eBay亚太区高级副总裁兼董事总经理的Jay Lee这样说。

课堂讨论:eBay借道易趣进入中国市场时的锋芒毕露与布局跨境B2C业务时的韬光养晦体现出怎样的企业精神?

然而,要打造一套服务于跨境B2C卖家的体系并非易事,对于eBay而言,当时并没有任何可以借鉴的经验。起初设立跨境B2C战略部门时,只有3名员工,仅仅讨论建立怎样的商业模式、如何收费的问题就花费了数月时间,最终才决定根据成功交易的金额向卖家收取佣金。

好在后来随着团队的逐渐扩大,商业操作的诸多环节很快得以确定。按照Jay Lee的说法,从线下到线上是一个门槛,从国内到国外又是一个门槛,eBay要让中国卖家把更多的产品卖到国外去,实现双赢,就必须帮助刚刚学着在网上销售的中国卖家提高外贸能力。

首先,最大的困难便是语言问题。中国卖家要在欧美的eBay上卖东西,就必然得与当地的买家沟通,而一般的卖家很难像大企业一样配备专门的语言人才。另外,卖家还需要了解不同国家消费者的消费习惯、服务要求,以及有哪些流行的促销方式。

这对于一直做战略咨询工作的承丹丹而言是一个挑战,eBay当时是白纸一张,她需要为一直自然生长的外贸卖家提供相应的培训服务。为了得到一手的信息,设计卖家真正需要的课程,承丹丹带领团队跑遍北京、深圳、上海,与数十家外贸卖家反复沟通,并在eBay上销售商品,寻求体验。2007年,外贸大学培训系统上线,越来越多的外贸卖家加入eBay平台。

其次，卖家需要足够的本地支持。过去，卖家如果碰到账户安全这样的问题，需要打越洋电话，三更半夜与 eBay 欧美的客服人员联系，诸如此类被忽视的用户体验问题急需用本地化的客服来解决。随着国内客服团队规模的扩大、服务细则的完善，eBay 的本地化服务框架基本确立，这使得 eBay 中国的营收在 2007 年、2008 年连续两年实现三位数的增长。

2. eBay 曲线重返中国

2012 年 11 月 12 日，eBay 宣布与总部位于深圳的走秀网合作，欲携手走秀网在高利润率的时尚品和奢侈品电商领域打开一扇门。走秀网是一家销售时尚品和奢侈品的电商公司，2008 年 3 月该网站正式上线，2011 年获得 1.2 亿美元投资，年销售额为 10 亿元左右。eBay 重返中国的消息在同年 11 月 12 日发布。这个日子的前一天，即 11 月 11 日，是淘宝的"大日子"——数年前，淘宝率先在"双十一"疯狂促销，使交易额一飞冲天，最终将 eBay 打败。此后，这个日子演变为电子商务界的"血拼日"。eBay 选择的这个充满意味的重返日展示了其再度挺进中国的勃勃野心。

当时，eBay 还计划增加对中国的整体投资，着手准备垂直类目、更主动与中国卖家沟通、提供数据分析支持、完善物流解决方案四大战略。很显然，eBay 希望通过与走秀网的合作，获取时尚类和奢侈类商品市场的高额利润。虽然刚开始走秀网的奢侈品业务没有盈利，但其对销售额的贡献在 2011 年已经达到了 30%。

eBay 并非第一次尝试这样的合作模式。此前，它已经在美国投资了一个高端的 B2C 网站 Ruelala。这是一家著名的会员制限时折扣店，其出售各类奢侈品牌以及中高档品牌的商品。

在经历了诸多坎坷之后，eBay 终于在中国回到正轨。尼尔森的数据显示，中国大型出口商在 eBay 上实现的销售额占总销售额的 71%。"卖家更多地通过 eBay 获利，这才是评价 eBay 的最重要的标准。"Jay Lee 曾说。eBay 中国能够以 1 000 名员工创造阿里巴巴 1.8 万名员工的利润，也正是有赖于此。

国际贸易全球门户——eBay 致力于为中国商家开辟海外网络直销渠道，直面 3.8 亿海外买家。

案例来源

中国电子商务案例教学平台，网址为 http://www.ceccase.com/。

课后思考题

1. eBay 在中国的发展模式有何特别之处？
2. eBay 是如何走出在中国的困境的？
3. 美国 eBay 和中国 eBay 有何不同之处？
4. eBay 与国内电商平台在跨境电商业务方面有何异同？

参考文献

[1] eBay Inc. eBay 2016 Annual Report[R]. San Jose ieBay Inc.，2017.
[2] 韩一婧. eBay：以平台携手跨境电子商务[J]. 国际市场，2013(04)：16-17.
[3] 闫岩. eBay 与宁波电商综试区达成合作[N]. 国际商报，2017-01-10(C3 版综合).
[4] 郝智伟. 看 eBay 中国翻身[J]. IT 经理世界，2011(21)：38-40.
[5] 刘世忠. 选对行业钓大鱼[M]. 北京：中国经济出版社，2011.

[6] 武帅. 中国互联网风云16年[M]. 北京：机械工业出版社，2011.

[7] 默罕默德，菲谢尔，杰沃斯基. 网络营销[M]. 王刊良，译. 北京：中国财政经济出版社，2004.

拓展阅读

1. C2C电商鼻祖：聊一聊eBay的发展历程与业务模式. 2022-04-26. https://www.woshipm.com/it/5412040.html.

2. 跨境电商平台eBay的特点？eBay的优劣势介绍. 2020-03-10. https://zhuanlan.zhihu.com/p/112202381.

3. 电商往事：淘宝和eBay中国的那场战争. 2016-10-19. https://www.sohu.com/a/116520147_490130.

5.2　C2C二手交易平台——闲鱼App

移动端浏览：

案例标签：二手交易平台；C2C；分享经济

案例网站：https://2.taobao.com

案例导读：

随着电子商务的兴起与发展，国民消费水平日渐提高，越来越多的消费者热衷于网络购物。与线下购物相比，网络购物的流程愈加简化，而这也导致很多人冲动消费和非理性消费。冲动消费和非理性消费使很多物品在经历了一段时间的新鲜期之后便被永久闲置。虽然传统的旧货市场或回收商可以回收这些闲置物品，但其低廉的回收价格总是不得人心，因此C2C模式的二手交易平台应运而生。其中，阿里巴巴旗下的闲鱼最为著名。

闲鱼于2014年6月从淘宝二手类目中独立出来，其名字取自"闲余"二字的谐音。闲鱼不仅是一个电商平台，还是一个基于新生活方式的社区。在这个社区里，人们不仅可以出售自己的二手商品，还可以分享个人的独特技能。从一个不起眼的App页面品类到自成一派，阿里巴巴的战略指向显而易见——发力二手市场。有数据显示，截至2017年11月，闲鱼用户数已达到2亿级规模，其拥有1 600万活跃商家、45万个"鱼塘"。

闲鱼致力于将自己打造成帮助用户将闲置物品变现，满足用户低价买好物需求的闲置资源社区性交易平台。其整合了线下二手商品和线上网络资源，用户可以方便地在平台上进行二手商品的买卖。

5.2.1　经营模式

闲鱼只为用户提供交易平台，不参与具体交易。对于阿里巴巴来说，其打造的闲鱼意在为二手闲置商品交易提供第三方平台，而不会参与用户之间的买卖。闲鱼的负责人认为，二手商品的残余价值太低，不值得花大量的财力、物力进行质检与评估，只有如二手房和二手车这类高价值商品才有形成自营模式的可能性。在经营模式上，闲鱼的比较竞争优势有两个。第一，其有各式各样的"鱼塘",闲鱼以此作为连接不同兴趣爱好者的纽带,通过人与人之间的社交影响不断扩大用户体量。第二,在闲鱼 App 上有诸多让你意想不到或者说脑洞大开的交易商品,这是闲鱼吸引用户的独特手段,猎奇的人群更有可能成为其潜在的目标用户。闲鱼旨在向用户传达这一讯息:在这个平台上,你可以通过社交获得这个世界上各种见所未见、闻所未闻的奇异物品。闲鱼的用户多为个体用户,买卖双方根据需要在平台上完成资源配对,而闲鱼仅作为支撑平台,不参与产品的质检与物流等服务,交易过程由买卖双方自行协商完成。

课堂讨论:闲鱼的收入来源有哪些?

5.2.2 优势

1. 闲鱼自有的生态优势

闲鱼源自淘宝,其在信用保障和安全上具有得天独厚的优势。淘宝经过数十年的发展、优化,已形成了一套十分成熟的交易体系。从购买到收货再到退货、换货,淘宝做到了无缝衔接,这给闲鱼提供了安全专业的交易制度作为后盾。二手交易的基础是丰富的货物品类和完善的信用交易体系,而背靠阿里巴巴的闲鱼无疑可以轻易地借助电商平台淘宝的一系列买卖退换流程形成自己的先发优势,同时,还可以借助淘宝的评价体系和推荐机制为用户精确推送信息,大幅提高交易成功率。不仅如此,闲鱼还通过与芝麻信用合作,用信用速卖的方式将整个估价的流程标准化,为其安全交易保驾护航。

2. 闲鱼的特色模式——鱼塘

闲鱼的鱼塘有两种:一种以地理位置划分,这样不仅可以促进同社区乃至同城的闲鱼交易,而且可以提高用户黏性;另一种则以兴趣爱好划分,将线上的陌生人通过地理位置相近或者兴趣爱好相同联系起来,让他们通过鱼塘保持半熟关系,以此建立相对信任的交易环境,提高交易的成功率。鱼塘作为闲鱼的核心竞争力,使社交先于交易。这种新型社区是打开线下二手交易市场的驱动点,不管是因兴趣而聚集还是基于位置服务而形成,都是将分享经济与社区化相结合的创新,依托社区模式驱动发展,为闲鱼上的二手交易营造了一个半熟的相对信任的交易环境,大大提高了闲鱼的用户黏性和使用体验。

5.2.3 存在的问题

1. 交易纠纷问题

不管交易的是全新商品还是二手商品,交易纠纷一直是线上交易存在的主要问题。其主要原因有以下几点。

① 线上二手交易的性质导致二手物品出现的使用痕迹和缺陷难以明确是哪一方的责任。

② 闲鱼对用户的监管力度不够。用户大多数为个体消费者,无须登记营业执照等,其他认证也没有强制要求。

③ 商品质量是导致交易纠纷的重要因素。以手机为例,一直以来,闲鱼上的二手手机质量参差不齐,大量残次品、翻新机使闲鱼在二手手机方面的口碑变差。

④ 部分黑心卖家通过盗图、选择性描述物品、提供虚假信息等方式对二手物品进行美化,造成买卖双方之间信息严重不对称。同时,部分类目商品很难从外表上判定质量,导致买方用户在收到商品时心理落差较大,甚至感觉受骗,从而产生交易纠纷。

2. 物流问题

买家主要考虑的是质量问题,而卖家主要考虑的是物流问题。首先,卖家并不是以出售商品为生计的商家,对于物流的需求,一方面是价格便宜,另一方面是方便。淘宝各商家都会与不同的物流公司签订物流派送合同,通常因为订单量大而享受到优惠的价格,同时,与物流公司建立长期合作关系,能够更高效地派发商品。而个人卖家多是出于一种能更方便地处理闲置物品的心理而在平台上销售商品。当其所卖商品的价格够低而又要搭上运费以及寄送包裹的时间成本时,多数卖家会犹豫并认为这样做得不偿失,从而降低了成交量。

3. 商品的售后及维修问题

二手物品本身就可能存在保修期已过、部分功能受损等情况。如何在双方达成交易后,还能让购买者享受到售后服务,是运营平台应为购买者考虑的问题。

课堂讨论:除以上问题外,闲鱼等二手交易平台是否还存在别的问题?

5.2.4 解决对策及建议

1. 提供部分商品的鉴定服务,制定质量判定标准

对于单价较高的商品,如数码产品、品牌服饰等,闲鱼可以仿照蜂鸟网的二手交易平台和转转优品,采用口碑品质保障、出具质检报告、提供延长质保期限服务等形式,来吸引用户在平台上完成二手交易,保障交易双方的利益,降低交易纠纷发生的概率。另外,可引入第三方鉴定机构,或将鉴定售后服务外包给各地有技术、有口碑的诚信门店。

2. 引入 VR 技术

近年来,VR 技术快速发展,逐渐进入人们的视野。2016 年,淘宝首开"Buy+"功能,给会员提供 VR 购物体验。VR 技术带来的三维立体信息能降低买方的时间成本和"误判"概率,提升用户的购物体验。因此,VR 技术被引入线上二手交易平台是必然趋势。

3. 完善信用评价体系,以更直观的方式展现用户信用

消费者认为第三方的评价更为客观,看评价已经成为消费者网上购物时必做的事,购买二手物品时更是如此。用户可以在闲鱼上查看卖方以往售出商品所获得的评价。如果评价可以以等级或评分的形式呈现,就可以更直观地展现用户信用,提升用户使用体验。

课后思考题

1. 相较于其他线上二手交易平台,闲鱼的优势和劣势分别体现在哪些方面?
2. 分享经济下闲鱼可以采取哪些措施进行推广?
3. 谈谈你对闲鱼未来发展的建议。

参考文献

[1] 康博涵,龙霞,王宏兵. 浅析二手交易平台"闲鱼"的经营之利 [J]. 现代营销(经营版),2019(03):136.

[2] 李燕军. 分享经济下中国闲置品交易网站商业模式研究——以闲鱼网为例 [J]. 中国商论,2018(16):26-27.

[3] 王荣华,赵宇萍. 线上二手平台商业模式比较——以闲鱼与转转为例 [J]. 市场周刊(理论研究),2018(04):3-5.

[4] 陈慧雯,刘咪. C2C 二手交易平台的发展研究——以阿里巴巴闲鱼为例 [J]. 商场现代化,2017(05):53-55.

[5] 叶科晗. 大数据时代下闲鱼 APP 的发展之道 [J]. 全国流通经济,2017(02):6-8.

拓展阅读

1. 二手闲置物品交易 C2C 模式产品运营｜社区化的闲鱼和电商式的转转. 2018-04-30. http://www.sohu.com/a/229966305_115326.

2. 二手电商十年记｜闲鱼不"闲",转转难"转". 2024-07-27. https://36kr.com/p/2879126713734016.

3. 从 C2C 到 B2C 闲鱼为了撬动千亿闲置市场都做了哪些准备？2019-01-14. https://baijiahao.baidu.com/s?id=1622606760669486617&wfr=spider&for=pc.

第6章 C2B平台服务类

6.1 无所不能聚,好货不用挑——聚划算

案例标签:C2B;团购;阿里巴巴集团
案例网站:https://ju.taobao.com
案例导读:

聚划算是阿里巴巴集团旗下的C2B平台,由淘宝、天猫商城从8亿商品中精挑细选优质商品,自主开展网络精选特卖团购活动,以更高的服务标准为顾客提供高性价比的商品。聚划算从最初的一个社区团购栏目迅速发展为阿里巴巴集团旗下的独立公司,主要依托淘宝网庞大的网购用户群体和众多商家进行线上团购活动。聚划算经过多次调整和变革,已成为团购网站中的佼佼者,在网络团购中上演了一个又一个奇迹。从聚划算服务口号和业务频道的不断更新可以看出聚划算在不断地寻找适合自身发展的方向和发挥自身优势、增强竞争力的方法。定位精准、服务核心化、品质化为聚划算未来的快速稳定发展奠定了良好的基础。

6.1.1 发展轨迹与成功的团购案例

聚划算是阿里巴巴集团旗下的团购网站。聚划算的页面与一般的团购网站相似,商品主要由淘宝网的卖家和品牌商提供,聚划算并不负责资金流和物流,买家在聚划算下单之后,费用直接支付给商品的卖家,卖家直接对买家负责,淘宝网并不从聚划算获得任何收益。

课堂讨论:你怎样理解"聚划算"的商业模式?试结合案例进行分析。

与其他团购网站相比,以"无所不能聚"为服务口号的聚划算的优势不仅在于有淘宝网庞大的网购用户群体,还在于有淘宝网海量商家的支持。

这家从淘宝网独立出来的团购营销公司起步时仅有100余人,却在2011年创造了101.8亿元的销售奇迹,几乎占据了中国团购市场过半的份额,就连此前饱受质疑的本地服务团购业务额也达到了8.48亿元。

2011年10月20日,阿里巴巴集团宣布,淘宝网旗下的团购平台聚划算以公司化的形式独立运营,成为阿里巴巴集团旗下的一家独立子公司。

2012年,聚划算全年团购交易额为207.5亿元,是2011年的2.04倍,占据了团购行业的半壁江山。来自聚划算的数据显示,聚划算网站的访问率和点击购买率很高,日购买用户数峰值高达527万。共有2 000多万消费者在聚划算上购买过商品,平均每天有800万人次访问聚划算,最热闹的一天有537万个订单。从地域上看,上海、北京和杭州的聚划算交易额位居前三,分别为6.9亿元、6.2亿元和5.7亿元。

2012年聚划算上成功的团购案例有以下几个。

① 海尔定制团。2012年12月18日,聚划算的海尔定制团开团,14款海尔家用电器共成交6 750万元,累计成交4.3万件。其中,波轮洗衣机卖出8 384台,32英寸(1英寸=2.54 cm)电视机卖出8 322台,吸尘器卖出6 279台。

② 家居团购。在聚划算,2012年大件的芝华士沙发卖出9 000多张,小件的立邦漆的交易额达到600多万元。

③ 聚果行动。2012年,陕西苹果通过聚划算的"聚果行动"卖出16.8万斤(1斤=0.5 kg),共1.2万箱。

④ 金融保险团购。2012年12月初,聚划算尝鲜上线了一款生活服务理财型保险产品,在短短3天内,就有4 365人购买,支付金额高达1.01亿元。

2013年,聚划算全年支付宝交易额突破354亿元。来自聚划算的数据显示,2013年有5 000多万人在聚划算购物,单日成交额峰值突破55.58亿元。马云宣布阿里巴巴将从IT时代过渡到DT时代,用数据创造价值,提升用户体验。聚划算平台已经开始利用大数据进行全面升级。2013年,阿里巴巴招股书的数据显示,聚划算商品交易总额达到477亿元。

2015年,聚划算改版为"数据化与体验式营销平台",所有商品和商家审核由系统根据相关数据维度来进行。淘宝的机器人客服不再具有相关审核权限,其职责将退化为跟商家建立融洽的关系、指导商家工作等。

2016年,淘宝聚划算销量计入搜索权重。

6.1.2 合作运营模式及合作流程

1. 合作运营模式及运营商资质

① 与团购网站合作:全国大小团购网站、地方性团购业务运营商。

② 与TP服务商合作:熟悉淘宝业务流程和规则、提供电子商务服务的TP服务商。

③ 与本地生活服务商合作:与本地生活属性关联的本地服务商,如物流公司、行业协会、品牌厂商、大型商超、卡券票证服务商、互联网公司、传统媒体等。

2. 合作流程

① 招商流程如图6-1所示。

图6-1 招商流程

② 接入流程如图6-2所示。

图6-2 接入流程

③ 消费流程如图 6-3 所示。

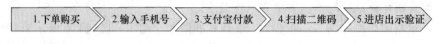

图 6-3　消费流程

6.1.3　创新模式

1. 聚划算开启爆款包销，菜鸟联盟提供当日达、次日达

2016 年 8 月 19 日，菜鸟联盟宣布正式接入阿里巴巴三大零售平台之一——聚划算。聚划算重点发展量贩包销模式，首批上线的商品主要有辣条、绿豆糕、洗衣液和猕猴桃等，商品的出货量大，且不少商品的保鲜期短，极其考验物流能力。聚划算的消费者可以享受菜鸟联盟提供的当日达和次日达服务，而且商品会统一包装，以确保包裹安全送达。对聚划算商家而言，菜鸟联盟为他们提供专业的分仓建议。系统会基于商家近一个月的历史订单、配送时效、成本信息等数据，利用大数据处理技术和高效算法，帮助商家分析各种物流方案的优缺点，并得出清晰的指标对比结果。这些对比指标包括 48 小时揽收率、次日达订单占比、平均签收时效、平均仓配成本等。聚划算商家可以根据算法推荐，选择成本最低、时效最优的物流方案。此外，菜鸟联盟还会在聚划算平台的页面上展现商家的物流能力，帮助商家引流，并通过集货仓的模式，减少商家的干线成本。

2. 聚划算团购新升级

继"淘宝"App 上线后，"聚划算"App 也上线了。

"聚划算"App 是一款完全免费的团购手机软件，坚持以消费者为驱动，提供品质团购。其每天提供的商品包括女装、男装、母婴产品等淘宝核心类目商品，覆盖全国多达 120 个城市的本地生活服务。

Android 版"聚划算"5.18.0 版本更新于 2017 年 4 月 11 日，其功能如下。

① 淘宝团购：每日更新团购活动，商品团购每天 3 场。

② 折扣优惠：活动专区优惠多多。

③ 轻松分享：用户可以分享最流行的商品给亲朋好友。

④ 开团提醒：对于"即将开团"的商品，用户可以使用本地提醒功能（通知＋声音＋振动）。

iOS 版"聚划算"5.16.0 版本更新于 2017 年 3 月 25 日，其功能如下。

① 开团提醒：当心仪的商品（来自聚收藏、购物车、收藏夹）开团时，用户可收到降价开团提醒。

② 特色玩法：大部分商品都有针对用户的特殊优惠，如红包、0 元抽奖、购买免单等。

③ 随时随地：用户可以随时随地参加超划算商品的秒杀活动。例如，每个整点都有 8.8 元的包邮活动，每天早晚都有 9.9 元的包邮活动。

课堂讨论：试结合案例谈谈聚划算的营销策略有什么特点。

案例来源

中国电子商务案例教学平台，网址为 http://www.ceccase.com/。

课后思考题

1. 在聚划算的众多特色服务中，最吸引你的有哪些？

2. 为什么说聚划算是团购里的奇迹?

3. 聚划算今后应该如何应对其他团购网站的冲击?

4. 相对于其他团购网站来说,聚划算的优势在哪?

参考文献

[1] 聚划算[EB/OL].[2024-08-28].https://baike.baidu.com/item/聚划算?fromModule=lemma_search-box.

[2] 网络团购[EB/OL].[2024-08-28].https://baike.baidu.com/item/网络团购?fromModule=lemma_search-box.

[3] 袁娟.阿里巴巴聚划算网络团购商业模式创新研究[D].长沙:湖南大学,2015.

拓展阅读

1. 聚划算定义全场景电商,+芒果台引领生态融合聚变.2016-04-09.https://www.sohu.com/a/68409970_133037#:~:text=聚划算"倚天剑",的全场景化时代%E3%80%82.

2. 以聚划算为例,解析电商营销频道全链路.2020-11-18.https://www.woshipm.com/operate/4262434.html.

3. 聚划算9周年 从"划算"到"神奇"的"极聚"之路.2018-09-13.https://zhuanlan.zhihu.com/p/44460791.

6.2 在线旅游C2B模式开创者——Priceline

移动端浏览:

案例标签:C2B;逆向拍卖;定价模式

案例网站:https://www.priceline.com/

案例导读:

Priceline是美国一家基于C2B商业模式的旅游服务网站。打开Priceline网站,最直观的可选项目有"机票""酒店""租车"和"旅游保险"等。Priceline为买卖双方提供了一个信息平台,同时收取一定的佣金。Priceline提供传统的酒店预订服务,消费者可以根据图片、说明、地图和客户评论来选择他们想要的酒店,并且按照公布的价格付款。Priceline所创立的"Name Your Own Price"(客户自我定价系统)多年来一直独树一帜,被认为是网络时代营销模式的一场变革,而Priceline公司则在创立并运用这一模式的过程中迅速成长。

6.2.1 独特的商业模式——"Name Your Own Price"

现代管理之父彼得·德鲁克曾表示:"当今企业之间的竞争不是产品之间的竞争,而是商业模式之间的竞争。"可以说"Name Your Own Price"模式才是Priceline能够取得巨大成功的关键所在。

"Name Your Own Price"模式其实就是客户定价的 C2B 模式,它使 Priceline 能够在竞争激烈的北美市场独树一帜。简单来说,就是在买方定价的交易平台上,消费者给出期望的产品价格以及产品的大致属性,产品提供方决定是否接受这个价格。例如,在 Priceline 上预订酒店的消费者将酒店星级、所在城市的大致区域、入住日期和价格提交给系统,一分钟内 Priceline 就会返回一个结果给消费者,告知消费者此价格是否被接受,若此价格被接受,则 Priceline 将产品的具体信息,如酒店的名称、地址等,反馈给消费者。此时,消费者无论对该酒店是否满意,都必须接受这次交易,这也是此种模式被称为"逆向拍卖"的原因——购买后不能反悔。

1. 商品的时效性理论

某些特殊商品的使用价值会随着保质期的缩短而逐渐减小,最终在保质期结束时归于零。时效性越强的商品的保质期越短,越容易造成资源的闲置和浪费,机票和酒店就是具有强时效性的产品。由于时间因素会使旅行产品的使用价值降为零,且其变动成本较低,因此卖方能够出让的利润空间非常大。对于一个拍卖平台来说,这意味着其能够提供的价值空间具有足够的吸引力。

2. 消费者定价模式的分析

"Name Your Own Price"模式看起来好像十分简单,只是多了一个消费者出价的环节,事实上,正是这个环节给网上预订带来了一种全新的商业模式,同时它也是经过精心考虑、设计的。Priceline 不是仅仅让消费者出价这么简单,而是通过设置各种各样的规则,在使消费者需求能够得到最大限度满足的同时,也能够保障商家的最大利益。

首先,为了防止消费者多次出价并以此来猜测酒店的价格底线,Priceline 要求消费者在每次出价前都必须提供个人详细的信用卡信息。Priceline 在收到消费者给出的价格后,会通过自己的数据库调取相应产品集中所设定的产品价格,并将消费者给出的价格与之进行比较,若消费者报价高于 Priceline 所设定的价格,则产品交易成功,费用直接从消费者的信用卡中扣除,并告知消费者所购买产品的具体信息,且消费者不能反悔;反之,则产品交易失败,系统便会自动将结果告知消费者,并且消费者在一定时间内不能再参与同一产品的报价。Priceline 不需要人工服务,实现了消费者与系统的直接对接,在完成产品交易的一系列过程中,大大减少了中间环节,在节省了消费者时间的同时还降低了企业的成本。有时系统自动匹配的酒店可能正是消费者不满意的,为了能让消费者有再次选择的机会,系统提供交易保险选项,在每次出价前,消费者可以花几美元买一份交易保险,这样在交易成功后,消费者就有权撤销本次交易,重新出价,选择合心意的酒店。

其次,"Name Your Own Price"模式很好地保护了商业品牌。除了 Priceline 和交易双方,其他消费者是无法从网站上得知某次交易双方的详细信息的。虽然 Priceline 会在网站上列出有消费者以一个比较低的价格预订到了一家高级酒店的房间,但是它绝不会透露该高级酒店的名字。Priceline 上降价幅度最大的客房通常是由五星级酒店提供的,这是因为其定价与变动成本间的差距最大。事实上,四星级与五星级酒店的房间一直是 Priceline 上卖得最好的产品,因为普通人在这里可以用低价获得奢华的享受。长期以来,豪华酒店其实也乐于低价销售一些空置房间,但过低的价格会对酒店品牌造成非常大的伤害,所以在 Expedia 等旅游网站上,这些豪华酒店出于对品牌的保护,很少会给出一个让消费者觉得非常惊喜的折扣,但是过高的价格使得这些酒店经常出现房间空置的问题。而 Priceline 这种保密的交易模式则为这一问题提供了一个很好的解决方案,使得这些酒店不仅能够充分利用闲置的资源,也能够最大限度地维护酒店品牌,因此 Priceline 很受这些酒店的喜爱。

课堂讨论:消费者分析模式存在怎样的弊端?

3. 电子商务的趣味性

Priceline 为电子商务提供了前所未有的娱乐性与趣味性。早年 eBay 电视广告的结尾总是这么一句:"Shopping victoriously"。的确,以 eBay 为代表的拍卖平台除了方便消费者购物之外,还能为消费者提供一种成功购物的喜悦,而 Priceline 则把这种"成就感"推到极致。

6.2.2 核心竞争力

在 Priceline 的核心价值链中,Priceline 始终扮演着网络中间商的角色,它建立了间接式分销渠道模式,在生产者(服务提供商)和消费者之间架起了一座有效沟通的桥梁。Priceline 在行业中占据着重要位置,倚仗的核心竞争力是它提供给用户的价值。

从消费者角度来说,Priceline 节约了消费者寻找商品的时间成本和交易成本。消费者只需要向 Priceline 提供相关需求信息(期望产品、期望价格等),剩下的就都由 Priceline 来完成,这样就节约了消费者的时间成本。Priceline 上提供的产品省掉了交易的中间环节,这样就节约了消费者的交易成本。正是因为节约了这部分交易成本,才有了为消费者提供打折商品的空间。这也是 Priceline 能吸引消费者的关键原因。

从生产者角度来说,Priceline 为生产者(各类航空公司、酒店等)提供了直接的需求信息,降低了生产者为达成交易所花费的交易成本。正是因为节约了这部分交易成本,才使更低的折扣成为可能。Priceline 及时提供了消费者的需求信息,使生产者可以更有针对性地提供产品,同时提高了缺乏消费时间弹性的产品的使用效率,增加了生产者的收入。

6.2.3 精明的扩张策略和多领域的运营方式

Priceline 在发展期间一边不断通过海外收购来进行有计划的扩张,一边进行精明而细致的低成本运营和多领域运营,这为其快速发展提供了强大的动力。由于每一次收购都对其业务发展起到了很大的推进作用,因此可以说,这是一家靠收购翻身并创造辉煌的公司。

1. 通过海外收购扩张

目前 Priceline 82% 的预订量以及 92% 的营业利润均来自国际业务,而国际业务中的大部分利润是由 Booking 贡献的。从当时 Priceline 收购 Booking 的成本与其近年来对公司市值的贡献来看,这笔收购绝对算得上是成功收购案例之一。而 Priceline 之后的收购同样让人称赞,公司股价从不到 100 美元的低位不断攀升,2015 年已在 1 800 美元徘徊,成为同行业中市值最大的上市公司。Priceline 的 2015 年财报显示,其全球总预订量已达 555 亿美元,同比增长 10% 左右,2015 全年毛利润为 86 亿美元,同比增长 13% 左右,非一般公认会计原则下的净利润为 30 亿美元,同比增长 6% 左右。Priceline 以长远的眼光和战略性的布局进行着精明的扩张。

2. 多领域的运营方式带来巨大收益

Priceline 的不断发展壮大离不开反向定价策略的成功运用,该定价策略不仅为企业带来了丰厚的利润,也增加了消费者黏性,满足了不同消费者的需求,对于提升企业市场地位具有一定的帮助。但依靠单一商业模式还是走不通的,所以 Priceline 将企业拓展到多个不同的领域中,进行多方位的发展。

6.2.4 给中国旅游在线网站的启示

中国旅游市场广阔,近年来在线旅游蓬勃发展,以携程等为主的旅游网站不断地扩大业务范围,竞相推出不同的旅游产品,网上预订酒店、机票等业务为旅游出行者提供了极大的便利,进一步推动了旅游业的发展,同时培养了熟悉在线旅游方式的客户群。随着电子商务的迅速发展,网上消费已经成为一种潮流和一种生活方式,大众普遍能接受网上竞价这一新事物,这为其在中国的兴起创造了良好的环境。借鉴 Priceline 的商业模式,打造结合中国情况的在线旅游网站,应该会有不错的发展前景。

需要注意的是,Priceline 的消费者是对价格极度敏感的,这种价格敏感型的消费者在中国是非常多的,因此 Priceline 的竞价模式在中国有广阔的市场。有很多消费者愿意花时间去追求低廉的价格。因此,在采用竞价模式向消费者提供有巨大折扣的机票和酒店客房的基础上,可适当增加竞价网站的页面友好性和竞价过程的趣味性。此外,该模式前期在美国市场上获得了极大的成功,Priceline 给中国竞价网站提供了很好的范本,未来中国的竞价网站应该充分考虑中国的市场环境和消费者的消费习惯,进行一些有创新性的改变,从而打造中国本土特色。

案例来源

中国电子商务案例教学平台,网址为 http://www.ceccase.com/。

课后思考题

1. 目前 C2B 模式主要分为哪几种形式?
2. 你能举出几个在实际生活中运用反向定价策略的例子吗?
3. 结合 Priceline 的发展和其存在的优势,思考 Priceline 反向定价策略为何能成功。

参考文献

[1] Priceline [EB/OL]. [2024-08-28]. https://baike.baidu.com/item/Priceline?fromModule=lemma_search-box.

[2] 王孟阳. 分享经济模式下反向定价策略研究 [D]. 天津:天津财经大学,2017.

[3] 悉星. C2B,酒店的价格你来定 [J]. 市场观察,2011(12):56-57.

[4] 杨益,赵倩倩. Priceline 发展模式对中国在线旅游企业发展的启示 [J]. 特区经济,2015(01):132-133.

拓展阅读

1. 类似于 Priceline、携程、Epedia 这类在线旅游服务网站的核心竞争力是什么?2017-05-04. https://www.zhihu.com/question/24763182.

2. Priceline 反向定价法造就商旅"大佬". 2015-05-27. https://www.sohu.com/a/16608147_115469.

3. 在线旅游王者 Priceline 详细分析. 2014-04-16. http://www.woshipm.com/it/79648.html.

第7章 O2O平台服务类

7.1 山西农村O2O电商服务平台——乐村淘

移动端浏览：

案例标签：农村O2O；电商服务；电商村镇社区生态圈
案例网站：https://www.lecuntao.com
案例导读：

山西乐村淘网络科技有限公司(以下简称乐村淘)成立于2014年7月,致力于打造中国首家村镇O2O电商平台。2014年10月26日,乐村淘全国第一家O2O体验店正式落户山西省太谷县朝阳村,在仅仅4个小时内,当地村民就购买了大豆油、洗衣粉等商品1.6万件,总成交额达到20余万元。2016年,在"双十一"活动期间乐村淘仅12小时的销售额就突破8500万元。乐村淘面向农村消费市场开设的乐村淘商城采用双向O2O模式,帮助农民解决"买难"和"卖难"问题,使农民不出家门就可以购买到质优价廉的商品。

乐村淘的村级体验店由现有的村镇小卖部升级改造而成。每个店主都是消费顾问,帮助农民网上购物,同时销售当地的农产品,所有交易均在线上进行,从而形成一个闭合的"商流、物流、信息流、资金流"的生态系统。县级管理中心负责体验店的开设、人员培训及管理维护。截至2016年3月,乐村淘在山西已经建立了102个县级管理中心、11000个村级体验店,在全国已经开拓了25个省的市场,共建立了516个县级管理中心、60000多个村级体验店。

7.1.1 乐村淘开启农村O2O电商新模式

2015年,中央一号文件《关于加大改革创新力度加快农业现代化建设的若干意见》指出,要加快构建新型农业经营体系,支持电商、物流、金融等企业参与涉农电子商务平台建设,开展电子商务进农村综合示范。如何突破农村传统经营模式的限制,实现农民与农业齐发展,成为当下农村经济发展的一个新课题。为进一步促进农村经济发展,2014年7月,山西太原"乐村淘村镇O2O服务平台"上线,开启了农村O2O模式新时代。

针对农村存在的"买难"和"卖难"两大问题,即农村的货品少、假货多、购物难,同时蔬菜、水果等农产品不好卖,乐村淘怀着"从农村中来,到农村中去"的初衷,以"线上下单支付,线下实体体验"为经营模式,采用了独特的双向O2O模式:一个是走进农村模式,城市工业品通过乐村淘走进农村,让农民买到安全、实惠的产品,从而提升农民的生活品质,缩小城乡差距,推动城乡一体化;另一个是走出农村模式,乐村淘为农民和当地企业提供全国销售平台,让农产品走出农村,走向全国,帮助农民发家致富,助推当地企业增产创收,从而推动农业的发展,农村经济也得以繁荣。

课堂讨论:什么是双向O2O模式?

乐村淘在选择合作的村级体验店时非常重视小卖部老板在村内的影响力和号召力以及小卖部客流量的大小。让小卖部老板和农民共同得"利","利"应该包含两层意思,即"利益"和"便利",地上、货架上陈列着的各种乐村淘商品,其标价要比普通零售店的低,个别不会网购的村民来体验店购物时有专人帮其下单。

乐村淘利用互联网思维和技术改变了村镇用户的生活方式,给村镇小卖部带来更多创收机会的同时,也为当地农产品走向全国、走向世界迈出了开拓性的一步。

7.1.2 制定"六位一体"战略体系,构建电商村镇社区生态圈

乐村淘结合农村经济发展现状及农民消费需求,制定了适合当前农村电商发展的"六位一体"战略体系,即村级体验店、农村消费顾问、县级管理中心、镇级物流中心、农村消费数据库、农村电商平台。

① 村级体验店:每村设立一个村级体验店,帮助村民网上购物,并为其提供农产品代卖服务、金融服务等。

② 农村消费顾问:小卖部老板升级成为消费顾问,为村民提供产品信息,并收集村民供需数据。

③ 县级管理中心:每个县设立一个县级管理中心,负责开设体验店、服务体验店等。

④ 镇级物流中心:设立镇级物流中心,其可以解决从县到村"最后一公里"的物流问题,负责县到村、村到县的双向物流配送。

⑤ 农村消费数据库:建立农村消费数据库,收集、分析、运用农村消费数据,以更好地指导农村消费。

⑥ 农村电商平台:构建农村电商平台,为农村提供商流、物流、信息流、资金流服务。

基于"六位一体"战略体系,乐村淘对一批乡村小卖部进行了门面统一、品牌授权等升级改造,使其成为乐村淘的线下体验店。同时,借助给部分小卖部的交通补贴,乐村淘物流也能到达村里,让村民充分享受到了"足不出户即可购物"的便利。"线上虚拟购物"和"线下实体体验"完美地结合在一起,一个新型的电商村镇社区生态圈就此诞生。

课堂讨论:乐村淘是如何构建电商村镇社区生态圈的?

7.1.3 独特的商业模式实现了农村传统经营与O2O模式的深度融合

1. 乐6集

针对当前农村物流成本高的问题,乐村淘制定了一种更适合农村的销售模式,即"乐6集",实现了农村传统经营模式与O2O模式的深度融合。"乐6集"就是逢6赶集,让农民在网上"赶大集",在每月的6号、16号、26号集中下单,集中销售,次日集中配送,大大降低了物流成本和采购成本。网货进村,网上赶集,在村民与企业之间搭建了一条高速公路,不仅为村民节省了开销,而且极大地丰富了村民的精神生活。"乐6集"农民专属购物节不仅是为了给农

民提供真实惠,也是为了消除城乡差距。乐村淘会根据不同节气、不同风俗,制定更接地气、更适合农民网上赶集的全新模式。

2. 特色馆

"特色馆"是乐村淘开设的一个 B2B 子平台,是乐村淘为每一个县成立的主题特色馆,旨在打造中国最具乡情的特产平台。"特色馆"由县级管理中心负责运营、招商,并由当地政府和行业协会协作推进。入驻企业主要是当地的名优企业,所销售的产品主要是当地的特色食品、手工艺品和旅游产品。"特色馆"通过挖掘每个县的乡魂、乡情、乡味,把当地的人文、历史、故事融入特色产品,让全国人民了解当地的文化与特色,促进县域经济发展,实现全国互联互通,借助乐村淘的数据、渠道等资源优势,整合县域名优农特产,让农特产走向全国。

"特色馆"作为乐村淘最具使命感的子平台,帮农民外销农产品,让农民增收致富,精准扶贫,扶贫到户,扶贫到人,扶贫到根,切切实实为农民服务,让中国农业世界化。

3. 乐创客

为深入落实"大众创业,万众创新",激发农民的创业激情,乐村淘开设了一个农民创业的平台,即"乐创客",带动农民创业就业。乐村淘为全国农村体验店店主提供了创业机会,为大学生返乡创业提供了平台,通过"互联网+",孵化了一批具有竞争力和特色的传统企业,帮助当地特色产品增产创收。乐村淘为鼓励农民、返乡大学生创业就业,专门建立了一套完整的培训体系。

4. 乐县域

"乐县域"是专注于服务县域经济的电商平台,通过帮助传统代理商实现"互联网+",并与线下实体店相结合,形成线上线下互动、全渠道、全天候的新型商业模式,孵化出一批新型的企业,从而扩大消费并带动县域经济的发展,形成具有当地文化特色的生态产业集群。此外,"乐县域"利用乐村淘电商平台的影响力及渠道优势,采用"B2B+O2O"模式,融合优质供应商资源,为用户精选优质特惠商品。

课堂讨论:讨论乐村淘的"B2B+O2O"的模式。

7.1.4 乐村淘的成功经验及其面临的问题

1. 乐村淘的成功经验

通过对乐村淘的研究,我们认为对发展农村电商而言,其在以下 4 个方面是值得借鉴的。

(1)建立符合自身情况的多级一体化组织体系

乐村淘以省级为切入点向农村市场深度延伸,并通过省级运营推广建立了完善的线下组织体系。这种布局方式增强了乐村淘对一个省级区域的掌控和统筹能力。省管县、县管村的层级结构加强了各级之间的联系紧密度和协调性,确保乐村淘全面进军农村市场时,力量不会太分散。

与多级一体化组织体系相匹配的是利益分配机制,乐村淘在各地的布局均采取加盟的方式,同时各级组织也有明确的盈利模式和利润分配方式。这样的利益分配机制既能保障各级组织的利益,又能最大限度地发挥各级组织的积极性。

(2)打造符合农民消费特点的 B2C 模式

乐村淘打造的"乐 6 集"将农村传统的赶集搬到网上,让农民可以在网上买到物美价廉的产品。这种营销模式更符合农民的消费特点,更容易让农民接受。

农民刚从线下走到线上,这种网上购物方式会提升农民的网上交易体验,激发农民的消费热情,从而刺激农民消费。

(3) 探索面向区域和面向全国的多层次 B2B 模式

乐村淘在普通 B2C 模式的基础上,探索农村电商 B2B 服务模式,打造了专门服务于县域商家的"乐县域"电商平台,以及帮助名优农特产走出县域的"特色馆"电商平台。

乐村淘为县域终端实体搭建的这种"B2B+O2O"模式的电商平台催生了县域电商经济实体,实现了县域批发和零售生态的电子商务化,真正成为服务于县域的本地化、落地化农村电商。

(4) 采用小范围试点到大范围推广的扩张模式

乐村淘最初在山西省内小范围开拓市场,模式成熟后在山西省内大力推广,待品牌成名后在全国范围内推广。

这种推广模式稳扎稳打,逐步增强了乐村淘的品牌影响力,降低了乐村淘的运作成本,规避了大量投入的风险,稳妥地占领了农村市场。

2. 乐村淘面临的问题

资金不足、物流不畅、布局不全、人才短缺等都是乐村淘眼下面临的问题。

(1) 势单力薄,资金不足

2016 年,乐村淘还处于完善体验度和快速布点的扩展阶段,尚未盈利。乐村淘的网上运营和线下体验店的宣传推广、终端建设等至少需要上千万元,这么大的资金缺口仅仅靠企业自筹恐怕是很困难的。

乐村淘想要大范围覆盖农村市场,就需要投入大量的资金,如果不通过政府的政策资金支持、社会资本的投入等多渠道解决资金问题,就难以在农村电商市场站稳脚跟。

(2) 物流不畅,难以盈利

乐村淘在当前阶段的经营中面临着一些挑战。虽然乐村淘已经在个别地区建立了县级分拣中心和镇级物流中心,但是完整的物流体系尚未全面建成,大部分地区的网点也尚未充分辐射到村一级甚至镇一级。

(3) 布局不全,不利于外销

乐村淘提倡"走出去模式",助力特色农产品外销。乐村淘在农产品外销方面取得了一定的成绩,如在山西怀仁市销售青椒、在山西吉县外销苹果、在广西马山县助力电商项目、在甘肃瓜州县推动电商与农业融合等,但也面临挑战。其在生态体系建设、品质控制和品牌打造上仍需完善,且在部分偏远地区存在物流成本高、网络覆盖不足等问题,目前处于既有成果又需持续改进的发展阶段。

(4) 人才短缺,不利于长久发展

在网站建设等方面,乐村淘现有技术人员短缺,需要更多、更专业的技术型人才,然而山西由于地处内陆,与发达省市相比,对人才的吸引力不足,这成为企业发展的桎梏。如何吸引人才,特别是留住本土人才,是今后值得探讨的一个问题。

课堂讨论:乐村淘面对困境时应该如何发展?

案例来源

白东蕊,山西大学商务学院。

课后思考题

1. 乐村淘分别为农民、体验店和自身带来了哪些好处?

2. 乐村淘为什么能发展如此之快?乐村淘面临哪些问题?

3. 乐村淘有哪些独特的商业模式?请详细分析每一种商业模式。

参考文献

[1] 乐村淘[EB/OL].[2019-06-26]. https://baike.baidu.com/item/乐村淘?fromModule=lemma_search-box.

[2] 陈晨.乐村淘凭借什么与阿里、京东"媲美"?[EB/OL].(2016-04-13)[2024-08-28]. http://mt.sohu.com/20160413/n444042383.shtml.

拓展阅读

1. 乐村淘:6月6农民节 农民网上大赶集.2016-05-20. https://m.huanqiu.com/article/9CaKrnJVzfd.

2. 乐村淘农民节交易额破5.58亿,农村市场大有可为.2016-06-13. http://news.ifeng.com/a/20160613/48967444_0.shtml.

7.2 外卖O2O平台巨头——饿了么

移动端浏览:

案例标签:饿了么;盈利模式;发展趋势

案例网站:https://www.ele.me/home/

案例导读:

早在2012年,移动互联网的用户规模就已经达到1.39亿。2012年,中国的在线餐饮市场规模为335.5亿元,2013年中国的在线餐饮市场规模达到502.6亿元,相比2012年增长了49.7%。2014年,O2O风暴席卷了餐饮行业,外卖作为餐饮行业O2O化的主要阵营,在这一年里迅速发展起来。易观的数据显示,2016年国内线上到线下餐饮O2O模式的市场规模已经突破1 300亿元,该数据充分说明了国内餐饮市场具有巨大潜力和广阔前景,而随着互联网时代的不断发展,线上到线下餐饮O2O的市场规模还将继续扩大。

饿了么公司成立于2008年,由上海交通大学张旭豪、康嘉等人在上海创立。2010年9月,其线上支付范围覆盖全上海,合作的餐厅超过10 000家。随着公司的发展,推出了饿了么App,用户体验不断完善。2015年12月,饿了么与阿里巴巴签署投资框架协议,第二年正式达成协议,饿了么平台被注入了新力量,不断发展壮大。随着中国互联网的普及以及消费者需求的独特化、个性化、便捷化发展,外卖市场持续高速发展,平台竞争激烈,但饿了么仍处于行业领先地位,具备开拓新市场的能力。

7.2.1 饿了么的营销战略

1. 客户层面

饿了么为客户创造的价值是其他一切价值创造的基础,因此,其终端消费者是最重要的目标客户。

(1) 及时调整营销策略以适应市场需要

初期饿了么尽量压低价格，增加销量，率先占领市场；中期饿了么通过各种优惠活动，吸引对新事物存在强烈好奇心的大学生群体，开启"红包""满减"等营销策略的先河，依靠"首单立减"策略赢得大量市场份额，打下市场根基。

(2) 在客户心中树立良好的品牌形象

饿了么面向客户的 O2O 交易平台为客户提供多样化的外卖商家信息及快捷便利的订餐服务，同时饿了么整合闲散的社会化物流运力，满足客户在物流配送方面的要求。饿了么自主研发的蜂鸟配送系统可以自动定位每份餐品的位置，实现了客户对订单的实时追踪，增强了客户对公司的信任感。另外，饿了么借助自身平台建立与客户的沟通渠道，及时掌握客户需求的变化，提高了客户对公司的好感度和依赖度。

(3) 加大监管以保障客户利益

初期饿了么运营管理体制不完善，产生了一系列问题——无法对平台上的众多外卖商家进行全面检查，因此无法保证餐厅及餐品质量，导致客户投诉现象日益增多。为了最大限度地保障客户利益，饿了么优化了商家申请开店的流程，客服、市场、运营三大部门联动审核，以防无证商家加盟；大型客服团队 24 小时待命，负责处理客户的食品安全投诉。后来饿了么吸取了实际运营中得到的经验和教训，对商家及其产品和服务加强监管，以维护客户合法权益。

(4) 开放客户评价系统

为了维护与客户的良好关系，"饿了么"在其平台内开放了对于商家的评价系统，客户可以就食物质量、送餐速度、服务质量等进行一系列评价。而这些评价可以帮助饿了么及时地发现自身的不足，保证客户获得良好的消费体验。

2. 商家层面

商家的加入是 O2O 闭环形成的关键，饿了么将线下商家信息整合到线上，客户从线上获取信息，再以订单的形式将信息反馈回来，形成完整的信息闭环。庞大且稳定的入驻商家群体是其吸引客户的关键，也是其重要的利润来源。

(1) 对商家给予平台支持

Napos 是饿了么自主研发的帮助商家进行后台管理的操作系统，通过这套系统，商家可以实现订单自动打印、网上收银及配送方式选择等，满足商家从营销到管理的需求。同时，不同于美团等网站的佣金模式，饿了么采用收取入驻费和收取竞价排名费相结合的模式，这种模式将双方的利益捆绑在一起，实现了双方的互利共赢。

(2) 给商家发放补贴

饿了么通过网络平台定期给商家发放补贴，使商家愿意压低价格以吸引客户。为保证商家的利益，所有的"红包"金额均由平台补贴给商家。

3. 配送团队层面

饿了么采取自配送物流。饿了么在全国范围内招聘送餐骑手，帮助商家解决控制流程和优化配送等问题，以实现利润的最大化。同时，穿着饿了么标志服装的骑手穿梭于大街小巷送餐，无疑是对饿了么品牌的宣传。饿了么通过骑手与客户直接交流来获取建议和要求的策略让客户真切地感受到饿了么对客户服务的重视。

课堂讨论：饿了么能取得成功的原因是什么？

7.2.2 饿了么的盈利来源

1. 会员费

前期饿了么通过整合线上、线下的各种有利资源,搭建了一个具有独特优势的平台,吸引了线下商家到平台上注册会员,平台为会员提供线上餐饮店铺租赁、产品信息推荐等多种服务,以此来收取会员费。

2. 交易提成

饿了么网站实际上是一个交易平台,它为商家和客户搭建了一个便捷交易的平台,在平台上每成交一笔订单,商家就要向平台缴纳交易提成。

3. 广告费

饿了么将网站上部分有价值的位置用于店铺广告展示,根据网站流量以及用户预估点击率标定广告位价格,向客户出售,从而获利。

4. 物流配送费

由于大多数线下商家没有充足的人力来配送外卖订单,因此饿了么平台成立了外卖配送团队,并对其进行培训和管理。线上会员商家可以选择接受专门的配送服务,平台根据商家的订单数量收取相应的费用。

5. 押金

商家在饿了么平台登记运营时,需要向平台缴纳一定数额的押金,一段时间后,押金可以原数返还给商家。这笔押金保存在平台账户期间,平台可以将其作为流动资金用于理财。

7.2.3 饿了么的优势

1. 服务优势

在配送服务方面,饿了么不仅利用自建物流体系帮助商家实现了及时配送,还在配送服务方面进行了技术升级。例如,推出了冷热双温箱,同时满足了热菜和冷食配送保温条件;在虹桥万科中心投放了送餐机器人,提高了外卖送餐服务质量。

2. 月活跃用户数量不断增长

易观发布的《互联网餐饮外卖市场年度分析 2020》显示,饿了么平台上的月活跃用户数量持续走高,截至 2020 年 3 月底,平台月活跃用户数量环比增长 18.6%,日活跃用户数量为 1 000 万～1 500 万。

3. 新零售业务的推进

饿了么与阿里巴巴合作以后,随着阿里新零售业务的推进,商超、医药等领域的商铺纷纷加入饿了么阵营。易观发布的报告显示,伴随着饿了么与阿里巴巴的融合,大批新零售商户加入,整体外卖市场规模达 7 273.6 亿元人民币(数据为 2019 年全年数据)。

7.2.4 饿了么的劣势

1. 线下餐厅食品安全管理

目前,饿了么业务已经覆盖了全国各大城市,随着饿了么的市场规模不断扩大,其对线下餐厅进行管理的难度不断增加,食品安全方面出现的问题越来越多。例如,网上频繁曝出饿了么平台上存在环境差且无证无照的"黑心"商家,所谓的"后厨照片"只是一张摆拍图。由于接入平台的商家资质良莠不齐,因此食品安全这一最基本的问题无法得到保障。此类情况加深了消费者对饿了么平台外卖食品安全的担忧。如果饿了么关于食品安全的不良事件继续发生,就会影响消费者的消费决策,进而导致用户黏性降低。

2. 配送人员管理

为了达到"即时配送"的服务要求,饿了么平台招聘了大量的骑手负责物流配送。截至2023年,在饿了么平台的骑手约745万人,这些骑手有全职的也有兼职的,因为骑手的工作辛苦、薪酬水平不高、发展前途有限,所以人员流动性很大,这就加大了饿了么平台对骑手进行管理的难度。另外,部分骑手的素质不高,有时在配送过程中会和消费者发生矛盾,骑手被消费者投诉的现象时有发生。

课堂讨论:谈谈你对饿了么的不足之处有何改进建议。

7.2.5 外卖O2O平台的未来发展趋势

1. 平台兼并

优质平台强强联合,这样不仅能提高企业的核心竞争力,还能形成局部垄断。例如,滴滴和优步在2015年以前疯狂地采用"烧钱"策略抢占市场,两家企业斗得不可开交。2016年8月,滴滴和优步对外宣布合并,这样做不仅实现了企业资源的集约,还减少了成本。

2. 创建自有品牌店

外卖O2O平台可以通过兼并或者自营的方法创建自己的品牌店,充分利用平台的品牌效应,从互联网经济走向实体经济。

3. 配送方式变革

随着科技的发展,未来无人机、3D打印等技术将在生活中普及,外卖O2O平台的配送服务若采用无人机、3D打印等技术,则会更加快捷、安全。大数据技术可以为送餐人员自动生成合理的送餐路线,还可以根据送餐人员的年龄、身体特征为他们安排合理的配送量,不仅能解决配送速度问题,也能有效避免事故的发生。在非送餐高峰期时,很多送餐人员会处于空闲状态,所以外卖平台与京东等快递公司联合将成为必然趋势,这样不仅能解决送餐人员空闲的问题,也能为送餐人员增加收入来源。

4. 差异化订单,定制化服务

随着人们生活水平的提高,消费者对个性化服务的需求日益增加。为了适应消费者的需求变化,未来外卖O2O平台可以采用"一对一营销"模式,根据平台云计算数据分析消费者的需求,为其提供差异化服务。消费者一旦有了良好的体验,就会与他人分享,从而产生放大效应。另外,外卖O2O平台还可以将线下资源整合起来,给消费者提供定制化服务。

课堂讨论:根据外卖O2O平台的未来发展趋势,饿了么可以采取哪些措施来应对?

案例来源

中国电子商务案例教学平台,网址为http://www.ceccase.com/。

课后思考题

1. 分析饿了么与其他外卖O2O平台的异同点。
2. 饿了么现有的战略合作伙伴有哪些?这些战略合作伙伴为其带来了怎样的影响?
3. 外卖O2O平台发展的最重要的条件有哪些?

参考文献

[1] 田亚萍,朱天雨. O2O餐饮业成功案例分析——以"饿了么"为例[J]. 现代商业,2017(32):37-38.

[2] 邱斌. 外卖平台的竞争战略研究[D]. 南昌:华东交通大学,2018.

[3] 王艳军. 饿了么公司的竞争战略研究[D]. 太原:太原理工大学,2017.

[4] 林刚. 论"饿了么"网络营销发展战略[J]. 现代交际,2017(23):37-38.

[5] 向黎明,龚钰凰. 浅析外卖O2O平台发展问题与对策[J]. 现代经济信息,2018(03):349.

[6] 胡梦婷. 基于O2O模式的餐饮外卖行业发展对策研究[J]. 知识经济,2017(14):59-60.

拓展阅读

1. 饿了么单体业务订单量跻身国内第三:餐饮O2O市场想象空间还有多大?2016-06-08. https://36kr.com/p/5047899.

2. 2018年中国O2O外卖行业市场发展分析及趋势预测 三四线城市发展空间巨大. 2019-01-02. https://www.qianzhan.com/analyst/detail/220/190102-91ed7276.html.

第8章

SNS平台服务类

8.1 快速布局微信社交圈——腾讯广点通

移动端浏览：

案例标签：腾讯；广点通；微信

案例网站：https://e.qq.com

案例导读：

腾讯开放平台为第三方应用开发商提供广点通投放系统，该系统支持精准推广和多种广告投放。广点通投放系统通过数据处理算法实现成本可控、效益可观、精准定位。腾讯社交广告的核心数据和技术系统支持多种类型的广告投放，通过对QQ、微信用户数据的深入分析，为广告主提供众多的标签类目，以在广告投放中精准锁定目标人群。跨屏定向、人群拓展和智能出价等技术助力广告主提升投放效率与效果。

8.1.1 广点通介绍

广点通是腾讯的效果广告平台，支持广告主在QQ、微信等平台投放广告。其优点有智能匹配广告、高效利用资源、广告形式丰富等。腾讯广点通首页如图8-1所示。

图8-1 腾讯广点通首页

1. 广点通的优势

（1）海量用户

广点通拥有 QQ、微信等大型社交平台的优质用户，可为广告主提供优质广告展示位置，同时其通过与众多网站合作聚集了巨大流量，打造了广点通移动联盟和 PC 联盟，触达超 8 亿用户，日均广告曝光量超百亿。

（2）精准定向

广点通依靠腾讯庞大的数据库，通过多维度访客定向技术，帮助广告主锁定潜在用户，实现高效营销。

课堂讨论：广点通是如何帮助广告主精准定向投放广告的？

（3）数据洞察

广点通拥有先进的实时竞价技术，可以实时分析数据，高效营销推广。实时竞价技术是一种利用第三方技术对用户展示行为进行评估和出价的竞价技术。基于腾讯大社交平台，广点通为广告主提供了跨平台、跨终端投放广告等多项服务。

2. 几类常见类型广告的对比

① 门户广告：主要以 Banner 形式展现。由于难以细分访客，其大多依靠媒体属性和影响力来展示，通过广告曝光数量衡量广告效果。

② 搜索广告：根据用户搜索关键字展示相关广告内容。

③ 效果广告：在以效果为基础的广告系统中，广告主仅需为可衡量结果付费，这种广告方式可以有效保护广告主的利益。效果广告符合网络广告投放从"时间"到"效果"、从"媒体"到"受众"的升级需求，顺应营销和广告的发展趋势。

广点通广告是效果广告的代表，根据广告效果计费，不同于门户广告和搜索广告。它基于海量受众和社交网络，智能聚焦目标用户，提升广告效果。广点通根据用户属性和好友群体定制广告内容，使每个用户看到的广告都不同，通过社交属性放大影响力。这样用户可以只看到自己感兴趣的广告，广告主减少了浪费的广告费。

课堂讨论：为什么说广点通广告是效果广告的代表？

8.1.2 广点通在微信公众号、微信朋友圈推送广告

1. 广点通在微信公众号推送广告

2014 年 7 月，腾讯将广点通广告投放空间扩展至微信公众号，基于匹配度撮合广告主与流量主交易。广告主可通过推广功能精准投放广告并监测广告效果；流量主可将公众号指定位置分享给广告主进行广告展示，以此获取收入。

2. 广点通在微信朋友圈推送广告

2015 年 8 月，广点通在微信朋友圈推出广告接单平台，支持限定区域和性别等条件的投放。此举旨在通过广告推送实现微信流量变现，宣传语为"广告是生活的一部分"。

2016 年，微信朋友圈广告推送频次增加，一条广告的有效期为 7 天，对于单个用户每 48 小时仅推送一条。若用户在广告推送后 6 小时内未与广告进行互动，则该广告将会在该用户的微信朋友圈消失。若用户选择屏蔽或忽略该广告，则其出现在该用户微信好友朋友圈的概率为 20%；若用户与该广告进行了互动，则其出现在该用户微信好友朋友圈的概率为 95%。这些措施旨在提升广告的精准度和用户体验。

3. 广点通特别注重保护微信用户隐私及使用安全性

例如，微信公众号运营者无法获取粉丝的详细信息，与粉丝的互动也受到"48 小时互动机

制"的限制。因此,微信公众号运营者对微信平台的二次开发需求强烈,其希望将粉丝引流至自己的平台,以全面掌握粉丝的信息和消费偏好。

课堂讨论:广点通是如何保护用户隐私及使用安全性的?

8.1.3 微信广点通广告

1. 广点通入口

用户登录广点通网站,单击"登录投放管理平台"按钮即可登录。其"广告资源"页面如图 8-2 所示。

图 8-2 "广告资源"页面

从图 8-2 可以看到,腾讯社交广告资源主要有 QQ 空间广告、QQ 客户端广告、微信广告、腾讯联盟广告、手机 QQ 浏览器广告、应用宝广告等。

2. 微信广告介绍

单击图 8-2 中的"微信广告",页面显示如图 8-3 所示。

图 8-3 "微信广告"页面

(1) 微信朋友圈广告

微信朋友圈广告是基于微信公众号生态体系、以类似好友原创内容的形式在朋友圈中展示的原生广告。用户可以通过点赞、评论等方式与其进行互动。微信朋友圈广告依托社交关系链传播,为品牌推广带来加成效应,按曝光次数计费。

① 微信朋友圈本地推广广告。利用先进的基于位置的服务(Location Based Service,LBS)技术,微信朋友圈本地推广服务能向周边 3~5 km 范围内的目标人群精准推送广告,实现信息有效触达,适用于新店开业、促销、新品上市和会员营销等场景,可以提高顾客到访率。商户可通过展示门店名称和所在城市等信息,提高顾客对品牌的认知度。微信朋友圈本地推广广告起投门槛低,仅需 300 元/天,既灵活又经济,为商户提供高效、成本可控的推广方式。

② 微信朋友圈原生推广页广告。要打造完美的品牌故事,仅有内容是远远不够的,微信朋友圈原生推广页广告能够助力品牌在形式技术等方面提升用户的观赏体验。微信朋友圈原生推广页广告由微信朋友圈外层展示和内层原生推广页两部分组成,可通过单击直接打开。

③ 微信朋友圈小视频广告。外层小视频默认自动播放,用户单击即可观看完整视频,同时用户可选择跳转链接,层层深入,"自然地"进入故事情境之中。

④ 微信朋友圈图文广告。其具有如同朋友圈好友动态的形态结构,可灵活自由配置文字、图片、链接,提供多样的展示形式,可实现个性化的创意表达。

课堂讨论:在你的微信朋友圈找出上述 4 种形式的朋友圈广告。

(2) 微信公众号广告

微信公众号广告是基于微信公众号生态体系的,它以文章内容的形式出现在公众号文章中,提供公众号关注、移动应用下载、卡券分发等多种官方推广形式,支持多维度组合定向投放,实现高效率转化。

① 图片广告:以横幅展示,灵活多变,表现力强。

② 图文广告:图文结合的广告图片,制作简便,契合微信阅读场景。

③ 卡片广告:外形小巧,承载信息丰富,引导用户关注公众号、下载移动应用、领取卡券等。图 8-4 所示为微信公众号的广告形态。

图 8-4 微信公众号的广告形态

8.1.4 流量仍然是微信的红利

1. 没有一个 App 的活跃度和用户数超过微信

尽管许多人抱怨微信阅读量在下降,公众号推广越来越难,并且在持续创新上微信表现得越来越乏力,但它仍然是用户使用频次最高的社交工具。

2. 微信是社交传播最便捷的渠道

自媒体时代,人人皆为内容的生产者。每个人都可以通过社交媒体来发声。随着各大平台都迈出了开放的步伐,一时间争夺优质内容的门户媒体蜂拥而至。尽管 QQ 公众号、今日头条、微博自媒体、搜狐自媒体、百度百家等门户媒体都有超大的流量,但因为操作都没有微信简便,用户体验都没有微信好,所以微信仍占据着社交传播的头把交椅。

3. 价值认同将取代粉丝沉淀

在微信上,相比于"粉丝",也许用"读者"来称呼那些关注你的人更贴切。粉丝沉淀是营销的初级阶段,价值认同才是营销的未来。通过微信营销传递产品价值和输送内容价值才能真正赢得"读者"的尊重。

课堂讨论:微信流量如何转化为商业价值?

案例来源

贾祥素、李海燕、胡卓瑜,浙江纺织服装职业技术学院,2016 年中国电子商务案例高峰论坛暨全国百佳电子商务案例颁奖典礼,中国义乌。

课后思考题

1. 试从大数据应用角度分析为什么 2014 年 7 月腾讯微信公众号广告运营模式效果欠佳。
2. 如果你是腾讯的管理者,你会使用何种对策打通流量到商业价值变现的障碍?
3. 为什么说流量仍然是微信的红利?
4. 简述微信朋友圈广告和公众号广告的类型。

参考文献

[1] 微信与广点通共推微信广告 今日正式开放公测[EB/OL].(2014-07-07)[2023-04-01]. https://www.woshipm.com/it/93220.html.

[2] 微信朋友圈广告平台七夕悄悄上线了![EB/OL].(2015-08-21)[2023-04-01]. https://www.sohu.com/a/28574667_212107.

[3] 广点通[EB/OL].[2023-04-01]. http://baike.sogou.com/v67132366.htm?fromTitle=%E5%B9%BF%E7%82%B9%E9%80%9A.

拓展阅读

1. 微信:商业基因要"变现"的前提是"有序".2016-06-19. https://tech.ifeng.com/a/20160619/41625419_0.shtml.

2. 褚伟.流量入口依旧是微信营销的红利.2015-12-23. http://www.woshipm.com/it/255010.html.

8.2 从社交平台到电商平台的"种草"——小红书

移动端浏览：

案例标签：内容型社区；种草；海外购物；Z世代
案例网站：https://www.xiaohongshu.com/
案例导读：

小红书以内容社区起家，鼓励用户分享海外购物经验，其优势在于用户发布的笔记内容皆源于真实生活。为了让消费者买得放心、用得安心，小红书在建立自营保税仓、搭建独立物流供应链缩短消费者购买海外商品等待时间的同时，保证了商品质量。从社交平台向电商平台的转型、从内容分享到"社区＋电商＋物流＋仓储"一站式服务，小红书以其独特的"种草"模式吸引着大量年轻消费群体。"小红书，标记你的生活"，随着Z世代群体成为社会消费主力，小红书内容社区的去中心化、个性化等特点深深地吸引着年轻群体，每个人都是内容创作者，"种草—拔草—分享"这一闭环使得小红书成为年轻群体聚集的流量阵地。

8.2.1 小红书的前世今生

2013年6月，行吟信息科技（上海）有限公司推出海外购物分享社区——小红书，旨在解决国内用户海外购物信息不对称问题。随着"福利社"功能的上线，小红书升级为跨境电商，半年内销售额突破2亿元，用户达1 500万人。为拓展电商业务，小红书鼓励第三方平台和品牌商家入驻，上线REDelivery国际物流系统，以稳固竞争优势。2018年，小红书完成超过3亿美元D轮融资，估值超过30亿美元。为了增加流量，小红书重视社区高质量笔记内容，推广用户发布的"种草"心得或日常分享笔记，邀请明星入驻，提升平台"种草"能力。此外，小红书上线"企业号"功能，助力商业变现。2019年，小红书用户数突破3亿，月活用户数突破1亿，且仍在持续增长。图8-5所示为小红书的发展历程。

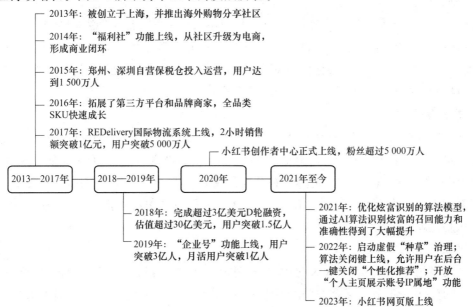

图8-5 小红书的发展历程

8.2.2 小红书的商业模式画布分析

1. 客户细分

为满足不同客户的需求,企业通常将客户进行细分。小红书的客户主要分为4类:普通用户,主要为Z世代、新锐白领等;优质内容生产者,主要是粉丝基数小但值得信任的关键意见消费者(Key Opinion Consumer,KOC);明星及互联网流量头部达人,可提升小红书的知名度;第三方平台和品牌商家,可助力商业变现。

2. 价值主张

首先,为年轻群体提供消费决策入口,形成从"种草"到"拔草"的商业闭环;其次,提供一个生活方式平台,让年轻人尽情地在这里分享日常活动;最后,提供有保障的跨境电商购物平台,解决海外购物信息不对称问题。

3. 渠道通路

一个是自营跨境电商平台,小红书在郑州、深圳建立自营保税仓,使得跨境电商商品质量得到保障,让消费者买得放心;另一个是与第三方平台和品牌商家合伙的购物商城,品牌入驻小红书,通过小红书对商品进行介绍、营销,用户可以直接在小红书购买商品。

4. 客户关系

首先,需要优化内容社区,提高笔记内容质量;其次,通过对App版本的迭代与升级,提升用户使用好感度;最后,通过优化大数据推送算法,刻画用户画像,为用户精准推送所需的笔记内容。

5. 收入来源

广告费、第三方平台和品牌商家入驻平台保证金以及平台推广费共同构成小红书的收入来源。

6. 核心资源

第一个核心资源是高质量内容社区,众多用户不仅在小红书记录生活,还将它作为日常生活中使用的搜索引擎,发现生活中的小美好;第二个核心资源是优质创作者用户,这部分用户"现身说法",分享产品体验,拉近用户之间的距离;第三个核心资源是自营跨境电商供应链,消除海外购物的一系列不确定因素,让消费者买得放心。

7. 关键业务

关键业务包括用户运营、平台运营、广告合作以及商家监管。平台通过制定《社区公约》,提倡用户发布积极健康向上的优质笔记;平台优化大数据推送算法,提升用户使用黏性,提高用户对于内容笔记的信任度,进而实现"种草"与"拔草"。随着小红书电商的发展,小红书加大平台与第三方的广告合作和商家监管力度,为用户提供最佳购物体验。图8-6所示为小红书App社区功能业务流程图。

8. 重要伙伴

重要伙伴包括品牌商家、MCN机构、物流公司以及自营保税仓。小红书推出"企业号"功能,与品牌商家建立合作关系,实现互惠;小红书推出"福利社"功能,建立自营保税仓和物流供应链,为消费者的海外购物保驾护航;小红书邀请明星及互联网流量头部达人入驻小红书,提

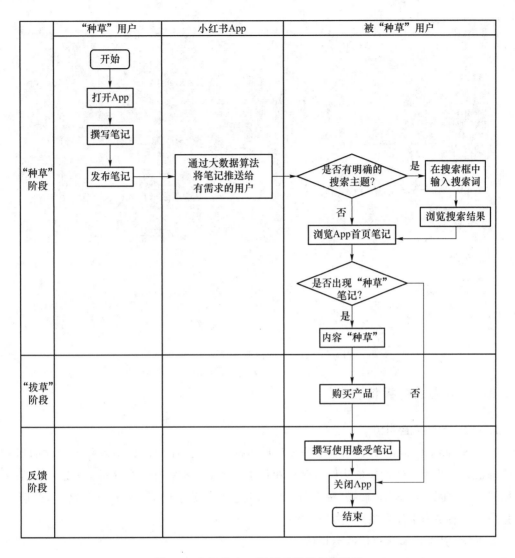

图 8-6 小红书 App 社区功能业务流程图

升平台知名度和影响力。

9. 成本构成

小红书的成本构成包括保税仓的运营成本、物流供应链的维护成本、选品采购成本以及社区维护成本等。在小红书电商不断发展的情况下,保税仓的运营、物流供应链的维护以及选品采购是小红书电商部分的主要成本,而在内容方面,成本主要集中在社区的维护方面,小红书不断加大技术成本的投入,提升用户体验。

图 8-7 为小红书的商业模式画布分析图。

课堂讨论:小红书的商业模式与其他电商平台的商业模式有什么不同之处?

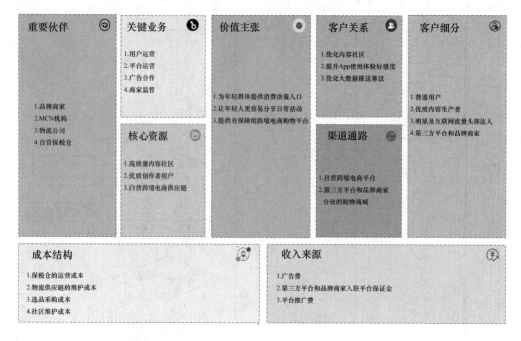

图 8-7 小红书的商业模式画布分析图

8.2.3 小红书的传播特征

1. KOL 入驻平台引流

KOL 即 Key Opinion Leader,指关键意见领袖。小红书的 KOL 是入驻平台的明星和互联网流量头部达人。他们凭借影响力吸引粉丝进入平台,分享自己在穿搭、美妆、护肤等领域的见解。粉丝因追随 KOL 而被"种草"产品,与其互动并分享反馈。在粉丝经济下,邀请 KOL 入驻是小红书快速引流和推广的方式之一。

2. KOC 引导式消费打造平台口碑

KOC 是小红书内部达人。他们分享真实体验,以优质内容赢得粉丝信任。KOC 的笔记内容更真实,因此其比 KOL 更易获得消费者的信任。若多 KOC 推荐同一产品,则消费者的信任度会被提升。

3. Z 世代助力平台知名度

Z 世代又被称为"数媒土著",通常指的是 1995—2009 年出生的年轻群体,是目前消费的主要群体。Z 世代与 70 后、80 后的消费观念不同,他们更加注重消费体验和生活品质。此外,Z 世代具有较强的在线学习能力,思维活跃且文化包容性强。在这样一个网络信息爆炸的时代,小红书很好地为 Z 世代提供了大量的消费决策信息,同时 Z 世代在宣传推广小红书方面也做出了很大的贡献。

8.2.4 "种草美学"引起的滤镜事件

2021 年,《人民日报》评论了小红书的滤镜景点问题,网红景点"天空之境"其实就是两面镜子,网红帐篷营地实际上仅有荒芜的黄土和简陋的集装箱……小红书的内容"种草"问题一直受到网友诟病。为追求极致美学,小红书用户一般会先对作品进行"艺术加工",再上传至平台,这样做并不能说是错误的,只是事物都有两面性,有人褒奖,也会有人批判,小红书需要做的是听取大众的合理建议,解决"滤镜"问题,提倡用户创作的内容不失真、不造假,同时建立平台内容反馈通道,制定相应的规则与处罚条例,如限流等。

案例来源

吕白,《从零开始做内容:爆款内容的底层逻辑》,机械工业出版社。

课后思考题

1. 淘宝、京东、拼多多几乎占据了整个中国电商市场,微博、知乎已经是流量较大的内容社区,在这种情况下,小红书为什么能够在众多 App 中脱颖而出?
2. 小红书最吸引用户的点是什么?
3. 小红书的"种草式"营销模式对于未来互联网内容社区的发展有何借鉴意义?

参考文献

[1] 李昆昆. 小红书"滤镜"翻车背后:商业化与内容的艰难平衡[N]. 中国经营报,2021-10-25(C02).

[2] 吴丹妮. 基于小红书 APP 的商业运营模式浅析[J]. 全国流通经济,2021(31):28-30.

[3] 郭佳. 从小红书出发,探析品牌内容营销方法论[J]. 国际公关,2022(2):5-12.

[4] 陈庆盛,刘冰清. 大数据视角下小红书发展策略研究[J]. 中国市场,2022(18):178-180.

[5] 路倩. 内容型社区平台的商业模式研究——基于小红书的案例研究[J]. 中国报业,2022(14):56-57.

[6] 王华芳. 社群营销的思维转变与策略研究——以小红书为例[J]. 北方经贸,2022(4):50-52.

[7] 张明. 小红书 从"种草"到"拔草"[J]. 企业管理,2022(8):48-53.

[8] 李忠美,黄敏. 新媒体背景下"种草"式内容营销的对策研究——以小红书为例[J]. 商场现代化,2022(21):1-3.

拓展阅读

1. 小而美的"小红书",电商业务和盈利模式如何? 2022-06-07. https://zhuanlan.zhihu.com/p/525575419.

2. 小红书运营攻略,如何吸引粉丝? 2023-04-11. https://baijiahao.baidu.com/s?id=1762874536462300379&wfr=spider&for=pc.

3. 小红书运营指南:打造用户洞悉心的内容生态. 2023-04-15. https://baijiahao.baidu.com/s?id=1763236599606693306&wfr=spider&for=pc.

8.3 有问题,就会有答案——知乎

移动端浏览:

案例标签:SNS;社交网络;问答平台

案例网址:https://www.zhihu.com/

案例导读:

社会化问答网站是近年来在互联网上兴起的网络问答平台,它将网络问答和社交网络融为一体,旨在重新构建人与信息的关系。在社会化问答社区中,网民广泛参与讨论,为其他用户答疑解惑,使集体的智慧得到充分发挥。知乎的本质是问答型 SNS 社区,其先驱是美国的 Quora。知乎网站于 2010 年 12 月开放,初始阶段采用邀请制方式注册,2013 年 3 月开始向公众开放注册。知乎的初衷是帮助人们更好地分享知识、经验和见解,发表有用、有帮助、高质量的内容。"精英""友善""高质量"的特色使其注册用户在不到一年的时间里激增 10 倍,其成为一个优质的交流平台。

8.3.1 知乎的发展概况

1. 初始阶段:积累用户,沉淀优秀内容

从 2011 年年初到 2013 年年初是知乎上线后至对外开放的时期。知乎的平均日搜索指数并不高,这与知乎当时采取严格的邀请制和审核制有关。知乎社区是开放平台,用户可自由地提问、回答,也可关注感兴趣的人。内容形成紧密交织的大网,用户间紧密连接。初期,知乎借鉴 Quora 的经验,通过发送邀请码邀请首批用户(包括业内行家及媒体精英),营造了高质量问答氛围,为后期运营打下了良好的基础。

2. 成长阶段:开放注册,吸引维系用户

知乎在运营了两年后,由于坚持严格的邀请制度,其用户数量增长缓慢。这时候,知乎开始思考一个问题,即要不要对外界开放。2013 年 3 月,知乎终于做出了重大决定,开始对外放注册。在知乎向公众开放注册的一年时间内,其用户数量迅速从 40 万飙升到 400 万。

2015 年 11 月 8 日,知乎和搜狗召开联合发布会,根据会上披露的数据,知乎已累计产生约 700 万个问题、近 2 300 万个回答,积累 3 300 万注册用户。相比于知乎初始运营阶段的 40 万注册用户,可以说是经历了翻天覆地的变化,知乎的影响力和关注度逐年增加,知乎已然呈现出全新的面貌。

8.3.2 知乎提供的产品和服务

知乎社区是知乎最基本、最重要的内容产品,也是知乎其他内容衍生品的内容供给库,知乎日报、读读日报、知乎周刊上所有的内容都来源于知乎社区。知乎社区的用户在此登录,在此提出问题,并在此回答。知乎社区的内容非常多,知乎用户中有很多上班族,他们没有时间看社区,因此知乎推出了知乎日报。知乎的内容生产以用户为主导,呈现的内容以用户需求为主,为满足用户自主创办日报的愿望,知乎推出了读读日报。此外,知乎还有知乎周刊、知乎盐系列、一小时系列等电子书,为用户提供高品质的阅读体验。

课堂讨论:将知乎分别与维基百科、其他论坛网站等平台进行对比,分析它们各自的特点。

维基百科是众人编辑词条定义的平台,而知乎是众人回答问题的社区。维基百科主要对词条进行定义,词条被限制在一个学科范围内。知乎上的回答可以是多立场、多维度的。其他论坛网站采用主题和回复模式,适合讨论宽泛的话题,但有效信息可能不集中。知乎避免了其他论坛网站的缺点,信息来源多维,用户回复问题时摆事实、讲道理,氛围不浮躁。知乎对所有用户开放,所有用户均可平等参与问题讨论。

8.3.3 知乎的传播特征

要了解知乎吸引数千万用户的原因,就要分析其特色和优势。知乎的基本原则是使用户遵守社区规范,核心原则包括创造有价值的内容以及保持友善和尊重。知乎旨在鼓励用户分享知识、经验和见解,发表有用、有帮助、高质量的内容,并尊重不同观点,不攻击或贬低其他用户。这些原则体现了知乎的基本特色。

1. 注重内容质量,服务精英化

日常生活中存在着"二八定律",即20%的参与者贡献80%的内容,这在社交网站中尤为明显。知乎与众不同,采取"饥饿营销"的方式,初期邀请制注册的形式保证了内容的高质量。开放注册后,知乎为贡献突出的用户开设了专栏,以满足其表达需求。此外,知乎推出了知乎日报,扩大了精英用户规模,形成了正向循环。

2. 宁缺毋滥,强化体验

许多SNS社区在运营方面强调以数据为标准进行考量,为使页面浏览量、独立IP数、独立访客数等达到一定数值,社区工作人员不惜采用"灌水""拍砖""制造话题"等手段。而知乎重"质"不重"量",一旦发现恶意攻击的评论、无价值的回答、过于个人化/场景化的提问等,就会根据用户举报对其进行相应的处罚。"投票""没有帮助""修改"等功能使每个用户都有规范和管理的权限,形成了维基百科那样的"良币驱逐劣币"的自发机制。

3. 包罗万象,包容性强

知乎联合创始人之一黄继新曾说过:"没有坏问题,只有好答案。"在知乎规则允许的范围内,任何问题都可以提出,普通的问题有可能延伸为庞大、深刻的题目。在知乎上同样的问题下面会出现千差万别的答案。知乎不注重得到结果,而强调讨论、分享、推进的过程,用户体验在使用知乎的过程中不断得到提升。此外,知乎与用户注册时用的邮箱绑定,其他用户的提问会以邮件的形式发送到用户注册时用的邮箱中,提醒用户及时回答,这凸显了用户的重要地位。

课堂讨论:结合案例谈谈知乎有哪些传播特征?

8.3.4 知乎的广告营销策略

1. 明确自身定位,打造核心优势

起初知乎广告数量不多,主要集中在汽车、搜索引擎、App、电子等领域。随着广告客户增多,知乎开始转变策略,针对特定行业或产品打造传播优势,拓展广告价值空间。知乎用户以都市精英为主,具有较强的购买力和消费欲望,注重品牌消费、时尚消费和情调消费。因此,与知乎合作的多为中高端广告商,通过口碑传播优化广告效果。例如,亚马逊Kindle与知乎的用户相似,广告匹配针对性强,效果显著。

知乎对电子产品类话题讨论度较高,相关答案的获赞数显著领先。知乎平台在电子产品领域积累了大量用户资源和话题热度,因此广告商通过与知乎合作进行针对性广告投放,能迅速提升品牌知名度并引发深入讨论。知乎用户讨论的专业性特点使得相关话题易成热点,对品牌营销有积极影响。同时,知乎还吸引了时尚类广告商。在传播策略上,知乎展现出了灵活性与创新性,在表现突出的硬广告中运用软性植入策略,通过口碑传播提升广告效果,实现品牌与消费者的深度互动。

例如,亚马逊Kindle在知乎上进行硬广告宣传的同时,还建立了自话题供受众讨论、分享。Kindle自话题精华问答有近700个,其内容以产品体验为主,如资源寻找、使用技巧、新人经验等。这些问答讨论产品利弊、产品功效和使用技巧,鼓励理性消费,不仅可以帮助受众全面了解产品性能,还可以以促使购买行为发生。

2. 开发多样形式,强化受众体验

随着知乎受众规模的扩大以及广告用户数量的增多,知乎开始开发多样的广告产品,以满足用户的个性化广告需要,强化受众体验,增强广告营销效果。

课堂讨论:你是如何理解"个性化广告需要"的?结合案例谈一谈。

(1)个性化线上营销

在大数据时代,企业日益重视线上个性化营销。建立个性化网站,收集跟踪受众数据,并结合其需求进行营销,可提高企业经济效益和社会效益,顺应营销发展趋势。通过精准投放,掌握受众购买趋势,不仅能够降低广告成本,而且能够提高营销效果。例如,对一个爱好摄影的受众,当他关注相关的话题后,知乎会定期给他推送摄影产品、修图软件相关的广告。对于受众来讲,广告和内容完美契合,广告成为内容的延伸,这样更能激发他们的消费欲望,提高他们对相关品牌的黏性。

(2)品牌营销话题专区

例如,"互联网"话题涉及"京东""亚马逊""淘宝"等子话题,"亚马逊"话题又涉及"Kindle""亚马逊中国"等子话题。截至2016年1月29日,"亚马逊"话题有95 289人关注,"阿里巴巴集团"下的"天猫"子话题有34 733人关注,提问和精华问答数量众多。在知乎上聚集了互联网行业从业者和爱好者,他们讨论电商品牌及电子产品,不仅有利于加深受众对品牌的了解,还有利于增强受众对品牌的忠实度,拓展品牌的效益空间。可以说,这种品牌话题实际上就是一个品牌营销专区,在未来的发展过程中,知乎或许会开辟出专门的企业专区,这些企业专区专门用于企业产品的体验测试和效果反馈,同时还会举办相关的广告活动,进一步加大对品牌的宣传力度,改进和优化广告效果。

3. 塑造独特风格,迎合受众品味

在大数据时代,广告营销需营造独特的文化氛围以强化投放效果。知乎营造了一种理性、认真的氛围,迎合受众品味,开展创意营销,形成了独特的风格,取得了良好的效果。知乎打造理性诉求的广告风格,突出产品实际功效,以客观性和真实性激发用户的消费欲望。知乎以都市精英为目标受众,尽管部分内容带有感性、幽默元素,但理性、认真仍是其核心价值诉求。

Kindle曾在知乎上推出了两版广告,一版强调阅读乐趣,另一版强调续航能力。随后,Kindle调整广告策略,推出两版针对理性诉求的广告,强调产品的实际效用。成功的广告需向受众传递明确的价值理念,Kindle调整后的广告符合知乎理性诉求的广告定位,取得了良好效果。

在广告营销的实践中,媒体平台要注重品牌形象的塑造。通过对受众消费行为的研究,知乎发现其受众追求的是高品质消费,对那些电子类、时尚类高端产品的兴趣最浓,所以在广告营销中,知乎非常注重对自己和广告主专业高端形象的塑造,以实现和受众审美定位的高度契合,进而达到广告传播效果的最佳化。

课堂讨论:你觉得知乎在塑造品牌形象的过程中要注意些什么?

以积家手表在知乎的广告投放为例,作为全球高端奢侈品牌,积家手表将目标受众定位于那些消费能力强、人格独立的精英人群。因此,在知乎平台的广告传播中,积家手表积极向受众传递一种品牌尊荣感,不仅有效提高了积家手表的品牌知名度,而且进一步激发了目标受众的消费欲望。这样一来知乎理性诉求的广告风格与积家手表专业高端的品牌形象相得益彰、彼此呼应,既强化了知乎的品牌形象,又彰显了积家手表的品牌理念,提高了品牌在受众中的渗透率,进一步拓展了品牌的广告效益空间。

案例来源

顾建强,扬州大学。

课后思考题

1. 知乎的内容生产以用户为主导,但是知乎的激励机制不完善,如何通过打分和粉丝体量等指标来激励用户创作?
2. 从多角度分析知乎用户的需求,指出影响问答社区的关键因素。
3. 总结知乎的广告营销策略,分析当前知乎广告营销的不足,提出未来的发展模式。

参考文献

[1] 张贺贺. 知乎社区的内容运行策略研究[D]. 保定:河北大学,2016.
[2] 张蕊. "异军"知乎的突起——浅析知乎的发展现状[J]. 视听,2015(06):147-148.
[3] 余晓勤. 社交媒体知乎的广告营销策略研究[J]. 传媒,2016(07):51-52.
[4] 沈波,赖园园. 网络问答社区"Quora"与"知乎"的比较分析[J]. 管理学刊,2016,29(05):43-50.

拓展阅读

1. 知乎 2021 年营收 29.59 亿增长翻倍 商业内容解决方案成增长新曲线. 2022-03-14. https://www.jiemian.com/article/7209081.html.

2. 如何评价知乎的商业化? 2021-10-27. https://www.thepaper.cn/newsDetail_forward_15081210.

3. 知乎产品运营分析:社区与内容,向左还是向右,都是难题. 2021-04-10. https://www.woshipm.com/evaluating/4451798.html.

第3篇 电子商务专业服务篇

第9章 金融与支付类

9.1 从全民狂欢到全民失望——支付宝新春集五福分红包

案例标签:支付宝;五福;红包

案例网址:https://www.alipay.com

案例导读:

2014年马年春节微信红包的兴起与发展使微信支付成为普及移动支付的中坚力量,2016年猴年春节支付宝奋起直追,以集福卡的形式在营销手段上再创新高。但是支付宝的集福卡游戏使用门槛较高,靠利己主义驱动用户去添加好友,并没有达到阿里巴巴集团想要的社交效果。在红包大战结束之后,留下的似乎只有几千亿次的数字和依然无法激活的社交关系,还有不少网友气愤地转发着要卸载支付宝的宣言。因此,可以认为支付宝春节的借势营销不能算是成功的,其大手笔投入几亿元和提前很久就开始活动预热的背景更加凸显了活动的失败。

9.1.1 硝烟弥漫的红包活动

2015年春节,支付宝被微信的红包摇一摇打得毫无还手之力,2016年春节前期,支付宝揭晓了全新的送福活动。用户只要在2月8日凌晨前集齐5张福卡,就可以瓜分2亿元大奖。同时,支付宝提供了3种获取福卡的途径:一是用户在支付宝新添加10位好友,就可以获赠3张福卡;二是用户可以与支付宝好友分享、互换已收集到的福卡,可以向好友讨要福卡,还可以主动赠送福卡给好友;三是用户可以在除夕当晚通过支付宝手机客户端的"咻一咻"功能"咻"到福卡。该活动一经推出就掀起了一阵热潮。支付宝公布的数据显示,春晚期间,支付宝"咻一咻"的用户参与次数为3 245亿次,每分钟最高达到惊人的210亿次。截至24点18分,共有79万人集齐5张福卡。

9.1.2 意料之外的全民失望

在集五福分红包活动中,很多用户集齐了除"敬业福"之外的其他4张福卡,当时人们普遍认为至少有1 000万用户能集齐5张福卡。当几乎所有参与集福活动的用户都期待着最后会放出大量"敬业福"福卡的时候,支付宝给绝大多数用户泼了一盆冷水——最终只有79万人集齐了5张福卡。这显然不是用户期待的结果。有少部分用户赞同支付宝的做法,认为物以稀为贵;而大部分用户则认为,经历了从最初的狂欢到最终的失望,他们只是被支付宝狠狠地耍了一次。在一片骂声中,甚至有支付宝用户删除了好友、解绑了银行卡并卸载了支付宝手机客户端。支付宝为春节活动投入了大量的人力、物力、资金,最终收获的却是全民失望以及大量客户的流失,不可不说这是一次失败的营销。

课堂讨论:支付宝营销活动失败的原因有哪些?

9.1.3 营销劣势

1. 活动的门槛过高

支付宝的产品决策者可能没理解微信社交金融的精髓所在,看着微信用户为了几分钱的红包抢得不亦乐乎,以为拿出更多的奖励就能让用户参与进来。殊不知在微信上大家玩的是社交和娱乐,只是图个开心,并不在意钱。另外,微信红包门槛不高,因此更多的人可以参与。相反,支付宝红包的高门槛直接影响了用户的参与热情,虽然有不少人积极参与,但是结果远未达到用户的预期,这为之后的口碑危机埋下了隐患。

课堂讨论:支付宝红包的高门槛给用户带来了哪些负面影响?

2. 激励模式选择失策

这场上亿人参与的活动的中奖率比彩票高不了多少。但实际上集五福不是买彩票,是需要用户深度参与互动、跨越较高门槛才能获得最后资格的活动。大部分人付出了努力到最后就因为缺少一张"敬业福"福卡而无法得到红包。此外,对于得到"敬业福"福卡的那些用户来说,得到红包也只是一时的惊喜,既不能使其成为支付宝口碑传播的意见领袖,也不能使其增加对支付宝的依赖,这是一种无效的激励。此外,支付宝错误地运用了互联网常见的噱头营销,以为通过少数的大奖,就能营造出一种稀缺性氛围,产生话题并促进话题传播。支付宝没有准确定位社交激励的关键点,导致活动的结果是大奖不够大,小奖不够多,不仅没能达到所预期的效果,还可能导致口碑变差。

3. 没有有效带动社交互动

支付宝此次活动的目的是促进社交互动。绝大部分用户已经集齐了除"敬业福"福卡之外的4张福卡。这个时候如果支付宝能够把大量的"敬业福"福卡释放出去,并且使个别用户拥有多张"敬业福"福卡,那么就会促使用户交换和赠送福卡,社交互动就会被带动起来。但直到最后一轮,这种效果也没有出现,使一个很好的社交营销活动变成了点击抽奖活动。

4. 未充分利用传播平台

支付宝链接的内容在微信中以一堆火星文的方式呈现,只有将其复制到支付宝中才能看到链接中的具体内容。虽然大部分人都对支付宝心存好感,但这种方式实在有点烦琐,传播转化率低。另外,短信平台的价值被低估,不可否认的是短信的强制到达性依然是最高的,并且在整个春节期间短信数量的大大降低反而能使单条短信的阅读率提高。在大家的注意力都集中在微信上的时候,如果支付宝能用好短信这一平台,则可能会有意想不到的效果。

课堂讨论:微信和支付宝能否合作?若合作,应采取何种模式?

在商业社会中,有交易的地方就有支付。微信和支付宝这两大巨头各有千秋。它们既要加强竞争性联盟,又要强调共生性联盟,发挥各自的优势,弥补自己的劣势,这样才能实现双赢。

课堂讨论:支付宝和微信应该怎样做才能达到双赢的效果?

案例来源

陈霞,江阴市商业中等专业学校,2016年中国电子商务案例高峰论坛暨全国百佳电子商务案例颁奖典礼,中国义乌。

课后思考题

1. 试用市场营销的相关理论分析支付宝在这次活动中有哪些失策之处。
2. 试从公共关系学角度分析支付宝应该采取哪些措施挽回流失的用户。

参考文献

[1] 吴定玉,王稳.浅析支付宝"集五福"抢红包的营销新思维[J].现代商业,2016(14):50-51.

[2] 陈晔,侯庆彬,于欧洋.支付宝"新春集五福"品牌营销反思[J].新闻研究导刊,2016,7(12):367+374.

拓展阅读

1. 支付宝到底靠什么盈利？2018-01-19.https://zhuanlan.zhihu.com/p/33086860.
2. 蚂蚁集团深度解读:商业模式、竞争壁垒、科技与金融.2020-08-26.https://cj.sina.com.cn/articles/view/1424630243/54ea21e302000od3e?from＝finance.
3. 支付宝这一年:生态走向繁荣,互联网商业化浮出水面.2023-08-22.https://www.jiemian.com/article/9962287.html.

9.2 真正意义上的中国首家互联网金融机构——阿里金融

移动端浏览：

案例标签:网络贷款;互联网金融机构;小额贷款

案例网址:https://help.aliyun.com/product/29849.html

案例导读:

阿里金融承担着阿里巴巴集团为小微企业和网商个人创业者提供互联网化、批量化、数据化金融服务的使命。阿里金融通过互联网数据化运营模式,为淘宝网、天猫网等电子商务平台上的小微企业、个人创业者提供可持续的、普惠制的电子商务金融服务,为这些无法在传统金融渠道获得贷款的群体提供"金额小、期限短、随借随还"的纯信用小额贷款服务。互联网金融机构的诞生创造出基于互联网新商业文明的纯信任网络自动融资,这将是对传统信贷文化的一次改革和创新。

9.2.1 阿里金融的缘起与现状

我国的小微企业有几千万家,它们要发展、要扩大再生产,这一切都离不开资金。有了资金,小微企业才能扩大经营规模,满足不断增长的市场需求,带给社会新的就业机会,从而创造经济和社会双重价值。

阿里巴巴一直致力于为小微企业解决网络贸易生态链的难题,让小微企业真正从"meet

at Alibaba"到"work at Alibaba"。只有这些小微企业得到了发展,阿里巴巴才能更好地发展,这是一个良性循环。阿里金融的前身是阿里巴巴集团的信用金融部,它的使命是让网商信用创造财富,让网商不怕缺钱。其致力于小微企业信用体系建设,并通过与多家银行合作,为小微企业开辟一条融资借贷的道路。信用金融部负责对小微企业申贷的全程服务,包括贷款产品研发、网站产品研发、信贷评估模型建设、贷款风险监控模型建设、贷款客户管理、交易信用建设等,既要兼顾银行贷款风险,又要将融资福祉普惠至小微企业市场,在银行利益和小微企业利益之间艰难地寻找平衡点。

课堂讨论:哪些因素促使阿里金融出现?

2007年,信用金融部推出了数款专为小微企业量身定制的融资产品,并在浙江地区试点。而后,信用金融部逐渐将贷款服务的范围拓展到长三角、珠三角、环渤海地区。

2010年6月,阿里巴巴集团联合复星集团、银泰集团、万向集团在杭州联合成立浙江阿里巴巴小额贷款股份有限公司(以下简称浙江小贷)。2011年6月21日,阿里巴巴集团联合上述三家集团共同组建重庆市阿里巴巴小额贷款股份有限公司(以下简称重庆小贷)。浙江小贷注册资金为6亿元人民币,重庆小贷注册资金为2亿元人民币。曾任阿里金融CEO的胡晓明表示,重庆小贷未来会向银行融资,包括增资扩股等。例如,重庆小贷与工商银行合作,可从工商银行拿到高达注册资金2倍的融资额度,重庆小贷扮演的角色更像是中介机构,其资金渠道是银行。

截至2012年6月末,阿里金融已累计为超过12.9万家小微企业提供融资服务,贷款总额超过260亿元。2012年7月20日,阿里金融已经实现单日利息收入100万元。这意味着,如果这一势头持续一年,阿里金融的利息收入将达到3.65亿元。

在"2012年环球创新盛典"上,阿里金融被评选为"2012年度商业模式创新典范奖"。

9.2.2 真正意义上的首家互联网金融机构

说起网络金融,人们最容易想到的形态是网银,网银大大方便了网民支付、转移和处理非现金的业务,但网银只是传统银行面向网民用户的渠道和业务延伸,对传统银行的业务模式并没有本质上的触动,传统银行的主要业务模式依然是吸存、放贷,以及为吸存服务的代收/缴费、债券、理财产品或服务的销售等。这些业务在很大程度上依然借助线下柜台服务、线下营销与线下客服来完成。从这种意义上来说,传统银行的网银充其量是传统银行金融终端(ATM、POS、KIOSK)的网络延伸。

生于全球最大网商商圈与互联网交易平台阿里巴巴之上的阿里金融则完全不同,它的业务模式是完全基于互联网的,所有的业务和程序都在网上实现,在可预见的未来,其拓展空间主要依托互联网。随着互联网技术对社会经济生活的全面渗透,人类的经济活动将越来越多地受互联网的影响,完全生长于互联网世界、伴随互联网经济的发展而成长的互联网金融机构是大有可为的,互联网金融将成为未来一种崭新的金融模式。

胡晓明曾说,目前所看到的互联网对于经济社会的巨大影响还不是全景,只是初貌。未来,互联网对于社会经济生活,乃至社会经济结构的影响将超越人们现有的认知。而金融业作为现代服务业,可以通过互联网空间的延伸、技术的发展以及基于海量数据的大规模运算转型升级。目前商业银行的业务模式本质上是抵押贷款模式,而阿里金融发放贷款则完全是基于互联网采集的用户信用进行的信用贷款,这改变了传统的借贷关系,是真正的信用贷款。

课堂讨论:以阿里金融为代表的电子商务信用贷款具有哪些时代意义?

1. 用数据重新定义企业,引领信用流的建构

随着互联网经济的发展,互联网上沉淀了海量的企业经济行为数据,这些数据记录了企业的经营、交易、供销、客户关系、财务往来等方面的情况,通过对这些海量数据的大规模计算,可以重新定义企业,建立企业信用模型,这是通过互联网开展金融业务的基石。阿里巴巴从一开始就斥巨资投入企业信用体系的建设,阿里金融则更是把企业信用模型的建立作为核心竞争力的根本。

课堂讨论:你对互联网金融存在的风险问题有什么看法?

在融资的信用核查上,阿里巴巴小贷公司以互联网为工具,在贷款前,通过视频聊天的形式,让企业先通过互联网提交数据,再在互联网上做贷款申请、审批和还款。把网络信用度作为贷款的重要参考标准,可以使贷款问题突破需要固定资产抵押、资金质押、企业担保等的束缚。网上自助融资的服务方式将使许多电子商务小微企业快速、便捷获得贷款的愿望成为现实,同时也为个人创业者融资创造了机会。连续经营时间、好评率(包括服务能力、产品质量、有没有被投诉过等)等都会作为贷款申请资质的重要参考指标。

2. 数据是互联网金融的生产要素

以前,数据只是金融机构的决策参考要素,而在阿里金融,数据则是生产要素,阿里金融要从海量的、非结构化的数据中建立信用模型,并完全依托互联网的数字化手段去开展业务。

阿里金融贷款业务主要分3块。第一块称为C类贷款,主要面向淘宝平台网商群体,可做到自动审批,3分钟申请,1分钟放贷,零人工干预,即所谓的"310模式",其是阿里金融最轻的业务模式。第二块称为B类贷款,主要面向阿里巴巴B2B平台上的企业,因为以前阿里巴巴B2B平台上的企业(国际贸易的中国供应商和国内贸易的诚信通客户)没有在线交易数据信息,所以用远程信息采集、信息审核和视频沟通的方式作为辅助,相对于C类贷款模式,该模式属于重模式,需要一定的人工干预与线下辅助,但相对于传统银行贷款来说,其仍然属于轻模式,而且随着B2B业务的技术创新与模式的成熟,这一块业务也会不断地朝自动化无人工干预和全互联网流程的方向发展。阿里巴巴B2B的速卖通与无名良品的业务就是B2B在线交易的尝试,而一旦有了在线交易行为数据,就形成了纯粹的互联网银行业务。第三块是与传统银行合作,为传统银行提供贷款企业的信用评价服务,向传统银行推荐可信的电商企业。在这3块业务中,C类贷款的风险可控性最高,目前统计的违约率为1.5%,与传统银行2%的违约率相当,但在业务系统开发完备后,其单笔业务的边际成本几乎为0;B类贷款违约率为4.7%,但其业务成本显著低于传统银行。阿里金融贷款业务通过与传统银行合作的方式,针对阿里企业客户进行的信用贷款已辐射到上海、广东、福建、北京、山东、重庆等地区。

传统银行与阿里巴巴合作将传统贸易融资手段进行有效创新,利用传统银行与阿里巴巴先进的信息平台,实现电子商务与网络贸易融资的有机结合。阿里巴巴让传统银行相信,在中国的小微企业群体中也同样存在着优质的客户群,它们在经营规模、创新意识、管理水平、盈利能力上都有着较强的实力,是很好的贷款潜在客户。阿里巴巴坚信,自身的交易平台优势能够帮助传统银行实现相应的风险控制。阿里巴巴已经建立了一整套信用评价体系与信用数据库,同时研发了贷前、贷中、贷后3个阶段的风控系统,它们都能帮助传统银行有效弱化风险,降低贷款成本。

3. 网络服务创新

借助互联网,阿里金融发放的网络贷款不仅可以做到即用即申,还可以做到在企业申请后,不是根据企业申请的授信额度收取费用,而是根据企业用款的动态统计信息收取费用。在企业申请到授信额度后使用资金前,并不发生任何费用,只有把资金划拨转移到银行卡或其他账号时才发生费用。按真实产生的用量付费,这一点类似于云计算对传统服务器主机空间的替代,后者是把基础架构或软件转化为一种服务,前者是把资金转化为一种服务。

4. 生于互联网,长于互联网

随着互联网经济的发展,以及互联网商圈的成熟,真正立足于互联网世界的金融机构自然而然地产生了。诞生于互联网世界的阿里金融未来的发展仍要依赖互联网的发展。对于缺少网上交易行为的B类贷款(即面向B2B客户的贷款),阿里金融依靠技术创新,用技术手段解决信息采集问题,如借助云计算或云终端技术,在解决远程信息采集的定位与防伪保真问题后,把信息采集外包给异地的第三方网点,用视频互联技术解决外包网点与阿里金融业务审批中心之间的信息不对称问题。此外,阿里金融还用社会计算与爬虫技术对现有交易平台上的客户行为与关系网络进行分析,计算出关系网络中体现出的企业信用,借助智能信息终端来辅助客服人员进行客户服务,以提升客户体验等。

9.2.3 互联网金融机构的蓝海战略

纯粹的互联网金融机构与传统的金融机构有何不同?它最终会不会挑战传统金融机构呢?对此,胡晓明曾明确、肯定地回复说:"不会,阿里金融做的是传统金融机构不愿意做也不可能做的服务。"

课堂讨论:纯粹的互联网金融机构与传统的金融机构相比有什么不同?

有别于传统金融机构重视大客户、轻视甚至放弃小型、微型客户的运营思路,阿里金融坚持"小额度、大规模,小客户、大市场"的运营思路,与阿里巴巴一贯宣传的支持小微企业的理念一脉相承。额度虽然很小,但可以形成很大的规模,因为客户很多,而且利用互联网和信息系统,可以有效降低成本。如果把客户融资都放在线下去做,那么成本会很高,而且通过人工的方式对小微企业进行尽职调查、贷前调查等会很麻烦。作为纯粹的互联网金融企业,以互联网模式去做小微企业的贷款,是阿里金融的优势。

相较于民间借贷,阿里巴巴的小额贷款门槛更低,更强调规模。同时,互联网能让诚信变成财富,所以阿里金融产品以信用贷款为主,坚决不做抵押贷款。

9.2.4 互联网金融创新分析

1. 创新的理论依据之一:贷前评估与贷中监控是预警的依据

电子商务经营数据可映射为传统经营态势的折算公式和动态图景。随着互联网和电子商务的发展,越来越多的企业尤其是小微企业选择互联网作为经营和销售渠道。阿里巴巴为企业提供了开设店铺、发布商品、联系上下游企业和完成交易的功能,企业在阿里巴巴平台上的行为是企业经营状况的体现。对企业在阿里巴巴网站上的行为进行分析,将分析结果转化为数据,通过算法和模型将其解读成该企业的实际经营状况,从而可以预测企业的发展前景。线上和线下商业行为有着天然的联系,线上的行为和心理是线下的行为和心理的一种映射。每天阿里巴巴平台上活跃着的企业客户都会留下海量的行为轨迹和行为信息,这些都与其传统经营行为一一对应。阿里巴巴有着天然的优势,可以积累企业的这些数据,这些数据所体现的实际内容是传统模式所无法获得的,即使是企业自身也很难对自己的行为进行定性分析与定量总结。

2. 创新的理论依据之二：小企业贷款的稳定理论

在网络联保的设计下，风险信息来自阿里巴巴、银行和小企业3个方面，在此基础上的风险分析判断显示出足够的稳定性。网络联保这款贷款产品使阿里巴巴、银行和小企业间形成了稳定的三角关系。小企业在申请贷款、组建联保体的时候，根据自己在多年经营中积累的经验，判断联保体其他成员的经营状况和偿还能力，同时关注企业主的品行等。银行根据自己在多年发展中得出的一整套传统风险评估理论，对申贷企业的经营状况、财务状况等信息进行多方面的考察。阿里巴巴作为小企业和银行之间的桥梁，帮助银行评估小企业的风险，阿里巴巴对申贷企业的考核标准是银行标准的一个有效补充。经过多年的电子商务经营，小企业在阿里巴巴平台上积累的数据是企业历史经营状况到网络行为的映射。小企业财务体系的缺陷造成了其在银行贷款传统审批标准下的劣势，阿里巴巴需要把小企业在阿里巴巴平台上的数据解读成小企业的线下传统经营数据，并将其与同地区、同行业的其他企业数据进行横向比较，将申贷企业的信用呈现出来。

3. 创新的理论依据之三：社会计算与群体智能的 Web 2.0 理念

联贷联保的风险捆绑、利益共享的设计足以促使企业放下封闭的心态，采取各种手段调查身边的企业。每一家企业都成为免费的尽职调查人员，且其手段多样、渠道丰富、完全免费。

4. 创新的理论依据之四：因为信任，所以简单

阿里巴巴信任网商，网商互相信任，所以网商在阿里金融贷款很简单。但是信任不是没有门槛的，阿里巴巴拆除了抵押物的门槛，设立了一个人人都可跨越的隐形门槛——互相信任。

案例来源

中国电子商务案例教学平台，网址为 http://www.ceccase.com/。

课后思考题

1. 互联网企业开展网络金融业务需要具备哪些条件？
2. 互联网企业开展网络金融业务会有哪些风险？如何规避这些风险？

参考文献

[1] 杭州市经济和信息化委员会，杭州师范大学. 中国电子商务之都互联网经济发展报告[M]. 长春：吉林文史出版社，2012：76-82.

拓展阅读

1. "阿里金融"运行模式分析及启示. 2013-05-09. https://www.icbc.com.cn/SiteCollectionDocuments/ICBC/Resources/ICBC/fengmao/download/2013/alijinrong.pdf.
2. 研报|"互金风云"系列之四——阿里的互联网金融发展历程和战略 互联网金融野蛮生长阶段的案例. 2018-07-18. https://www.sohu.com/a/241872928_476016.
3. 阿里金融小额贷款的商业模式分析及借鉴. 2013-07-25. https://wenku.baidu.com/view/c0db578580eb6294dc886c1a.html?_wkts_=1724947744434&needWelcomeRecommand=1.

9.3 金融创新服务大众——银联云闪付

移动端浏览:

案例标签:移动支付;云闪付;互联网金融
案例网址:https://cn.unionpay.com/
案例导读:

云闪付是银联为顺应移动支付潮流而推出的以 NFC、Token 等技术为核心的全新产品。它不仅支持远程在线的支付结算,还支持移动设备的线下非接触支付交易。首先,云闪付支持多种类型的银行卡。目前,银联云闪付业务可覆盖多家银行的借记卡和贷记卡。其次,云闪付支付额度高。一般情况下,一张云闪付卡的单笔交易限额、日累计交易限额分别为 5 万元、25 万元,支付限额均高于非银行支付机构。最后,云闪付的载体新。其在手机银行客户端内直接模拟出一张云闪付卡,手机客户端成为将实体银行卡转化为云闪付卡的载体。

9.3.1 银联云闪付概述

2015 年 12 月,为顺应移动互联网时代支付产业发展潮流、满足社会大众多元化支付需求,中国银联联合产业各方推出云闪付移动支付品牌,其实现了移动支付安全性与便利性的最佳结合,代表了未来移动支付一个主要发展方向。云闪付已形成包括 NFC 移动支付和二维码支付两大类型的产品体系,如表 9-1 所示,产品市场规模不断扩大。

表 9-1 云闪付的产品体系

产品体系	NFC 移动支付	二维码支付
特点	空中发卡、非接闪付、网上支付	技术成熟、使用简单、支付快捷、成本较低
支付原理	线下:用户的支付行为是通过使用金融 IC 卡的闪付功能进行联机交易来完成的 线上:移动互联网商户线上收单与本地主机卡模拟手机客户端交互,完成云端支付卡的线上有卡交易	线下:付款码支付;扫一扫支付 线上:采用 Token 技术,确保支付安全;后台账户仍基于实体银行卡账户;相同的二维码支付场景采用统一的技术方案和模式
产品	Apple Pay、Samsung Pay、Huawei Pay、Mi Pay、京东闪付等	各银行 App

9.3.2 银联云闪付应用场景规划

1. 智慧公共交通

(1) 对于城市公交运营管理者

对于城市公交运营管理者来说,使用银联云闪付有三大优势。一是获取乘客信息,进行增值营销。二是资金清算快,使用云闪付可以减少公交公司的人力成本、运营成本。三是能为线路优化提供数据支持,有利于打造智慧城市、智慧交通。

(2) 对于移动支付方

对于移动支付方来说,使用银联云闪付有三大优势。一是能有效获得用户。用户日使用频率较高(每日至少使用两次),因而移动支付方能够迅速提高覆盖率及影响力,获得巨量用户。二是具有引流作用。用户能够迅速被引流到移动支付方的其他应用板块,这有助于其快速推广其他相关业务。三是内容精准投放。移动支付方通过对用户生活轨迹的分析,可以实现大数据内容精准投放与推送信息到人的精准服务。

(3) 对于用户

对于用户来说,使用银联云闪付有两大优势。一是满足基本生活需求。能够满足城市居民用户日常公交乘车出行的基本需求。二是便捷。移动支付功能使用方便、快速,用户体验良好,同时为用户解决了"找零钱"与"口袋压力"等问题。

未来,银联云闪付可以基于银联卡非接联机交易产生的相关数据信息,在国家有关监管政策允许范围之内,与公交集团共同研究这些数据的挖掘应用模式。例如,结合 LBS 技术开展附近商圈信息精准推送;结合车载 GPS 系统分析公交运营状况,进而为开通定制公交线路提供数据支持。

2. 智能终端

智能终端的应用场景十分广泛,如医院的自助缴费机、网络运营商营业厅内的自助充值机等。目前,许多智能终端已经实现了二维码支付的接入,大多数智能终端都支持支付宝与微信的"C 扫 B"交易。银联商务平台化的布局以全民付智能终端为媒介核心,使得各类资源有效地利用及流转,从而构建"全场景支付生态",解决商户场景化支付的难题。2016 年银联商务新增终端 170 万台,移动终端的占比为 55%,其中新增智能终端 21 万台。截至 2017 年 2 月初,在全民付智能终端的应用市场中,内容 App 多达 10 类,覆盖衣食住行、美容美发、银行合作、物流等多个行业,几乎每个商户都能够在里面找到合适的供应链。

课堂讨论:试分析支付宝、微信支付等其他第三方支付的应用场景特点。

9.3.3 银联云闪付的优势

(1) 国家政策支持

银联推出的云闪付产品获国家支持,拥有雄厚的政策背景,具有突出的政策优势。其以"国家队"身份进军移动支付领域,对支付宝与微信支付的地位产生了一定冲击。

(2) 技术安全性高

支付宝会把用户信息发给商家并向用户推送针对性广告,而银联云闪付更加重视对用户隐私信息的保护,在用户进行线上支付时会防止用户信息泄露。它使用付款密令及网上再验证的方式,在消费过程中时刻保护用户信息。这种方式在根本上规避了用户所绑定的银行卡被盗用的风险,有效地保护了用户隐私和支付交易的细节。

(3) 接入简单

为了占领市场份额,支付宝的优惠活动逐渐扩展到了线下的餐饮和娱乐领域。商家需购买相应的设备才能使用支付宝的二维码及付款码支付方式,因此增加了一定的营运成本。在拓展线下支付业务方面,银联有其得天独厚的优势。云闪付与银行卡支付的差异不大,商家能够在较短的时间内掌握要领,这对推广十分有利。

(4) 支付无须联网

就支付环境而言,支付宝及微信支付均需要在联网的状态下才能完成。而公共场合的网络连接无疑存在安全隐患,公共无线网络存在着加载缓慢等一系列问题,这无疑会降低用户的支付速度及体验。相较而言,云闪付以手机芯片作为媒介,所有的信息都保存记录于手机主体之中,无须联网就能支付,给用户带来了方便。

(5) 政府监管方便

目前,移动第三方支付普遍采用的扫码支付方式非常容易带来商家偷税、漏税现象,不便于政府监管。而银联云闪付的使用使账目清晰,方便商家进行结算及缴税。从用户角度来看,采用银联云闪付方式的商家管理更加规范,有利于用户维权。

9.3.4 银联云闪付的劣势

(1) 注册过程烦琐

相比于支付宝和微信支付仅通过一个手机应用就能够实现全部支付功能,银联云闪付的注册过程就显得异常烦琐。因为联盟的商业银行过多,在使用虚拟银行卡前,要对每张银行卡安装对应的程序,完成注册并登录之后,才能进行云支付操作。

(2) 未彻底打破消费者支付习惯思维定式,难以发挥自身竞争优势

未找到一个让广大消费者注意到云闪付优势的突破点,导致大部分消费者仍习惯用以往的支付方式。

(3) 未完全融入人们生活的方方面面

支付宝有淘宝作为依托,让人们足不出户即可购物;微信有社交功能作为依托,能同时承担支付与社交功能。相比之下,云闪付作为功能单一的支付工具,缺少能时时融入人们生活的载体。

9.3.5 对银联云闪付未来发展的建议

(1) 从客观实际出发,提升自身竞争力

加强业务创新,不断完善 App 上的基础金融服务,开发云闪付积分、云闪付会员等系列增值服务。扩展移动支付业务的运用空间,提升移动支付业务的综合竞争力,巩固客户资源优势,并努力学习竞争者的优势,补齐短板,如实时到账等服务。

(2) 多方协作,加大推广力度

中国银联应加强与各大手机厂商的合作,推出更多支持云闪付产品的手机,并在手机的原装软件里增加云闪付 App,加大推广力度,同时应加强云闪付品牌宣传和培训工作,以海量 POS 终端的先天优势,进一步拓展云闪付应用场景,并且要对收银员进行培训,以通过其语言引导,打破消费者的支付思维定式。各大银行应从现有网点出发,充分利用附近资源,打造一个完整、和谐的线下支付产业链,同时拓展业务范围,对各个网点进行协调和管理,挖掘云闪付在支付行业的潜力。

(3) 完善各类配套制度,为云闪付成长蓄力

首先是宣传制度,利用多种方式宣传,不仅要注重语言的通俗易懂性,还要注重对宣传效果的评估,实时调整宣传方案。其次是责任制及考核制,将推广工作的每个细节落实到人并进行实时考核,确保将工作落到实处。最后是补偿机制,借鉴竞争对手的成功经验,在手续费及

优惠力度上做出相应调整。

（4）建立信息交流平台

一方面，应在 App 内在线客服栏新增问题反馈功能，根据用户需求精确调整发展方向；另一方面，各个推广单位之间应保持密切联系，分享交流推广经验。

（5）整合银行商城，推动云闪付平台电子商务市场交易额保持较快增长

网上购物的消费者数量越来越多，因此以"互联网＋"作为新的发展动力，整合银行商城，建立统一的商品交易平台，推进云闪付支付平台的发展，组团进军第三方支付市场，将会成为进一步提升用户体验的重要举措。银行应设计互联网金融创新方案，建立银行商城，提供网购、社交、理财等一系列服务，分享互联网经济成果。

课后思考题

1. 你所知道的其他移动支付企业有哪些？它们分别有什么特点？
2. 谈谈你对未来移动支付格局的看法。

参考文献

［1］ 云闪付［EB/OL］.［2024-8-29］. https：//baike. baidu. com/item/%E4%BA%91%E9%97%AA%E4%BB%98/22288678?fr＝aladdin.

［2］ 傅前炜. 银联云闪付对移动端第三方支付格局的影响［J］. 时代金融，2017，(03)：273-274.

［3］ 胡婕，熊园. "云闪付"助力商业银行布局移动金融［J］. 清华金融评论，2016，(03)：89-93.

［4］ 李海艳，崔智斌. 移动支付现有格局下银联"云闪付"的形势及发展建议［J］. 全国流通经济，2018，(18)：8-9.

［5］ 陈於. 中国银联云闪付移动支付发展策略研究［D］. 北京：对外经济贸易大学，2018.

拓展阅读

1. 云闪付 APP 异军突起谋大局. 2018-12-11. https：//baijiahao. baidu. com/s?id＝1619545743837717070&wfr＝spider&for＝pc.

2. 中国银联合力各家银行全新推出银行业统一 APP"云闪付". 2017-12-11. https：//news. qudong. com/article/454343. shtml.

3. 中国银联携手玖富，想象力远超好莱坞金融大片. 2017-11-30. https：//zhuanlan. zhihu. com/p/31571056.

第10章 信用服务类

10.1 解决消费者和商家之间的信任问题——芝麻信用

移动端浏览：

案例标签：个人征信体系；芝麻信用；互联网金融

案例网站：https://www.xin.xin/#/home

案例导读：

2015年1月28日，阿里巴巴蚂蚁金服旗下的芝麻信用管理股份有限公司推出了"芝麻信用分"。"芝麻信用分"是由独立的第三方信用评估机构——芝麻信用管理股份有限公司在用户授权的情况下，运用云计算及机器学习等技术，通过逻辑回归、决策树、随机森林等模型算法，根据用户在互联网上的各类消费及行为数据，结合传统金融借贷信息，对各维度数据进行综合处理和评估，从用户身份特质、履约能力、信用历史、行为偏好、人脉关系5个维度客观呈现个人信用状况的综合分值。芝麻信用运营上线之后，备受关注。芝麻信用是我国第一个基于大众在互联网上的行为数据，利用大数据技术进行数据处理和模型计算的个人征信评估报告产品，也是我国互联网个人征信模式中最具有代表性的互联网个人征信产品，目前已经产生了包括个人征信在内的芝麻信用分、芝麻信用元素和包括企业征信在内的反欺诈、行业关注名单等一系列完整的产品线。芝麻信用可以在信用卡、消费金融、抵押贷款、融资租赁、公共事业服务等多达上百个场景中为用户提供个人和企业征信服务，在拉近人与人、人与商户之间关系的同时也方便了人们的日常生活。

10.1.1 评价体系及评估维度

在评分区间上，芝麻信用分参照FICO的评分区间范围，将区间设置为350～950分，且信用水平与分数成正比关系，分数越高表示用户的信用水平越高。在等级划分上，芝麻信用分根据不同的评分区间划分了5个不同的等级，从高到低分别为极好(700～950分)、优秀(650～<700分)、良好(600～<650分)、中等(550～<600分)、极差(350～<550分)。等级越高的用户可以得到越多的便利服务作为回报。

在具体评分时，芝麻信用根据其自身网络环境，结合阿里巴巴集团在互联网生态圈中的优势,采用了身份特质、履约能力、信用历史、行为偏好、人际关系 5 个维度的信息来评估征信主体的信用状况并给出具体的芝麻信用分,如表 10-1 所示。

表 10-1 芝麻信用评估模型的 5 个维度

5 个维度	数据来源
身份特质(15%)	学历、住址、实名消费行为等
履约能力(25%)	综合资产信息,如支付宝账户余额、余额宝余额、有没有房和车等
信用历史(35%)	过往履约记录,如信用卡还款记录、微贷还款记录、水电燃缴费记录、罚单记录等
行为偏好(20%)	账户活跃度、消费层次、缴费层次、消费偏好等
人脉关系(5%)	在人际交往中的影响力以及好友的"质量"

1. 身份特质

身份特质的数据主要来源于用户注册阿里巴巴账号并享受其相关服务时自愿填写的基本信息。同时,阿里巴巴专门与公共服务部门合作,对用户所填写的基本信息进行审核以保证信息的真实性和准确性。随着互联网大数据的发展,芝麻信用还会进一步加入依据用户网络行为习惯所推算出的个人性格特征等信息,从而得出更全面的用户画像。

2. 履约能力

履约能力主要考察用户使用各种信用类服务是否能按时履约,是否存在违约历史。例如,用户使用网约车时是否及时付款,是否及时处理交通违章,能否按时缴纳水电费,租车时能否按时缴纳租金并及时还车等。除此之外,用户的消费频率和消费水平也作为用户履约能力的重要评判依据。

3. 信用历史

信用历史是指用户使用相关信用类产品和服务的历史记录,主要包括用户的信用消费、信用借款、信用卡偿还历史等信息。通过对支付宝数据进行分析,芝麻信用可以收集到用户支付宝转账和支付宝还信用卡的历史信息。另外,芝麻信用还通过与银行等金融机构合作,收集用户的信用卡还款历史信息,以全面地分析用户信用历史情况。

4. 行为偏好

行为偏好是根据用户在互联网和线下商场的消费记录、付款方式,以及在银行等金融机构办理的业务类型等综合分析得出的,包括但不限于消费、转账、理财等方面的信息。例如,用户喜欢并经常购买电子科技产品,那么该用户极有可能被认为有好奇心、求知欲强,相对而言更有创造力。

5. 人脉关系

人脉关系是指由人际关系形成的人际脉络,用户周围人群的特征属性以及用户和周围人群的亲密关系都是评价人脉关系的依据。因为人属于群居动物,具有群居的属性,会优先和与自己性格相符的人接触,所以芝麻信用将隶属于人脉关系的校友关系、朋友关系等都作为评判个人信用水平的依据。

10.1.2 数据来源

芝麻信用拥有广泛的数据来源,依托互联网大数据平台,不仅可以和传统金融机构合作获取用户个人信贷信息,还可以收集到被传统个人征信机构所忽略的用户在互联网上产生的信用信息。与传统个人征信机构相比,芝麻信用收集并采纳的信用信息要广泛得多,主要包括以下几类。

1. 基本信息

阿里巴巴旗下的淘宝、天猫等各个电商平台用户众多,用户个人身份信息、支付情况、购买情况等都可作为信用评级的重要依据。用户在使用蚂蚁金服所提供的服务之前需要注册个人账户并且填写完整的个人基本信息。

2. 金融数据

芝麻信用所收集的金融数据包括两部分,一部分是与传统金融机构合作共享获得的用户银行信贷数据,另一部分是通过阿里巴巴旗下的蚂蚁金服、网商银行等平台获取的用户互联网金融信用数据。例如,2017年年初,中国建设银行在与支付宝合作以后,为芝麻信用提供了金融信贷、个人投资等相关的行业信息。

3. 电商数据

阿里巴巴旗下有着天猫和淘宝等电商平台,截至2017年6月,两平台的活跃用户达到4.66亿人,约占中国人口数的1/3,庞大的用户群每天都产生海量的用户信用信息,并且这些信息随着用户的网络浏览记录和交易支付记录的变化实时更新。

4. 公共信息

芝麻信用通过与各个城市的公共服务部门或者第三方机构合作,收集它们提供的用户信息。

10.1.3 场景应用

芝麻信用通过与不同机构的合作,在线上和线下同步进行芝麻信用分的应用推广,涉及金融等线上领域和出行、住宿、通信等多个线下领域。

1. 线上领域

芝麻信用与蚂蚁金服旗下的花呗和借呗以及"天猫开新车"合作,只要用户的芝麻信用分高于600分,其就可以在花呗上申请额度,在使用淘宝购物时,就可以先使用花呗进行支付,再在还款日时进行还款。同样地,当芝麻信用分高于一定数值时,用户可以在借呗上申请一定的贷款额度,当用户急需资金时,可以在借呗上贷款,同时用户每使用一次借呗的贷款并按时还款,就可增加用户的芝麻信用分。芝麻信用还推出了信用购车的服务,与"天猫开新车"合作,对于芝麻信用分750分及以上的用户,只要符合购车要求便可立马把新车领回家。其操作流程与线下的车贷流程是一样的,只是芝麻信用把传统的去银行或者汽车金融公司办理汽车贷款的服务搬到了线上,将芝麻信用分作为切入点,进行线上贷款购车。

2. 线下领域

与线上应用领域不同,芝麻信用在线下领域的应用场景较为广泛。芝麻信用不断扩大合作企业的范围,涵盖衣食住行等生活服务的各个方面。在出行方面,芝麻信用与一嗨租车、神州租车等公司合作,芝麻信用分在600分以上的用户都可享受免押金的快捷租车服务。在住宿方面,芝麻信用除了与全国6 000多家酒店合作之外,还和途家、小猪短租等短租公司合作,芝麻信用分在600分以上的用户都可享受免押金住酒店和免押金租房服务。在通信方面,芝麻信用与联通公司合作推出了基于芝麻信用分的"芝麻冰激凌套餐",芝麻信用分在600分以上的用户都有机会开通联通无限流量套餐。在公共服务方面,芝麻信用与国内机场和部分签证机构也有合作。首都机场、成都机场都与芝麻信用开展了合作,在首都机场,芝麻信用分在

750 分以上的用户都可以享受国内快速安检通道。除了与国内机场合作之外,芝麻信用还与部分签证机构进行合作。2015 年 6 月,芝麻信用推出了新加坡和卢森堡的信用签证服务,芝麻信用分在 700 分以上的用户在申请新加坡签证时只需在飞猪平台申请办理即可,无须提供收入证明、户口信息等书面文件。芝麻信用分在 750 分以上的用户则可以免收入证明或职业证明申请卢森堡(申根)签证,申请成功后即可畅游欧洲 26 个申根国家。

10.1.4 优势

芝麻信用通过收集用户的大量互联网行为数据,采用先进的模型对其进行模拟、推算,运用大数据和云计算平台对其进行综合分析、处理,最终计算出用户的芝麻信用分并开发了丰富的相关信用产品。以下将对芝麻信用的优势进行分析。

1. 信用信息来源多

蚂蚁金服旗下的支付宝拥有大量实名用户和大量的用户数据。芝麻信用运用大数据技术和云计算技术来建立评分体系,使得其采集个人信用信息数据的成本降低,来源变多。除此之外,阿里巴巴旗下的平台还涵盖各种应用场景的数据。

2. 数据收集成本低

芝麻信用的数据主要来自阿里巴巴集团下的自有网络服务和其投资控股的第三方公司,所以芝麻信用可以几乎零成本地从阿里巴巴集团获取海量的用户信息和网络数据。由于其所收集的网络数据具有统一的标准格式,因此这些数据易于传递和共享,这进一步降低了数据的搜集成本。

3. 数据处理方式先进

芝麻信用采用先进的云计算、人工智能、机器学习等数据处理方法对其所收集的海量数据进行筛选、分析和处理,这些方法的运用不仅能降低数据处理的成本、加快数据处理的过程,而且能科学地分析和发现用户不同数据之间的关联性,从而更加精准地刻画用户的信用特征,反映用户的信用情况。

4. 信用评级模型动态、客观

芝麻信用采用先进、独特的评估模型,基于"5C"准则发展出自己独有的以身份特质、履行能力、信用历史、行为偏好、人脉关系为考核维度的评估模型,全面评价用户的信用情况。多维度的网络行为数据有助于更加客观地考察用户的信用情况,而且随着用户互联网行为数据的增多,各维度与用户个人信用的相关性逐渐增强,模型本身的拟合结果也越来越准确。除此之外,芝麻信用分会在每月 6 日进行更新,评分模型算法的调整和用户的网络行为都会对芝麻信用分造成影响,这种动态的更新过程保证了用户个人信用分的实时性和准确性,更加高效地反映了用户的信用变化情况。

5. 使用方便快捷,应用场景多

芝麻信用在应用场景范围方面有着巨大的优势。通过支付宝这个超级流量入口,用户可以容易地进入芝麻信用专属通道,只需一键就可以授权并查到自己的芝麻信用分,进而享受便捷的信用生活。相比之下,用户如果想从央行征信系统查阅自己的个人征信报告,则需要填写烦琐的文件资料并经过漫长的等待时间,芝麻信用在这方面无疑更加方便快捷。除此之外,芝麻信用还与众多第三方机构合作,扩展了芝麻信用的应用场景,目前已经在信用出行、信用租房和信用借贷等领域取得了大量成果,通过线上与线下的推广,芝麻信用不仅吸引了用户,也提高了用户黏性。

课后思考题

1. 芝麻信用存在哪些问题?
2. 你在哪些应用场景下使用过芝麻信用?感觉如何?
3. 出现芝麻信用的根本原因是什么?
4. 你对芝麻信用的发展有什么建议?

参考文献

[1] 芝麻信用[EB/OL].[2024-08-28]. https://baike.baidu.com/item/芝麻信用/15870746?fr=aladdin.

[2] 于晓阳.互联网+大数据模式下的征信——以芝麻信用为例[J].北方金融,2016(11):73-76.

[3] 夏义鑫,武诗雨.芝麻信用体系创新模式研究[J].现代商贸工业,2018,39(21):54-56.

[4] 刘烁.我国互联网金融个人征信体系构建研究[D].蚌埠:安徽财经大学,2018.

[5] 王姣.芝麻信用发展状况分析[J].现代营销(信息版),2019(02):40-42.

[6] 王艺玮.信用体系对互联网金融发展的作用探析——以"芝麻信用分"为例[J].现代商贸工业,2019,40(06):110.

[7] 李晓刚.互联网金融个人征信体系建设研究[D].杭州:浙江大学,2017.

拓展阅读

1. 详解芝麻信用的5大维度模型与支付宝授信之间的关联.2021-01-09. https://zhuanlan.zhihu.com/p/342998830.

2. 支付宝的芝麻信用评分模型.2016-11-28. https://www.woshipm.com/data-analysis/462978.html.

3. 浅析芝麻信用分征信体系.2017-03-03. https://blog.csdn.net/u010682330/article/details/60139232.

10.2 中小微企业信贷春天——阿里小贷

移动端浏览:

案例标签:中小微企业;信用管理;小额贷款

案例网站:https://www.antgroup.com/business-development?tab=finance

案例导读:

2010年,阿里巴巴集团成立阿里巴巴集团小额贷款股份有限公司(以下简称阿里小贷),标志着阿里集团的"电子商务+金融服务"商业帝国的初步建立,其目标是帮助企业解决微小融资问题。阿里小贷利用电商大数据平台为中小微企业提供了优质的信贷金融服务,为中小微企业提供了解决问题的新途径。

阿里小贷以借款人的信誉发放贷款，借款人不需要提供担保。其特征就是借款人无须提供抵押品或第三方担保，仅凭自己的信誉就能取得贷款，并以其信用程度作为还款保证。阿里小贷是阿里金融为阿里巴巴会员提供的一款纯信用贷款产品，无抵押、无担保、随借随还。

阿里小贷的发展要追溯到 2002 年阿里巴巴集团推出的"诚信通"业务，该业务旨在为国内贸易服务。阿里巴巴利用第三方平台对注册会员进行评估，并将其诚信交易记录公布于互联网上，以帮助顾客选择商家购物。2004 年，阿里巴巴集团推出"诚信通指数"，以此来评估会员信誉情况，其成为阿里会员信誉数据的基础。

2016 年，阿里小贷为 400 多万家中小微企业提供了融资服务，融资额超 7 000 亿元。阿里小贷对传统银企信用关系进行了重构（形成了"电商平台＋中小微企业"的新型信用关系），简化了贷款程序，降低了风控难度，有效地解决了中小微企业融资难的问题。

10.2.1 阿里小贷的业务特点

1. 明确的客户定位

阿里小贷的主要服务对象是淘宝、天猫、阿里巴巴 B2B 平台等电商平台上的商户、个人创业者。从成立之初至今，阿里巴巴已经积累了庞大的客户群及海量的客户交易数据，这为阿里小贷客户的信用评级提供了有效的参考。通过交易平台上的数据，阿里小贷对客户作出相应的信用评级，并根据信用评级情况最终确定是否放贷及给贷款者的额度。阿里小贷了解阿里巴巴平台上的融资需求，并且充分利用阿里巴巴平台上积累的数据，最终将客户定位于平台上的商户。

2. 产品分类清晰

阿里小贷针对不同电商平台上的客户发放不同的贷款产品。例如，针对淘宝商户发放淘宝信用贷和淘宝订单贷，针对天猫商户发放信用贷和订单贷，针对阿里巴巴 B2B 平台上的会员企业发放阿里巴巴信用贷。清晰的产品分类方便客户根据自己的情况来选择贷款产品。

3. 便捷的贷款流程

阿里小贷的贷款流程几乎都是在网上完成的，包括贷款的申请、信贷的审批（通过视频调查）、贷款资金的发放以及支付宝对放贷资金的监测。放贷全过程最快只需 3 分钟，极大地提升了客户体验。阿里小贷基于大数据开发的微贷技术可以实现批量放贷，形成一条信贷流水线，建立真正的信贷工厂，提高贷款管理的效率。

4. 独特的风险控制技术

阿里小贷的风险控制技术基于阿里巴巴旗下电商平台的海量数据，解决了传统信贷借贷双方信息不对称的问题。贷款管理分为贷前管理、贷中管理、贷后管理。贷前基于客户的信用数据对贷款者的信用进行严格的审核，这些信用数据包括销售数据、身份信息、顾客评价情况以及海关、税务等数据。贷中通过支付宝来监测资金的流向，有效地防止资金被挪用。贷后通过关停账号和店铺来处理违约问题，以客户未来的收益作为违约的成本，解决了传统借贷中无抵押品就无法惩罚违约客户的问题。

5. 创新的还款方式

支付宝作为第三方支付平台，积累了大量的支付数据，这些数据成为阿里小贷风险控制数据基础的一个重要部分。贷款资金的发放和归还都通过支付宝来实现，加快了资金的流动，缓解了流动性压力，极大地简化了客户贷款的流程。另外，通过支付宝，阿里小贷还可以对贷款者进行放贷资金的监测,完善了风险控制体系。

10.2.2 阿里小贷的信用管理方法

1. 用户信用评级机制

阿里巴巴的生态系统包含了各行各业,内容广泛,因此它掌握了各类交易数据,而数据是当今社会最有价值的资本。阿里巴巴不断扩展和整合的信用信息数据来源体现了阿里信用评级机制的创新。阿里巴巴通过收集平台上用户的交易行为等各类信息,以及平台外的结构性与非结构性数据等,将多渠道来源的数据进行整合,实现多角度、多维度的评估。阿里小贷通过大数据技术和云计算技术对自有信息与外部数据进行挖掘、整合、分析,从而得到商户的资信状况与信用等级,多样化的数据来源使评级结果更具科学性和可靠性。

2. 平台内部征信体系

大数据和电商平台是阿里内部征信体系得以发展的两大优势。天猫、淘宝等电商平台积累了充足的交易信息,阿里巴巴通过大数据、云计算对这些交易信息进行深度挖掘,从而建立起依托网络平台的内部征信体系。该体系最大的特点就是能够对客户群体进行分层分析,实现了体系内外联动。

阿里小贷体系内外实时更新互动的过程通常是通过阿里巴巴的诚信通指数来完成的。这个指数是阿里小贷进行贷款决策的重要参考依据。同时,诚信通指数可以开放给消费者以供其参考,同时让平台商户时刻处在被公众监督的情境之中,以便激励商户时刻注意自己的信誉度,增强信用意识。

3. 风险管理体系

阿里巴巴集团着力构建了闭合的环状生态系统。在该系统中,平台的信息流与现金流、物流紧密结合,所有资源都可以在系统内流动。阿里旗下电商平台上的中小网商不仅是信息的提供者与生产者,同时还是阿里金融服务的对象,阿里小贷就是利用平台闭环生态运作进行动态风险评价的,因此阿里小贷模式的本质就是利用互联网的闭环数据来重新构建贷款流程。

10.2.3 阿里小贷的发展优势

1. 依托电商平台重新构建贷款流程,消除信息不对称问题

在我国,小微企业的数量占各类型企业总数的99%,但小微企业银行借贷余额仅占总的企业银行借贷余额的29.3%。在传统金融模式下,我国小微企业陷入融资困境。造成这种状况的主要原因是小微企业规模小、财务管理能力弱,商业银行难以从大量"软信息"中提取有效信息,这使得风控成本极高,信息严重不对称。传统金融解决不了这些问题,而互联网金融借助大数据和云计算技术,消除了信息不对称问题。

阿里小贷"电商平台+中小微企业"的新型信用关系具有信息优势和平台优势。阿里小贷在整个贷款过程的风险管理体系中,通过科学使用大数据技术,降低了放贷成本,减小了放贷风险,提升了放贷效率,改变了传统信用关系中过度依赖企业财务报表、抵押和担保品的状况。同时,阿里小贷利用自身平台闭环的特点,对企业信息进行深度挖掘与分析,并将这些信息进行梳理、整合,建立了相关用户的信用评级机制以及征信体系,改变了传统信用关系中呆板贷款的情况。

2. 依托网络化运作方式降低贷款成本

阿里巴巴集团基于信息大规模搜集整合技术开发出来的新型微贷技术具有快速高效的优

势。在贷款的审核认证上，阿里小贷充分利用微贷技术自动审核网商信用状况，取消了抵押品和担保人资格认证程序，简化了贷款流程。在贷款客户群体的覆盖面上，阿里小贷通过互联网打破了客户的地域限制，将小贷客户的覆盖范围扩展至全国。在信贷人员调查方式上，阿里小贷取消了传统信用关系中的信贷人员实地调查环节，改为利用线上资信调查和数据模型分析的方式对贷款申请人进行信用评估，极大地节省了成本。

3. 依托大数据技术实现精准决策

在大数据环境下，阿里小贷将结构化数据（如货品交易量、销售额等）与其他非结构化数据（如访问量、用户评价、访问时长等）进行了综合，不需要中小微企业提供抵押或担保品，仅根据这些企业的信用状况对是否放贷和放贷额度进行精准决策。

阿里小贷采取"一对多"的精准营销模式，一个信贷专员可以同时管理上百家客户，同时，阿里小贷基于大数据分析的结果，针对可能有融资需求的店铺定向投放广告，实现精准营销，大大节省了广告宣传成本和品牌管理成本。阿里小贷技术团队为聚划算设计的数据工具综合参考了60多个数据变量，作出的市场决策的精准程度超过80%。

阿里小贷打通了各平台间的信息通道，实现了电商平台和融资平台的融合，系统自动挑选符合贷款标准的中小微企业，减少了贷前客户的挑选成本，构成了精准放贷的基础。随着用户覆盖面的扩大，借助社交网络和搜索引擎技术，阿里小贷使用户的信息更加透明、真实，其大数据优势愈加明显。

10.2.4 阿里小贷面临的问题

1. 资金来源问题

根据我国的相关规定，小贷企业是非金融机构，其放贷来源主要是企业自有资本金和从金融机构融入的不超过注册资本50%的资金。对于广大小微企业来说，放贷资金的供给量是远远小于需求量的。面对飞速增长的小微企业贷款需求，要想获得源源不断的资金支持，必须和银行合作。

2. 法律政策不完善

阿里小贷公司通过网络审批发放贷款，虽然可以发放贷款，但非金融机构的身份使其在资金周转与灵活性方面有所局限，未来的发展方向也较为模糊。在网络小贷企业的监管方面，许多监管条例在很大程度上制约了网络小贷企业的发展，首先是对小贷公司的融资杠杆率的限制，其次是对小贷公司信贷投放范围的限制。

3. 网络技术安全问题

互联网是信息的载体，对于金融方面的信息，如果出现个人金融信息泄露事件，或出现重大技术错误，则将导致金融基础设施网络体系崩溃，从而产生资金安全问题，引发不堪设想的后果。传统金融行业是直接受政府监管的，其安全性相对于互联网金融企业要高出不少，对于阿里小贷而言，提高自身运营的安全性势在必行。

4. 客户群体受限

阿里巴巴的主打品牌是淘宝和天猫，这两大网络销售平台所针对的用户主要是产业链上的经销商和消费者，面向经销商的上游企业（如生产制造企业、研发企业）的贷款是阿里小贷的薄弱环节。

5. 违约风险增高

随着资产证券化的推动，互联网金融信贷业务将加速成为各大电商平台的掘金热点。阿里小贷采用的主要是交易订单及信用度两个指标,资产证券化在增加其资金的同时,也将使其面临更大的违约风险。

课后思考题

1. 阿里小贷运用大数据进行运营在同行业中有哪些优势?
2. 谈谈你对阿里小贷未来运营发展的优化建议。
3. 阿里小贷企业与传统信贷企业分别有哪些优劣势?
4. 阿里小贷等网络小贷企业对传统信贷市场会有怎样的影响?

参考文献

[1] 阿里小额贷款[EB/OL].[2024-08-28].https://baike.baidu.com/item/阿里小额贷款/7904125?fr=aladdin.

[2] 丁村鸿鹄,赵元.大数据对互联网小额信贷公司的重要性研究——以"阿里小贷"为例[J].黑龙江教育(理论与实践),2017(Z1):26-27.

[3] 杨倩.浅析阿里小贷的发展及运营模式[J].市场研究,2016(08):39-40.

[4] 陈婷婷,曾丽娜.大数据金融环境下阿里小贷的发展[J].电子商务,2016(09):41-43.

[5] 徐扬.电商小贷的综合信用评价体系研究[D].厦门:厦门大学,2017.

[6] 宫兆辉,许敦锴,周华.电商小贷的现状及未来发展建议[J].金融经济,2019(02):127-128.

拓展阅读

1. 阿里小贷的启示:封闭流程与数据挖掘.2014-03-13.https://www.01caijing.com/html/zl/1446_2511.html.

2. 阿里金融系列解读(一):阿里小贷的前世今生.2013-08-20.http://www.iheima.com/article-48504.html.

3. 阿里小额贷款模式分析.2017-08-03.https://www.csai.cn/loan/1242889.html.

第11章 物流服务类

11.1 飞机快递，快递中的战斗机——顺丰速运

移动端浏览：

案例标签：顺丰速运；直营；竞争环境

案例网址：https://www.sf-express.com

案例导读：

顺丰速运（以下简称顺丰）创立于1993年，是一家以国内外速运、冷运服务为主的民营企业。顺丰在广东顺德成立后，积极向外地扩展，其网点遍布全国各地。2016年，顺丰作价433亿元欲借壳上市。2017年2月24日，顺丰在深交所上市，正式登陆A股。

一直以来，顺丰凭借直营模式壁垒和航空运输优势，在快递行业中占据独特优势。顺丰坚持扎根中端并逐步向中高端拓展，在走中高端商务路线的同时不忘企业使命——既满足目标客户群的基本需求，提供安全、准确、快速、专业、高标准的服务；又积极挖掘客户的潜在需求，打造具有特色的产品项目，完善服务体系，积极满足客户的差异化需求。然而近年来，随着网络的迅速发展，线上购物越来越普及，大型电商相继进军快递行业，快递行业的竞争日益激烈。虽然当前顺丰仍然是快递企业的领头羊，但其业务早已不局限于快递。顺丰以速运业务为核心，加强集团内部资源整合，开展跨界尝试，推动业务朝着多元化方向发展，形成了涉及快递、电商、金融等诸多领域的发展态势。

11.1.1 发展历程

顺丰发展至今已有30余年的历史，其发展历程可分为两个阶段：1993—2002年的草创扩张期；2002年至今的优化领先期。

1. 草创扩张期

1993年3月26日，王卫向其父亲借了10万元，和几个朋友一起创立了顺丰公司，该公司注册于广东顺德，其主要业务是广东省与香港之间的货物运输。20世纪90年代初是中国快递市场崛起的时期，竞争非常激烈。王卫面对众多竞争者，尤其是面对当时几乎垄断市场的EMS，采用了"割价抢滩"的策略。顺丰的价格比市场均价低30%，虽然顺丰获得的利润相对较少，但是其让利行为却吸引了大批中小商家，使得顺丰从EMS手上抢到了不少生意。

1993年到1996年,顺丰仅仅用了三年时间就基本垄断了整个华南地区的国内快递业务,而当时很多人却连顺丰是个怎样的企业都不知道。在成功占据整个华南地区的市场后,顺丰开始对业务进行细分。顺丰与诸多其他同时期的快递公司不同,坚持只做小件快递,不做重货快递,定位于中高端小件市场,且以商业信函快递为主,不做与四大国际快递业务重叠的高端市场,也不做已被其他快递公司占据的低端市场。

1996年,中国经济处于高速发展期,快递业务量不断增长,顺丰开始涉足国内快递,逐步将业务网点延伸至广东省以外的地区,尤其是经济发展迅速、市场需求相对较多的长三角地区。在这些地方,王卫采取代理加盟制的扩张方式,顺丰的网点数量迅速增加。顺丰以惊人的速度拿下华东地区的快递业务市场。在顺利布局华东地区后的两三年里,王卫以华东地区为前哨站,利用同样的代理加盟制将顺丰推向华中、华北地区,一张全国性的顺丰网络蓝图展现在大家面前。

1997年,在香港的陆运市场中,有70%的货物由顺丰独家承运,深港货运市场已局部被顺丰垄断。顺丰率先在快递行业实行计件工资制,这样的制度保证了顺丰一线收派员的高收入和工作积极性。

从1993年到2002年,顺丰完成了从草创期到扩张期的转变,实现了质的飞跃。据统计,在1996年到2002年之间,顺丰在全国总共建立了180多个网点,国内快递业务的收入占顺丰总体收入的比例增加到40%。

2. 优化领先期

2002年,顺丰在深圳设立公司总部,并全面展开优化改革工作。首先,顺丰运营模式从加盟代理转为直营,全面收权。

课堂讨论:谈谈你对直营和加盟的区别的理解。

顺丰是中国第一家使用全货运专机的民营快递企业。2003年年初,顺丰和扬子江快运签下承包5架737全货机的协议,这些飞机专门用来运送顺丰快件。另外,国内多家航空公司的多条航线的腹舱被顺丰租用,用来运送顺丰快件。

2005—2006年,顺丰不仅扩大了网点的分布,还提供了多项增值服务,瞄准中高端市场,着重提升服务质量。到2006年年初,顺丰在国内拥有了1 100多个营业网点,覆盖了国内20个省、100多个大中城市(包括香港地区)及300多个县级市或城镇,建有2个分拨中心、52个中转场,拥有2 000多台干线中转车辆。

2008年,金融危机爆发,大学生就业困难,顺丰顺势而为,以较低的成本第一次大量招收本科生,从而改善了公司的人才结构。

2009年2月9日,经民航局批准筹建,顺丰成立了自己的航空公司——顺丰航空有限公司。之后顺丰出资购入两架飞机,开始打造属于自己的空中物流王国。2009年12月31日,顺丰航空有限公司的首架飞机顺利首航。同年,顺丰成立了自己的科技公司——顺丰科技有限公司,它是顺丰集团的定向IT服务商。

2012年5月31日,顺丰优选正式上线,隶属于顺丰集团,是以经营全球优质美食为主的B2C电子商务网站。顺丰优选以"优选商品,服务到家"为宗旨,依托线上电商平台与线下社区门店的有机结合开展运营。

2014年9月25日,顺丰召开了第一次规模较大的新闻发布会,旨在对外推介顺丰的新品牌——顺丰冷运。

2017年2月24日,顺丰控股借壳鼎泰新材成功登陆A股市场。

截至 2017 年 6 月,顺丰已拥有的自营及外包车辆合计约 2.5 万辆,其业务覆盖全国 334 个地级市、2 656 个县级城市,拥有近 13 000 个自营网点。此外,顺丰还自有 39 架全货机,外部包机(全货机)16 架,搭建了以深圳、杭州为枢纽,辐射全国的航线网络。同时,顺丰积极拓展国际业务,国际小包业务覆盖全球 225 个国家及地区,国际标快/国际特惠业务已覆盖美国、俄罗斯、加拿大、韩国、日本等 53 个国家。

课堂讨论:顺丰能成功的关键因素有哪些?

11.1.2 竞争环境分析

1. 行业环境分析

在行业环境上,我国快递需求猛增,网购消费的爆发式增长催生了非常多的快递服务需求。据统计,2015 年我国电子商务规模达 18 万亿元,位居全球第一,同年快递业务量规模达到 206.7 亿件。2010—2015 年,电商规模复合增速达到 32%,快递行业复合增速达到 55%,电商的快速发展直接带动快递业务量的跨越式增长。而有数据显示,2016 年中国快递总量达 313 亿件,是快递第一大国。在电商跨界的背景下,物流已经成为电商企业的核心竞争力。面对大型电商纷纷跨界进军快递行业,顺丰并没有核心竞争优势。

2. 政策环境分析

在政策环境上,我国政府对快递业的扶持力度越来越大。2015 年 10 月,《国务院关于促进快递业发展的若干意见》提出了促进快递业发展的总体要求、重点任务和政策措施。2016 年 3 月,李克强总理在第十二届全国人民代表大会第四次会议上指出,要完善物流配送网络,促进快递业健康发展。随后各省市相继出台促进快递业健康发展的相关文件。政府的大力扶持对快递业快速发展的助力很大,有利于民营企业发展。顺丰顺势而为,把握机遇,进一步推动了企业发展。

3. 行业结构分析

在行业结构上,顺丰原来具有两大优势:第一,直营管理和航空快运优势;第二,商务快件的品牌优势。根据五大竞争力理论,自从京东、唯品会自建物流以后,顺丰高效、安全的快递服务不再是客户的唯一选择。在物流、电商、仓储、供应链、e 金融等方面,顺丰面临行业替代品威胁,无纸化办公将会让顺丰商务快件的业务需求量大减。顺丰商务快件的优势是建立在用户不介意通过多花几块钱来获得更高效、更安全的服务之上的,而新的竞争者会让顺丰的议价能力大幅度下降。目前快递行业所面临的最大竞争威胁不仅来自传统行业,还来自具有平台和用户端优势的电商巨头。

4. 战略群体分析

在战略群体上,移动壁垒从高到低的顺序如下:EMS、自建物流平台、顺丰、阿里菜鸟网络、三通一达等加盟企业。EMS 的地位不可撼动,它一旦实现管理创新和平台建设,就会成为整个行业的领头羊。比起大数据优势,京东自建物流平台的垂直一体化优势更加明显。而加盟企业的价低利少,其管理松散,完全靠价格优势才能在市场中立足。

课堂讨论:我国物流加盟企业有哪些?它们有哪些共同点?

5. 竞争对手分析

在竞争对手上,短期来说,顺丰最大的威胁是自建物流平台,它们不但在电商平台上拓展价值增值链,而且在快递领域抢占顺丰的市场份额。中期来说,阿里菜鸟网络能够利用平台的优势兼容并购快递企业,从而建立集群优势。长期看来,EMS 如果能够锐意改革,建立大数据平台,那么在政策的支持下,将会统治我国的快递行业。

课堂讨论:顺丰的优势和劣势分别是什么?

11.1.3 未来发展建议

顺丰要想提升核心竞争力,首先要建立大数据思维,以供应链为支撑点,打造多元化平台,采用差异化的竞争战略,提前进入新兴市场;其次要进一步提升技术水平,在供应链整合和大数据处理的过程中,提升自身的智能化决策和规划水平,尤其要在防腐保鲜、冷藏冷链、仓储配送、路线规划等方面,继续保持顺丰的高端品质;最后要实现物流、资金流、信息流的整合,实现各个业务环节的整合优化,借鉴联邦快递的经验,提升标准化操作水平,减少重复路线、重复运作、重复劳动,利用现有物流配送的核心优势,逐渐向供应链、电商和支付领域融合,特别是要注重发展便捷支付,在金融领域抓住终端客户。

在国内市场,顺丰要将现在的信息化优势发展为大数据商业智能优势,实现收件、派件、配送环节的智能分类,在消费者下单的时候就进行运输路线规划,计算到达时间和费用,让消费者自主选择送达时间(不同的送达时间需要的费用不同),了解消费者的偏好,改善用户体验;要全面控制成本,扭转目前的高成本劣势,建立分层服务和差异化体验。

在国际市场,顺丰要利用其良好的口碑和品牌效应,从跨境电商物流起步,针对海淘时间长、手续烦琐的弊端,发展高效、简便的跨境电商物流模式;要利用已经发展成熟的国际运输线路,提供专业化电商快递一体化服务;要针对国内外消费特定群体,发展自助服务供应链。

案例来源

中国电子商务案例教学平台,其网址为 https://www.ceccase.com/。

课后思考题

1. 物流企业的竞争优势来自哪些要素?
2. 顺丰在日后发展中还会遇到哪些问题?
3. 面对电商巨头自建物流,顺丰应如何应对?

参考文献

[1] 顺丰速运[EB/OL]. [2024-08-28]. https://baike.baidu.com/item/顺丰速运.

[2] 林晨辉,施云清. 顺丰速运核心竞争优势分析[J]. 现代营销(下旬刊),2018(7): 117-118.

[5] 张慧芹. 电商高速发展背景下顺丰速运的战略分析[J]. 市场周刊,2019(2): 43-44.

拓展阅读

1. 争夺智能快递柜 顺丰菜鸟巨头暗战. 2019-07-25. https://baijiahao.baidu.com/s?id=1639986898949625216&wfr=spider&for=pc.
2. 顺丰速运微信号寄快递功能体验分析. 2018-10-18. https://www.woshipm.com/evaluating/1514759.html.
3. 创业案例分析:顺丰速运的商业画布. 2017-04-18. https://www.jianshu.com/p/5a99f88642a3.

11.2 无忧送达——联邦快递

移动端浏览:

案例标签:无忧送达;联邦快递;航空运输网络
案例网站:https://www.fedex.com.cn/
案例导读:
联邦快递是由前美国海军陆战队队员 Fred Smith 于1971年在阿肯色州小石城创立的。初期联邦快递的经营困难重重,并且它出现了严重亏损。但数年后,其业务开始有所改善。1975年7月,联邦快递首度盈利。1978年,联邦快递正式上市。

11.2.1 发展概况

联邦快递是一家国际性速递集团,提供隔夜送达服务、地面快递服务、重型货物运送服务等,其总部设于美国田纳西州。其品牌商标 FedEx 是由公司原来的英文名称 Federal Express 合并而成的。

联邦快递为遍及全球的顾客提供运输、电子商务和商业运作等服务。作为一个久负盛名的企业品牌,联邦快递通过相互竞争和协调管理的运营模式,提供了一套综合的商务应用解决方案,这使其年收入高达320亿美元。

联邦快递是全球最具规模的快递运输公司,可以为全球多个国家及地区提供快捷、可靠的快递服务。联邦快递设有航空运输网络及陆运网络,通常只需1~2天就能将货物送达目的地。

11.2.2 管理模式

1. 管理原则

联邦快递之所以能取得巨大的成功,是因为坚持以下9项管理原则。

(1) 倾心尽力为员工

联邦快递创始人、主席兼行政总监 Fred Smith 创建的扁平式管理结构,不仅使得公司可以向员工授权赋能,而且扩大了员工的职责范围。

联邦快递耗资数百万美元建立了一个 FXTV(联邦快递电视网络),使世界各地的管理人员和普通员工可建立即时联系。

课堂讨论:扁平化有哪些特点?

(2) 奖励至关重要

联邦快递经常让员工和客户对工作做评估,以便恰当地表彰业绩卓越的员工。主要的奖项有如下几种。

祖鲁奖:奖励具有卓越表现的员工。

开拓奖:奖励每日与客户接触、给公司带来新客户的员工。

最佳业绩奖:奖励员工贡献超出公司目标的团队。

金鹰奖:奖励客户和公司管理层提名表彰的员工。

明星/超级明星奖:最佳工作表现奖。

(3) 融合多元文化

联邦快递有自己的文化,同时也有各种局域文化。在超级中心站,它强调的是时间观念;而在软件开发实验室和后勤服务部门,它强调的是创新和创意;在一线现场,它强调的是顾客满意的企业文化。

负责联邦快递美国和加拿大业务的高级副总裁 Mary Alice Taylor 指出:"我们的文化之所以有效,是因为它与我们的宗旨紧密相连,即为顾客提供优质服务。"

(4) 激励胜于控制

联邦快递的经理会领导属下按工作要求做出适当的个人调整,创造一流业绩。正如 Mary Alice Taylor 在报告中所说:"我们需要加强地面运作。如果让每个员工专注于单一目标,企业整体就能达到一定水平。正因为此,我们才引入最佳业绩奖。它使我们能让 50 000 名员工专注于提高生产效率和服务客户。我们的工作绩效接近最高水平,而成本却降到最低水平,这是前所未有的。"

(5) 首要规则是改变规则

联邦快递选择了用固定价格体系来取代按邮区划定的路程和运量定价体系,在货运业引起了巨大轰动。这一改变不仅简化了联邦快递的业务程序,也使客户能够准确预测自己的运输费用。在 Fred Smith 说服了美国国会,使美国民航管理委员会解除对航空快运的限制后,联邦快递开辟了隔夜送达货运业务,这使其对手公司也纷纷受益,整个行业的利润增加了 10 倍。

(6) 问题也有好的一面

联邦快递把客户的问题当作对自己的挑战和潜在的商业机会。联邦快递接到一个打算开展产品仓储和批发业务的全球女装零售商兼家居饰品商的请求,它希望联邦快递为其提供检查库存、安排运货时间服务等,使其能实现接单和送货在 48 小时内完成。联邦快递巨大的超级中心站之所以能以这样大的规模存在,正是因为有各种公司不断请求他们帮忙。

(7) 积极利用技术软件

联邦快递的经验证明,在这个信息时代,一个公司记录和整理的信息仅在该公司内部使用体现不了其全部价值。联邦快递有一个 Power Ship(百威发运)系统,它可以接收订单、跟踪包裹、收集信息和开账单。联邦快递约 2/3 的运输都是通过这个系统或者 FedEx Ship(联邦快递发运)电子运输系统来完成的。

课堂讨论:有效利用信息科技会带来哪些好处?

(8) 犹豫就会失败(但必须看准才能行动)

尽管公司顾问担心 Fred Smith 打算提供的隔天下午送货业务可能会影响公司的其他服务项目,如优先服务和经济送货,但是 Fred Smith 认为该业务会带来利润,还能消除早晨优先送货和下午经济送货之间的闲置期。Fred Smith 的预感是正确的。两天到货的业务量不断增长,隔夜送达的优先服务量也持续增长。在联邦快递,经理们都很有商业头脑且从不犹豫。

(9) 努力决定形象

一个公司要花很多年才能树立一个良好的形象,这要经过周密的计划、利用不同的资源才能实现。人们在想到联邦快递时就会想到创新。联邦快递总是在寻找各种独特的方法来满足或预测顾客的需求。联邦快递激励员工去树立公司形象,努力塑造一种既为客户、也为员工着想的企业形象。公司精心树立起来的形象有益于保持并扩大其市场份额。

2. 员工管理

联邦快递在得到全国最佳雇主奖的时候,特意挑选了一个一线员工与人力资源总监一起上台领奖,还让几个一线员工与老板一起参加了颁奖典礼。在联邦快递看来,一个公司只有真正地尊重员工,才能成为一个名副其实的最佳雇主。

"一个公司要做一个受员工欢迎的雇主,必须采用主动积极的方式来应对市场的高速发展及变化,应该做到与时俱进。"曾任联邦快递中国区人力资源部总经理的夏康琳表示。

在市场上一贯低调的联邦快递在内部的人力资源管理上却是异常主动的,多年以来,联邦快递已经形成了一套非常完整的人力资源体系,通过该体系可以发现人才、培养人才、留住人才。联邦快递独特的管理文化帮助全球超过 27.5 万名员工和企业一起持续成长。

11.2.3 客户关系管理

联邦快递的创始者 Fred Smith 有一句名言:"想称霸市场,首先要让客户的心跟着你走,然后要让客户的腰包跟着你走。"尽管很多竞争者采用降价策略参与竞争,但是联邦快递认为提高服务水平才是长久维持客户关系的关键。

1. 联邦快递的高附加值服务

联邦快递的高附加值服务主要表现在 3 个方面。

① 提供整合式维修运送服务:提供货物的维修运送服务,如将已坏的计算机等送修或送还所有者。

② 提供咨询服务、问题解决服务、仓储服务等:全方位满足客户需求。

③ 协助顾客简化并合并行销业务:帮助顾客协调不同地点之间的产品组件运送流程。过去这些工作需由顾客自己协调,而现在完全可由快递公司代劳。

综上所述,联邦快递的服务特点在于,帮助顾客节省了仓储费用,而且在货物交由联邦快递运送后,顾客仍然能准确掌握货物的行踪,可利用联邦快递的系统来管理货物订单。

2. 联邦快递的客户服务信息系统

联邦快递的客户服务信息系统主要有两个:一个是自动运送软件,如 Power Ship、FedEx Ship 和 FedEx interNetShip 等;另一个是客户服务线上作业系统(Customer Operations Service Master On-line System,COSMOS)。

(1) 自动运送软件

联邦快递向客户提供了自动运送软件,它有 3 个版本:DOS 版的 Power Ship、视窗版的 FedEx Ship 和网络版的 FedEx interNetShip。利用这套系统,客户可以方便地安排取货日程、追踪和确认运送路线、列印条码、建立并维护寄送清单、追踪寄送记录。而联邦快递则可以通过这套系统了解客户打算寄送的货物,预先得到的信息有助于运送流程的整合、航班的调派等。

(2) 客户服务线上作业系统

这个系统可追溯到 20 世纪 60 年代,当时航空业所用的计算机定位系统备受瞩目,联邦快递受到启发,从 IBM、Avis 租车公司和美国航空等处组织专家,成立了自动化研发小组,建立了 COSMOS。1980 年,该系统增加了主动跟踪、状态信息显示等重要功能。1997 年,联邦快递又推出了网络业务系统 Virtual Order。通过这些系统,联邦快递建立起了全球电子化服务网络。

3. 员工管理在客户关系维系中的重要性

我们都知道,良好的客户关系绝对不是单靠技术就能实现的,员工的主观能动性是十分重要的。在对员工进行管理以提供顾客满意度方面,具体方案涉及3个方面。

(1) 建立呼叫中心,倾听顾客的声音

联邦快递台湾分公司有许多员工在呼叫中心工作,这些员工除了接听电话外,还要主动打电话与客户联系,收集客户信息。呼叫中心的员工是绝大多数客户接触联邦快递的第一个媒介,因此他们的服务质量很重要。呼叫中心的员工要先经过一个月的课堂培训,然后接受两个月的操作训练,学习与客户打交道的技巧,在考核合格后,才能正式接听客户来电。

另外,联邦快递台湾分公司为了了解顾客需求,有效控制呼叫中心的服务质量,每月都会从每个员工负责的客户中抽取5人,打电话询问他们对服务品质的评价,了解其潜在需求和建议。

(2) 提高新员工的素质

为了使与客户密切接触的员工符合企业形象和服务要求,联邦快递在招收新员工时会对员工进行心理和性格测验。对新员工的入门培训强调企业文化的灌输,新员工需先接受课堂训练,其次接受服务站的训练,从而提高自己的素质。

(3) 运用奖励制度

联邦快递很重要的一个管理理念是善待员工,只有善待员工,才能让员工热爱工作,并且让员工不仅做好自己分内的工作,还主动提供服务。例如,联邦快递台湾分公司每年都会向员工提供人均2 500美元的经费,让员工学习自己感兴趣的新事物,如语言、信息技术、演讲等,只要对工作有益即可。

4. 网站建设

联邦快递的网站于1995年开通。其在1998年提交给股东的报告页面上,以"FedEx=新的领先者品牌"为题,自豪地宣称:FedEx开创了快递产业中的"基地源泉",史无前例地将智能化运输控制系统引入该行业中。联邦快递的网站强调与客户(特别是企业客户)保持紧密的联系,这对于发挥智能化运输控制系统的作用至关重要。联邦快递的网站主页设计注重本地化特色。例如:中国网站主页的递送员形象是清纯靓丽,笑容可掬;美国网站主页的递送员形象则是干练结实。

联邦快递的网站共3 000个页面,功能强大。网站页面大致分为两类:一类是业务页面;另一类是宣传页面。两类页面互相链接,便于切换。所有页面均清晰、简洁,页面间脉络清楚,链接关系简单。这些都是面向作业、面向流程的服务性网站应具备的特征。若页面杂乱,链接关系复杂,则网站必然会给顾客造成许多麻烦。

课堂讨论:网站能够提供哪些服务?请分析联邦快递网站的商业竞争力。

11.2.4 核心竞争力

1. 航空运输能力

截至2023年,FedEx拥有650多架自有货机,拥有全球阵容最庞大的专用货机群,因此其航空运输能力相当强大,并且FedEx积极扩展运营范围、争取航权,其航空运输网络几乎覆盖全球。举例来说,FedEx在1989年通过并购飞虎航空增加了亚洲21个国家的航权。对于以航空货运为主营业务的FedEx来说,航空运输能力是其最主要的核心竞争力。另外,由于FedEx拥有自有货机,可以让结关时间延后,因此FedEx的清关能力与效率亦是FedEx的核心竞争力之一。

2. 创新服务能力

FedEx始终秉持着开放的态度,持续不断地在成长,并且在挫败中快速学习与改进,给人的感觉总是充满了活力与朝气,这些都归因于FedEx具有不断尝试和创新的精神。举例来说,创业初期 FedEx 创始人 Fred Smith 就设计了一个轮辐状的空运服务网络。借由该网络,FedEx 率先开展隔夜送达和全球准时送达两项服务,打破了快递行业的惯例,成为快递行业的领先者。

3. 信息科技研发能力

FedEx 不仅提供货运服务,还提供信息相关服务。FedEx 常推出许多创新技术来提升自身的能力,如 1979 年提出的 COSMOS 以及后续推出的货件实时查询系统等,这显示出 FedEx 强大的信息科技能力。FedEx 的 IT 工程师可以为顾客提供软件接口。例如,ERP 系统的使用费用很高,而 FedEx 的 IT 工程师能够提供一个接口,让其顾客的 ERP 系统与 FedEx 的计算机系统相连接,这样顾客就可以直接通过网络下单、查询订单等。另外,一些电商可以将物流运输部分交由 FedEx 负责,这样其不仅不需要花费很多的费用来建设物流运输系统,而且能提升服务质量,创造更高的价值。

案例来源

中国电子商务案例教学平台,其网址为 https://www.ceccase.com/。

课后思考题

1. 从本案例中,你能得到哪些关于快递公司管理与营销方面的启示?
2. 新形势下,快递行业应如何发展?
3. 国际快递企业发展中会遇到哪些问题?

参考文献

［1］ 掌握制胜关键 赢得竞争优势［EB/OL］.（2009-11-04）［2024-08-28］. https://www.chinanews.com/hb/news/2009/11-04/1947626.shtml.

［2］ 联邦快递内部重组 高成本低价格艰难权衡［EB/OL］.（2009-04-18）［2024-08-28］. https://finance.sina.com.cn/roll/20090418/14066119636.shtml.

拓展阅读

1. 联邦快递的营销战略分析. 2022-07-13. https://zhuanlan.zhihu.com/p/540954516.
2. 联邦快递牵手微软:变革商业模式,重塑全球供应链. 2020-05-21. https://www.adams.logclub.com/articleInfo/MjE5Mzk=.
3. 联邦快递发布数字化大趋势白皮书,定义电子商务未来. 2021-12-07. https://newsroom.fedex.com/newsroom/asia-zh-hans/联邦快递发布数字化大趋势白皮书-定义电子商务未来.

11.3 亚马逊的十大物流技术

移动端浏览:

案例标签:人工智能;大数据;物流革新

案例网站:https://www.amazon.com

案例导读:

1994年,亚马逊公司在美国西雅图被创立,目前是电子商务领域的世界头部公司。该公司最初仅在线上售卖图书,随着互联网的高速发展,逐渐成为一家综合性在线零售商,在线提供图书、服装、美妆等不同品类的商品。而亚马逊之所以长久屹立不倒,是因为其拥有强大的物流体系。亚马逊借助人工智能、大数据、云开发等先进的技术和有效的运营手段,将物流网络与电商平台很好地结合起来,为顾客提供了智能、高效的购物体验。

11.3.1 智能机器人技术

亚马逊为实现物流仓储高效运作,早在2012年就以7.75亿美金收购了Kiva Systems,其有效提高了亚马逊的物流作业效率,目前亚马逊仓储中心的Kiva机器人数量已超过10万台。Kiva机器人的物流作业效率是传统物流作业效率的2~4倍,且Kiva机器人每小时可移动30英里(1英里=1.61 km),其物流作业的准确率高达99.99%,很好地实现了中心物流库区无人化的目标。Kiva机器人从根本上改变了亚马逊拣货员的工作方式(即从仓库中找到并抓取商品的工作方式)。如今,Kiva机器人能识别物流中心的所有货架,定位所需产品的具体货架位置,将其运送至拣货员位置。亚马逊的物流作业模式发生了本质上的改变,从以前的"人找货、人找货架"转变为"货找人、货架找人",这极大提高了拣货效率。Kiva机器人的具体工作流程为:仓储物流管理信息系统按照顾客订单定位商品所在货架,锁定距离该货架最近的机器人举起货架,按照预先设定的路线将货架送至指定拣货员处,待拣货员拿走商品后,机器人将货架送回储货区,如图11-1所示。

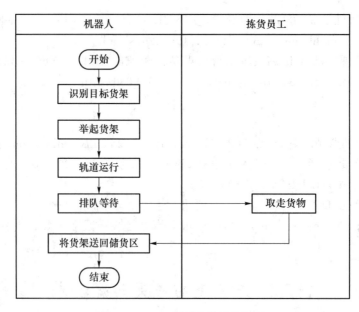

图11-1 Kiva机器人的运作流程

11.3.2 无人机送货交付技术

在物流配送方面,亚马逊在2013年开始测试无人机送货交付技术。亚马逊认为,"无人机+物流"的配送模式具有极大的市场潜能,通过减少人的参与可以有效降低物流成本及不确定性,但这对无人机的智能化要求极高。

2016年,亚马逊首次推出名为"Amazon Prime Air"的快递无人机(图11-2),其飞行范围可覆盖24公里,飞行速度约为88公里/小时。顾客可以在下单后自主选择无人机配送服务,亚马逊承诺,可在30分钟内将包裹送至顾客手中。快递无人机送货交付技术有效提高了商品交付速度以及顾客满意度。"Amazon Prime Air"的首要任务是安全,亚马逊通过与地方当局合作设计空中交通管理系统,对无人机的运营情况进行高效管理,掌握每架无人机的飞行路线,并要求所有无人机飞行需遵守当地的法律及安全规定。为了进一步提升无人机的配送效率,亚马逊推出了天空物流计划,希望将空中飞船作为物流中转处,将物流仓库置于空中,以此扩大配送范围。亚马逊的负责人表示:"'Amazon Prime Air'可实现高效远距离飞行,并能将商品安全、快速、正确地交付给顾客,我们期待有一天,人们在空中看到'Amazon Prime Air'的感觉像在路上看到货车一样。"

图11-2　Amazon Prime Air

11.3.3　电商物流的大数据技术

亚马逊践行着"数据就是力量!"的原则,尽可能多收集用户信息以及用户网站行为,通过大数据技术预测分析用户行为,进而为用户提供更好的服务。亚马逊是第一个将大数据技术应用于电商物流领域的企业。

① 精准分析客户需求:在用户打开亚马逊网站后,后台系统会自动记录用户的浏览动作及信息,进而通过大数据技术分析和预测用户行为,将用户感兴趣的商品提前配送至距离他们较近的物流中心,这样可以有效缩短用户下单后的配送时间。

② 随时随地购物选品:用户无论身处何处,都不需要担心网购商品不配送的问题,因为亚马逊会提前将用户喜欢的商品配送至距离他们较近的物流中心,便于顾客随时随地购物选品。

③ 高效运营的仓储中心:从订单处理到包装、分拣,在顾客下单后,亚马逊仓储中心在30分钟内便可完成商品的出库操作,商品出库的每一步都被记录,并且全程可视化。

④ 规定时间内的精准配送:在电商物流领域,精准配送的难度远远大于快速配送的难度,亚马逊则在精准配送方面做得很好。亚马逊会根据客户自主选择的配送时间,调整商品配送计划,在客户设定的时间内实现商品精准送达。此外,亚马逊还会根据大数据技术预测的结果提前发货,在与线下零售商的竞争中获得较大的竞争力。

⑤ 定制化的客户服务:亚马逊在中国首创7×24 h不间断的客户服务,通过大数据技术识别客户行为、预测客户需求,根据用户的浏览历史、订单信息、咨询的问题等,向用户提供定制

化、个性化的自助服务工具,保证用户可以随时联系到客服团队。

11.3.4 智能入库管理技术

亚马逊的智能入库管理技术利用人工智能和机器学习实现对仓库商品的高效管理。其智能入库管理技术包括两个方面。

① 商品的智能入库管理系统:商品入库全程使用亚马逊的云服务平台。商品的入库由员工与自动化机器人共同完成,其中员工只要负责扫描商品码和仓位码,完成商品的匹配入库,自动化机器人负责将储存仓移动到正确的位置,这提高了商品处理的速度和准确性。此外,亚马逊的智能入库管理系统会对易碎、易坏的商品进行预包装。

② 商品的智能测量技术:亚马逊使用 Cubi Scan 仪器对入库的中小型商品进行长、宽、高的测量,以合理利用仓储中心的空间,实现商品优化入库,提高仓库容量。此外,亚马逊还可以将商品的大小存储至数据库中,与其他仓库共享数据,这有利于亚马逊的仓储中心有效地进行区域规划。在对商品进行智能测量后,亚马逊还可为不同类型的商品制定不同的配送方案,如图 11-3 所示。

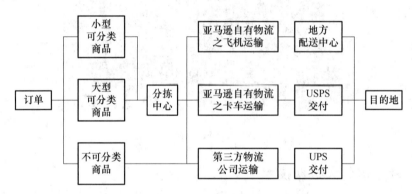

图 11-3 不同类型商品的不同配送方案

11.3.5 大数据驱动的智能拣货技术

亚马逊 50% 的盈利都来自 Amazon Web Services(AWS),AWS 也就是亚马逊云计算服务。除了亚马逊自己,使用该服务的还有 NetFLix、美国中央情报局以及中国的小米公司。基于 AWS,亚马逊的仓储运转实现智能化,几乎都由机器人完成,而人只起到监管作用。亚马逊的智能拣货技术使用了以下两个算法。

① 最优拣货路径算法:仓库工作人员将商品打包后放置在机器人上,从而实现商品的分拣。最优拣货路径算法保证了机器人在行进过程中不会发生轨道的碰撞,保障了货物的正常分拣。

② 货物合理摆放智能算法:对于相似内容的图书,亚马逊的货物合理摆放智能算法会将其穿插摆放,避免其都在同一货位,这样一来可以保证每个员工的拣货量是比较一致的。此外,畅销商品一般在入库时便会被放置在距离发货区很近的位置,可以缩短机器人或员工行进的路程,从而有效提高拣货效率。

11.3.6 随机存储技术

随机存储技术是亚马逊物流中的重要技术,其存储原则有二:一是打破品类之间的界线,将货品随机放置在最近的货架上;二是精准记录每个货品的二维码(这个二维码相当于货品的GPS,便于精准定位货品)。随机存储技术的核心是 Bin 系统,即将货品、货位、数量绑定在一起的仓库管理系统,该系统实现了库存的精密化管理,使得亚马逊物流中的收货、上架、盘点、拣货、出货环节均可同步进行,图 11-4 详细说明了 Bin 系统是如何运行的。

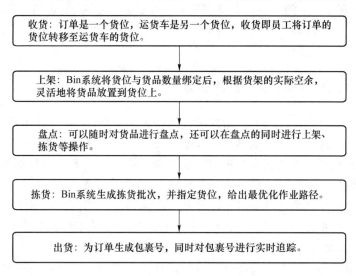

图 11-4　Bin 系统的运营流程图

随机存储技术的优点如下。

① 仓库运转灵活:通过随机存储技术可以快速检索空余货位,缩短货品上架时间,使仓库运作更灵活。

② 空间运用合理:随机存储技术解决了传统存储方式中货位空闲和存储空间不足的问题,新货品可放置在最近或随机可用的货架上。

③ 工作效率高:货品有专属代码,员工只需输入代码即可检索货品位置,随机存储技术提高了拣货效率。

④ 员工灵活性高:随机存储技术减少了员工记忆货品存放位置的工作量,使得员工可快速上岗,进而减少了员工培训成本。

11.3.7 智能分仓和智能调拨技术

亚马逊通过大数据技术对客户浏览记录进行分析,在供应链、智能仓储等的发展下,实现了货物的智能分仓以及智能调拨,通过提前将商品运送至距离客户最近的物流中心实现了"人未下单,货品先到"的目标。亚马逊在中国建立了 10 多个平行仓,方便将商品调拨至距离客户最近的物流中心,只要商品在全国范围内有货,客户便可下单购买,这便是亚马逊智能分仓和智能调拨技术的最大优势。

11.3.8 精准预测、二维码精准定位技术

亚马逊的 Bin 系统实现了库存的精密化管理,在物流配送的每一步中都实现了库存数据的同步共享,并且可以对货物进行连续动态盘点,使得库存错误率不足 0.01%。在库存信息如此精准的情况下,亚马逊可以通过数据分析对每一个物流中心的库存需求进行精准预测,在货物调拨、商品配送等方面提前做好准备,平衡好各个地区物流中心的运营状况,避免在购物高峰期出现爆仓的问题。

此外,亚马逊仓库中心的每一件商品都有自己专属的二维码,通过该二维码可以精准定位商品所在的位置,该二维码相当于商品的 GPS。通过二维码精准定位技术可以实现商品的精细化管理。

11.3.9 可视化订单作业、包裹追踪技术

亚马逊的可视化订单作业技术是指使用可视化工具等跟踪、管理和优化亚马逊的订单作业流程。该技术有效提升了亚马逊物流的效率及订单配送的准确性,进而提高了顾客的满意度。亚马逊的可视化订单作业技术利用数据挖掘和机器学习技术分析订单数据,从而发现问题并解决问题;通过自动化拣选、包装和配送程序,提高物流效率,降低人为错误风险。

亚马逊的包裹追踪技术可以实时跟踪订单及物流信息状态。当顾客下单后,顾客的亚马逊账户会显示订单已被确认,并及时显示订单处理信息、预估发货时间以及订单交付时间。当商品装箱包装好后,亚马逊物流中心会自动生成物流单号,并将其交给快递公司运输。顾客此时可以根据物流单号实时跟踪包裹所在的位置。总体来讲,亚马逊的包裹追踪技术可以让顾客随时随地掌握订单状态。

11.3.10 独特的发货、拣货技术——"八爪鱼"技术

传统的物流发货、拣货模式杂乱无章,而亚马逊开发了一种独特的发货、拣货技术——"八爪鱼"技术。该技术可以同时执行多项任务,是亚马逊内部工作人员使用的一种流程管理技术:分拣中心采用滚珠式货架,作业人员站在分拣线的末端,各分拣线像八爪鱼的爪子一样向四面分散开。该技术包含了 4 个方面。

① 工作分解:将大型、复杂的工作分解为多个小工作,确定每个小工作的责任人及任务完成时间。
② 并行处理:多个小工作可以同时进行,有效提高了工作效率。
③ 分阶段迭代:责任人需要及时对工作进行阶段性汇报与反馈。
④ 紧急干预:对工作过程中发现的问题,责任人需要及时处理或者及时调整工作进度。

案例来源

苏杭,《跨境电商物流管理》,对外经济贸易大学出版社。

课后思考题

1. 亚马逊的物流服务是如何带动消费者的购物热情的?
2. 亚马逊是如何提高订单准确性的?

3. 亚马逊的物流技术对于我国电子商务物流领域的发展有何启示意义?

参考文献

[1] 张雨昊. 亚马逊物流模式的研究及对我国的启示[J]. 商场现代化, 2018(6): 51-52.

[2] 律丙娟. 亚马逊物流模式分析[J]. 现代营销(下), 2018(3): 141.

[3] YOO W, YU E, JUNG J. Drone delivery: factors affecting the public's attitude and intention to adopt[J]. Telematics and Informatics, 2018(35): 1687-1700.

[4] ZHANG X, MING X, CHEN Z. Integration of AI technologies and logistics robots in unmanned port: a framework and application[C]. Proceedings of the 4th International Conference on Robotics and Artificial Intelligence. New York: Association for Computing Machinery, 2018: 82-86.

拓展阅读

1. 亚马逊创新"中国公式":技术创新本土化、客户体验定制化、商业模式轻量化. 2020-08-21. https://tech.sina.com.cn/roll/2020-08-21/doc-iivhvpwy2279941.shtml.

2. 亚马逊物流模式是什么?有哪些创新技术方案. 2022-03-07. https://chuhaiyi.baidu.com/news/detail/11649035.

第12章 信息服务类

12.1 从位置到云端——Google

案例标签：搜索；位置服务；云计算

案例导读：

目前 Google 被公认为是全球规模最大的搜索引擎，其主要的搜索服务有网页搜索、图片搜索、地图搜索、博客搜索、论坛搜索等。Google 的成功从搜索服务开始。经过不断的努力，Google 又推出了一系列新服务。

12.1.1 Google 概况

Google 于 1998 年 9 月被创立。Google 的总部称作"Googleplex"，位于加利福尼亚市。Google 在 2006 年"世界品牌 500 强"排行榜中名列第一，2007 年，其业务覆盖了 180 个国家与地区，使用的界面语言达到 100 多种，拥有国际域名 100 多个。Google 的索引目录中已经储存了 81 亿个网页，它是目前规模最大的搜索引擎。

Google 一直致力于开发可改善现有经营方式的技术，以为各种规模的广告客户和发布商提供各种服务和工具。Google 在 2011 年第三季度的利润为 27 亿美元，去年同期利润为 22 亿美金。此外，Google 2012 年第一季度的财报显示，其第一季度的营收为 106.5 亿美元，同比增长 24%，Google 正在快速成长着。

12.1.2 Google 的主要产品

1. Google 搜索

Google 搜索的体系结构如图 12-1 所示。Google 搜索根据用户的查询请求，按照一定的算法从索引数据库中查找相应的信息并将其返回给用户。为了保证用户查找信息的实时性和准确性，Google 搜索需要建立并维护一个庞大的索引数据库。Google 搜索的组成部件主要包括 Crawler、索引库、搜索器等。其中 Crawler 即爬行器，用来定期收集信息。

Google 搜索可同时运行多个 Crawler，当服务器把 URL 列表提供给 Crawler 后，每个 Crawler 可同时保持大约 300 个网络连接。高峰时，通过 Crawler，Google 搜索可每秒获取大约 100 个网页。影响 Crawler 抓取速度的一个重要因素是 DNS 查询，为此，每个 Crawler 都要维护自己的 DNS 缓冲。

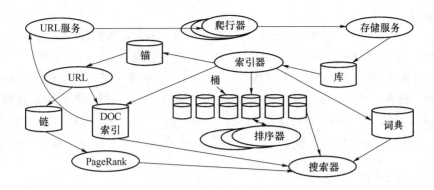

图 12-1　Google 搜索的体系结构

Google 有如下几种特色搜索。

(1) Google Scholar(学术搜索)

Google Scholar 即 Google 学术搜索，也可称为 Google 学者。它是 Google 的一项新搜索功能，专门用于搜索世界范围内的技术报告、论文等学术文献。Google Scholar 可以从 Google 收集的上百亿个网页中筛选出具有学术价值的内容，也可以通过与传统资源出版商的合作来获取有学术价值的文献资源，后者是其获取资源最主要的方式。例如，Google 与 ACM、Nature、IEEE 等进行了合作。这种合作使用户能够检索很多的学术文献，其内容涵盖了医学、物理学、经济学、计算机科学等领域。

(2) Google Print(图书搜索)

2004 年，Google 启动了"Google Print"项目。该项目的目标是使目前不存在于互联网上的图书资料出现在 Google 的搜索页面中，打造一个全球最大的网上图书馆。

(3) Google News(新闻或资讯搜索)

2006，Google 推出了 Google News。通过 Google News，用户可方便地浏览各类新闻。每天有超过 700 万人在 Google News 上查询新闻信息，这比 CBS、BBC 等专业新闻网站的浏览人数还要多。

(4) Google Answers(专家解答)

2002 年 4 月，Google 启动名为"Google Answers"的新服务。Google Answers 是传统搜索功能的扩展——用户不用自己搜索内容，只需提出问题，并为问题提供一个相应的价钱，然后请研究者回答他们提出的问题。问题的价格从 2 美元到 200 美元不等；Google 从中提取 25% 的回扣，剩下的归研究者所有。一旦一个问题被回答了，所有人就可以免费浏览这个问题的答案了。Google Answers 使得 Google 可以向用户提供现成的答案，赢得了用户的广泛赞誉。

课堂讨论：谷歌有哪些特色搜索？试结合案例谈谈这些特色搜索。

2. Google 浏览器——Chrome

当微软 IE8 在全球公开亮相后，一个此前鲜为人知的英文单词几乎在一夜之间变得家喻户晓，它就是 Chrome！

20 多人开发的软件能对一个成熟的产业带来多大影响？面对这个问题，Google 给出了一个令人瞠目结舌的答案：2008 年 9 月 3 日，Google 在全球 100 多个国家(包括中国)推出浏览器 Chrome，而 Chrome 亮相不到 9 个小时，就超越了昔日的浏览器霸主 Netscape Navigator，一举蚕食了全球浏览器市场 1% 的市场份额，而现在这个数字还在增长！

3. Gmail

Gmail 是 Google 的免费网络邮件服务。它内置了 Google 搜索技术并提供了 7 312 MB 以上的存储空间(仍在不断增加中),可以永久地保留重要的邮件、文件和图片。

Gmail 没有弹出式窗口和针对性的横幅广告,只有小的文字广告(通常位于页面右侧)。广告与用户的邮件有关,因此用户并不会觉得这些广告突兀,有时还会觉得它们还很有用。根据 Google 的隐私政策,Gmail 不会泄露用户的隐私。Gmail 将即时消息整合到电子邮件中,用户在线时,可以更好地与好友联系,整个使用过程简单、有效甚至充满乐趣。

12.1.3 Google 的位置服务

Google Earth(谷歌地球)是一款 Google 开发的虚拟地球仪软件,于 2005 年正式面向全球推广。它把卫星照片、航空照相和 GIS 布置在一个地球的三维模型上。其提供了公共领域的图片和很多卫星拍摄的城镇照片等,甚至提供了 Google Maps(谷歌地图)中没有的图片。2005 年,它被 *PC World* 评为全球 100 种最佳新产品之一。用户可以通过一个计算机上的客户端软件,免费浏览全球各地的高清晰度的卫星图片。

Google 街景是谷歌地图的一项特色服务,其中的照片是由专用街景车拍摄的。这些 360° 实景拍摄的照片被放在谷歌地图里,可供用户使用。例如,用户通过 Google 街景能够浏览美国旧金山、纽约等城市的街景。

课堂讨论:为什么说 Google 街景是谷歌地图的一项特色服务?试结合案例分析。

Google 已经为基于位置的服务做好了准备,其推出的各项位置服务技术依靠定位精确、速度快等优势迅速占据了基于位置的服务的主导地位。

12.1.4 Android 平台服务

2007 年 11 月由 Google 牵头的、由 30 多家移动技术和无线应用领域中的领先企业组成的开放手机联盟(open handset alliance)发布了其智能手机平台——Android。Android 是一个开放、自由的移动终端平台,是由操作系统、中间件、用户界面、应用软件组成的,其开放性保证该平台不存在任何阻碍移动产业创新的专有权障碍。开发人员在该平台开发的应用程序是使用 Java 语言编写的,且是在 Dalvik 虚拟机上运行的。Android 以开放性的 Linux kernel 为底层架构。

课堂讨论:Android 为什么选择 SQLite 作为移动终端的嵌入式数据库?

在应用框架层,Android 开发人员可以跟那些核心应用一样拥有访问框架 API 的全部权限。应用的结构化设计简化了各组件之间的重用,任何应用都可以分发自己的组件,任何应用也可以使用这些分发的组件(应用的使用方法需遵循框架的安全性约束)。在应用程序层,Android 本身会附带一些核心的应用程序,包括 E-mail 客户端、短信程序、日历、地图、浏览器、通讯录等,目前所有的应用程序都是使用 Java 语言开发的。

现在的云计算可谓如火如荼,各大 IT 厂商都认为未来是云计算的天下。而目前 Google 拥有的服务器最多,其提供的网上地图、网上图片等已经是云计算的最初形态。Google 推出的 Chrome 浏览器紧紧抓住因特网的入口,其在云计算领域的布局已经基本完备。

Google 在前进的过程中不断推出一系列新服务,也并购了一些很有潜力的公司。我们相信,Google 所钟情的应用不是一个个孤立的应用,目前它还在布局的阶段,正在为整体变得更强大做下一步准备。

案例来源

中国电子商务案例教学平台,其网址为 https://www.ceccase.com/。

课后思考题

1. Google 的什么服务最有价值?为什么?
2. Google 退出中国市场的根本原因是什么?
3. Google 退出中国对中国搜索引擎行业有什么影响?

参考文献

[1] Google[EB/OL].[2024-08-28]. https://baike.baidu.com/view/105.html.

[2] 谷歌的成功之道[EB/OL].(2012-04-14)[2024-08-28]. https://wenku.baidu.com/view/180b4495daef5ef7ba0d3cfb.html.

[3] 袁娟.阿里巴巴聚划算网络团购商业模式创新研究[D].长沙:湖南大学,2015.

[4] 王德峰,李东.搜索引擎 Google 的体系结构及其核心技术研究[J].哈尔滨商业大学学报(自然科学版),2006(1):84-87.

拓展阅读

1. 谷歌未来 10 年变啥样?2014-08-20. https://m.techweb.com.cn/article/2014-08-20/2066615.shtml.

2. 深度解析:Google 最大的竞争对手到底是谁?2017-02-08. https://www.sohu.com/a/125765498_413981.

12.2 神奇网站助力现代美好生活——58同城

移动端浏览:

案例标签:信息发布;58同城;分类信息网站

案例网站:https://www.58.com

案例导读:

58同城在 2005 年 12 月 12 日创立于北京,并在 2013 年 10 月 31 日正式于纽交所挂牌上市。58同城已发展成为覆盖全领域的生活服务平台。其业务覆盖招聘、金融、二手商品交易及本地生活服务等各个方面。在用户服务层面,它不仅是信息交互平台,还是一站式的生活服务平台。

12.2.1 58同城概况

58同城网站的定位是帮助人们解决生活和工作中所遇到的难题。2015 年,58同城先后并购安居客、中华英才网,同年 11 月与赶集网正式合并。2016 年 5 月 8 日,58 同城更换新 logo 并完成品牌升级,成为 58 集团旗下子品牌。2016 年 9 月 20 日,58 同城在"2016 年胡润排行榜"中位居生活服务类新上榜品牌第三。

12.2.2　58 同城的主要产品

58 同城已布局可以与本地商家直接接触的服务网络,其服务网络覆盖了全国各大城市。58 同城的主要产品如下。

(1) 招才猫直聘

招才猫直聘是一款为小微商家以及需要招聘的个人提供的商业招聘 App,能够帮助他们快速招聘销售、客服、服务员等。

(2) 58 车商通

58 车商通是一款专业的二手车买卖软件,是 58 同城倾力打造的车辆交易平台。

(3) 微站通

微站通是 58 同城提供的一站式个性化移动营销工具,可为商户搭建移动网站,提供微信公众号管理后台,以及帮助商户在 58 同城中推广营销。

(4) 58 帮帮

58 帮帮是 58 同城为广大用户提供的即时通信工具。通过 58 帮帮,用户和商户可以直接发消息沟通。58 帮帮分为网页端和客户端两种形式。网页端主要是为了满足普通访客的即时沟通需求,用户无须登录、下载,即可直接在网页上进行会话。而客户端是为广大信息发布者以及商户服务的。另外,客户端还提供了保存聊天记录、好友分组、一键直达用户中心等功能。

(5) 58 同城品牌公寓馆

58 同城品牌公寓馆是 58 同城针对年轻白领租客群体推出的一款租房产品,它与各大公寓品牌合作,提供了一个检索、预约房源的入口,使广大租客可享受简单、便捷的一站式公寓租房体验。

12.2.3　58 同城做好平台建设,弥补自身短板

58 同城以简单的信息发布方式得到广大用户的青睐。简单的描述、一张随手拍的照片和一个手机号码构成了一条买卖信息。2013 年第二季度,58 同城的月独立用户访问量接近 1.3 亿。巨大的访问量带来了海量的买卖信息,那么如何杜绝虚假信息呢?

58 同城的信息审核可以分为 3 个层次:一是对信息进行技术层面的审核;二是安排上百人的团队 24 小时巡检,建立用户黑名单;三是通过与第三方合作审核信息,确保信息的可靠性。姚劲波创办 58 同城的起因是他曾是一位"北漂",因为租房被中介骗了钱,所以想创建一个大家可以自由、真实地交换信息的平台。如今,对那些冒充个人在平台上发布房源信息的中介,58 同城不仅可以从技术上锁定发布信息的计算机,还可以通过用户举报和工作人员核查等标注出中介信息,以确保信息的真实性。58 同城有大量的安全提示,提示用户在交易过程中遇到不合法的情况时及时投诉。网站的定位决定了 58 同城是一个开放的平台,任何人都可以发布、查阅信息,因此其中难免有一些虚假信息,这是 58 同城的一个"天然的短板"。未来 58 同城将逐渐向一个交易平台发展。

课堂讨论:58同城是通过哪些方式来确保信息的可靠性的?

12.2.4　58同城生活服务电商化尚有难度

58同城有两大问题:一是用户黏性不够,用户只在有需求时才登录58同城;二是信息质量参差不齐。姚劲波透露,希望将58同城变成一个类似京东商城的平台,让交易在58同城上完成。比如,若你想卖掉现在用的手机,以往你需要在58同城发布一条信息,然后买卖双方在线下完成交易,而未来你需要把这部手机的信息发布到网上并和买家达成协议,58同城的合作快递方去你家里取货,然后送货给买家。58同城也会研发类似支付宝的产品,买家把钱先打给该产品,在买家收到货物并满意后该产品再把钱支付给卖家。58同城将打造一个一站式的生活服务平台和一个可监控的标准过程。与京东、淘宝等商品交易平台不同,58同城生活服务电商化的难度远远高于商品电商化的难度。难以给本地服务类商品制定标准将是58同城面临的挑战。

课堂讨论:58同城存在哪些问题?试结合案例讨论。

12.2.5　58同城的未来发展方向

未来58集团的发展方向主要聚焦于以下4个方面:主业务;全连接加服务;打造全新的商业3.0模式;实行内容战略。

第一个方面与第二个方面都是对原有业务的加强,强调了58同城在不断拓展新业务的同时,也要聚焦于对原有业务的拓展,只有打好根基才能占据更有利的地位。而过去58同城的线上洽谈模式导致很多用户私下交易,未来58同城将重点加强与客户的连接,保证业务的顺利进行。

第三个方面是新业务创新的3.0模式,它比以往更丰富。在3.0模式下,用户能自助完成消费,使用体验更好。

第四个方面是对未来新业务的布局,如今布局内容领域已经是很多国际巨头的选择,如苹果开始创作原创影视,亚马逊、谷歌也在开展类似的工作。58同城未来也将注重内容方面的工作,这是过去58同城所不重视的。

课堂讨论:和原有业务相比,58同城的未来发展方向有哪些创新?

案例来源

于宝琴,天津财经大学,2016年中国电子商务案例高峰论坛暨全国百佳电子商务案例颁奖典礼,中国义乌。

课后思考题

1. 58同城的哪项服务最有价值?为什么?
2. 你曾经使用过58同城的哪些服务?体验如何?
3. 58同城应该向哪个方向发展?
4. 58同城与其他提供分类信息的网站的最大不同是什么?

参考文献

[1]　58同城[EB/OL].[2024-08-28]. https://baike.baidu.com/item/58%E5%90%

8C%E5%9F%8E/2425559? fromtitle=58&fromid=12698737.

[2] 未来一年58同城的发展方向如何?[EB/OL].(2017-11-06)[2024-08-28]. https://www.zhihu.com/question/54852222.

[3] 贾敬华.58同城:迷失在并购的大道上[J].电商,2015(4):55-56.

[4] 58同城:贴近生活找机会[J].时代经贸,2013(1):69-71.

拓展阅读

郝云帆,黄轩.58同城:2016年进入深度整合期,核心业务盈利,58到家继续投入.2016-01-20. https://vip.stock.finance.sina.com.cn/q/go.php/vReport_Show/kind/lastest/rptid/3094832/index.phtml.

第13章 运营管理类

13.1 电子商务代运营案例分析——宝尊电商

移动端浏览：

案例标签：电商代运营；盈利模式；发展建议
案例网站：https://www.baozun.com/?lang=zh_CN
案例导读：

随着互联网的迅速发展，电子商务市场呈现出快速崛起的发展态势，电子商务产业已经成为国民经济中的重要力量，对其他产业产生了巨大的影响，推动了相关传统产业投身于电子商务应用，使其实现更有效的资源配置和利用，进而实现产业的转型升级。但绝大多数的中小型传统企业存在缺乏相关电子商务经验以及资金短缺等一系列的问题。电商代运营商为传统企业解决了这一系列问题，凭借其专业的团队和丰富的经验，为传统企业提供电子商务运营方案。电商代运营商能为传统企业提供全套电子商务网站运营解决方案，使传统企业能专注于自身核心业务。

宝尊电商成立于2007年，作为国内领先的为国内外传统品牌商提供电子商务整体运营解决方案的供应商，可提供以品牌电子商务为核心的全链路一站式商业解决方案，其业务涉及平台运营、数字营销、IT解决方案、仓储配送、客户服务等。它在2010年获得阿里巴巴的首轮风险投资后迅速发展，并于2015年在美国纳斯达克成功上市。

13.1.1 简介

宝尊电商是一家为品牌企业和零售商提供营销服务、IT服务、客户服务和物流服务等的整合式电子商务服务商。宝尊电商始终坚持以品牌为中心，根据品牌的需求来提供有效的电子商务服务方案，目前已经成功为微软、飞利浦、三星、耐克、列维、哈根达斯、美标、多乐士等140多个中外知名品牌提供了高品质的电子商务整合服务。截至2018年，其公司分支遍及杭州、北京、香港以及台湾地区，且在日本、韩国及美国皆设有海外办公室。

宝尊电商的诞生和发展离不开中国电子商务近年来的迅速崛起。电子商务的繁荣催生了大量的网上商店建设和运营需求。大多数品牌商都想在淘宝平台上开设店铺，一些较大的品牌商还想搭建官方网站商城。一些国际品牌希望在中国的网上零售能做得更好。在这种情况下,宝尊电商出现了。

宝尊电子商务依托多年来对电商行业的探索,有着相对成熟的经验和专业的技术,能解决众多传统企业面临的电商化转型急不可待却苦于无头绪、无资源的问题,帮助传统企业实现线上、线下销售同时进行的全新销售模式。

13.1.2 运营特色

1. 围绕品牌电商,提供多种电商服务

在运营服务上,宝尊电商通过数据分析、人工智能等技术,以及店铺基础信息维护、视觉设计、商品上下架、活动管理、订单管理、报表分析、退款处理等运营工具,为品牌商提供涵盖全线的渠道运营服务,整合品牌官网、微信商城以及在天猫、京东、小红书、亚马逊等平台上的店铺,帮助品牌商提高运营效率,改善消费者体验。

在IT技术服务上,宝尊电商以全渠道为核心,在官方商城系统、商业智能等领域提供相应的IT技术服务。

在客户服务上,宝尊电商通过两方面的措施提供实时客户服务:一是为品牌商提供专属的客服团队,服务于品牌官方商城和品牌在天猫、京东、微信等平台上的店铺,为品牌的消费者提供商品导购、信息咨询、订单跟踪、售后支持等服务,确保客服团队对于每一个品牌的属性、产品特点及相关流程的专业性,保障消费者体验,传递品牌信息,保护品牌形象;二是对客服团队进行集中化管理,通过统一的管理制度、系统化的绩效管理、标准化培训、服务质检跟踪监控机制等,使得客服管理更简便、公平、有效,促进整体线上运营体系优化。

2. 全渠道运营,整合全链路营销

面对品牌商们将全渠道开放作为企业的首要战略实施规划的发展趋势,宝尊电商以全渠道的营销服务为核心,建立个性化服务体系,通过整合消费者数据,建立新的消费者行为分析模型,构建自身的营销策略。

在数据整合上,宝尊电商推出数据营销中心"ShopCat 驻店猫",整合全渠道与全链路消费者数据,包括广告投放、内容营销、线上和线下活动、媒体等数据。"ShopCat 驻店猫"数据营销中心设有前台、中台、后台,实现了数据整合、数据管理、数据营销。一方面,"ShopCat 驻店猫"从底层整合的数据出发,通过分析机制进行数据的管理与洞察,从而支持全链路的营销。另一方面,"ShopCat 驻店猫"记录消费者的行为数据,将其与原有数据进行整合。通过"ShopCat 驻电猫"服务,品牌商可以实现线上和线下店铺的会员权益共享、积分共享。

在消费者行为分析模型上,宝尊电商基于对数据的理解提出四维消费者分析模型(X-RFM 模型),即在传统记录最近一次购买的时间、购买的频率和金额的 RFM 模型的基础上,增加了一个维度"X","X"通过追踪消费者的行为数据获得。宝尊电商把营销的环境和销售的环境相结合,从而指导品牌商的前端营销活动。

在宝尊电商的整合营销策略中,数据营销中心利用 X-RFM 模型进行数据管理,以实现对消费者行为的分析与洞察、营销数据的可视化等,帮助品牌提炼数据价值。最终,宝尊电商以数据为导向将销售和营销有机结合,形成了有销售力的营销方式。

课堂讨论:X-RFM 模型的优势体现在哪里?谈谈你的看法。

13.1.3 盈利模式

宝尊电商建立了两大类五小类不同的盈利模式。

(1) 盈利模式一:基于销售产生盈利

① 经销模式下的收入。在这种模式下,宝尊电商与品牌商之间的关系是一种贸易关系,即宝尊电商作为品牌的在线分销商,为品牌的在线销售提供全方位的服务。宝尊电商从品牌商或经销商处购买产品,并承担库存风险,按照品牌商提供的指导价格销售商品。购买价格和销售价格之间的差额是宝尊电商的利润收入。这种模式为宝尊电商贡献了年销售收入的近30%。

② 结算经销模式下的收入。在这种模式下,宝尊电商与品牌商之间的关系是一种伙伴关系。品牌商或者经销商拥有产品的所有权和为其进行定价的权利,所卖产品的收款及发票服务等均由宝尊电商负责。在此模式下宝尊电商的收入来自固定的销售费用和提成。该模式为宝尊电商贡献了年销售收入的近60%。

③ 代销模式下的收入。代销模式最为简单、直接。在这种模式下,宝尊电商与品牌商之间的关系是一种渠道分销关系。宝尊电商只能作为销售终端,与消费者对接。而所卖产品的收款以及发票服务等都由品牌商自己负责。在这种模式下宝尊电商的收入来自每月收取的固定服务费用。该模式为宝尊电商贡献了年销售收入的近10%。

(2) 盈利模式二:基于服务产生盈利

① 基于人力服务的收入。宝尊电商为品牌商提供单项服务或多项服务,服务收取的费用按实际项目中参与的人数来计算,不与产品的销售结果相关联。

② 基于系统服务的收入。宝尊电商通过为品牌商提供基于技术的系统或产品开发服务来获得收入。

课堂讨论:宝尊电商的定位是什么? 其盈利模式与定位有什么联系?

13.1.4 存在的问题

宝尊电商过分依赖品牌供应商投入的资源,很容易忽视基础运营带来的稳定增长。宝尊电商为中高端国际品牌服务,在获取高额利润的同时,还收获了优质的产品、实惠的价格以及潜在的资源。这些资源使宝尊电商在运营过程中得到淘宝等平台和其他合作伙伴的青睐,在业务拓展方面取得领先地位。但是随着消费者个性化需求和跨平台营销需求的增长,宝尊电商不能单纯依靠资源投入来促进增长了。

双重竞争对手对宝尊电商施加压力。这两个竞争对手分别为在单一行业或服务领域具有差异化竞争优势的同行企业,以及在资金、技术和平台方面具有优势的企业。这两类企业虽然在短期内从销售规模、品牌服务数量、品牌服务质量、成功运营案例来看,与宝尊电商有一定差距,但其未来发展势头难以预测。对于宝尊电商来说,其除了应保持优势外,还应继续拓展新产业、新品牌、新平台。

13.1.5 发展建议及规划

品牌商希望自营核心业务,将低附加值的基础业务和高风险的创新业务交由电子商务代运营商完成。因此,宝尊电商除了需要通过建立标准、规范、高效的业务流程来提升运营的性价比,还需要在核心业务上提升竞争力,打造技术壁垒。当宝尊电商的业务模式可以复制至全网平台时,品牌商选择宝尊电商并保持持续合作的可能性将大大增加。

未来,宝尊电商将继续深耕电商服务,拓展价值链和国际化市场,并招募和培养更多人才,从而为自身经营做准备。在价值链拓展上,宝尊电商一方面将与品牌建立更为紧密的合作关系,另一方面将进一步强化和平台的合作关系。在国际化市场拓展上,宝尊电商将积极进行国际化的市场开发,不断满足品牌需求,帮助品牌在全球电商市场中获得成功。在人才招募和培养上,宝尊电商将优化激励机制,开展持续的内部培训,实施管理培训生计划,从而完善人才培养机制,保障人才储备,实现可预期、可持续的业务效果。

课后思考题

1. 宝尊电商能在众多电商代运营商中脱颖而出的原因是什么?
2. 宝尊电商应该如何应对面临的问题?
3. 谈谈你对未来电商代运营行业发展的看法。

参考文献

[1] 上海宝尊电子商务有限公司[EB/OL].[2024-08-28]. https://baike.baidu.com/item/宝尊电商/9889500? fr=aladdin.

[2] 马小红. 电子商务代运营企业可持续发展策略研究[J]. 现代商业,2016(1):47-48.

[3] 许仲生. 我国电子商务代运营发展探析[J]. 宜春学院报,2012(1):50-52+86.

[4] 王旋. 企业电子商务代运营实施及要点分析[J]. 湖南农机,2013(11):202-203.

[5] 黄灿,鲍婕. 电商代运营商发展方向探析[J]. 知识经济,2012(16):119.

[6] 许仲生. 电子商务代运营与电子商务交易平台共生机理初探[J]. 长春理工大学学报(社会科学版),2013(12):91-93.

拓展阅读

1. 双11战绩215亿,我们从3个视角,看懂宝尊电商的"长线价值". 2022-11-15. https://new.qq.com/rain/a/20221115A071CA00.

2. 宝尊电商向"新"而行,转型势能进一步释放. 2024-05-29. https://baijiahao.baidu.com/s? id=1800391703886787293.

13.2 智慧零售——苏宁易购

移动端浏览:

案例标签:苏宁易购;变革;新零售

案例网站:https://www.suning.com/

案例导读:

1990年成立之初,苏宁电器只是南京宁海路的一个小家电商。2004年7月,苏宁电器于深圳证券交易所挂牌上市,成为中国家电行业第一品牌。苏宁电器在立足于家电零售行业后,一直在积极探索经营模式的变革;2009年8月,苏宁易购平台上线试运营,苏宁电器正式启动互联网化转型探索;2013年2月,苏宁电器更名为苏宁云商,"去电器化""全品类销售""线上、线下融合发展"成为企业转型发展的新主题;此后,苏宁云商线上联合阿里巴巴,线下联合万达,深化改革零售、物流、金融三大业务单元,布局智慧零售。2018年2月,苏宁云商将智慧零售的渠道品牌名称"苏宁易购"升级为公司名称。依托线上、线下融合发展的智慧零售,苏宁易购在线下已形成了"两大、两小、多专"的智慧零售业态群。截至2019年第一季度,苏宁易购的线下门店已超过12 000家。

13.2.1 苏宁易购的变革历程

1. O2O模式转型阶段

苏宁易购在2004年上市以后,围绕传统家电连锁零售的商业模式,大力扶持与扩张实体店面,建立了属于自己的品牌。2009年,苏宁易购结合自身的特点,在保持现有品牌与实体门店优势的同时提出"营销变革"口号,并于行业内率先尝试实体店与互联网业务共举的战略。2009年8月,苏宁易购平台开始上线试运营,其逐步开始互联网化转型探索。电商的发展使人们的消费方式发生了改变,大多数消费者开始热衷于网上购物。苏宁易购电商化意味着它将面临更大的消费者市场。因此苏宁易购提出"去电器化"战略,实现全品类扩展,致力于全品类经营、全渠道拓展。苏宁易购不再局限于销售电器的框架,其商品品类覆盖了生活的方方面面。2013年6月,苏宁易购的线下门店与线上平台实现同品同价,苏宁易购成为全国首家全面推行线上和线下同价策略的大型零售商,这些举措标志着其O2O模式全面落地运行。至此,苏宁易购实现了双线渠道的融合。

课堂讨论:苏宁易购实施O2O变革的动因有哪些?

2. 互联网化转型阶段

在上线苏宁易购网上平台、改造线下实体店、初步实现线上和线下协同发展的目标之后,苏宁易购着眼于产业生态布局,继续推进企业全面互联网化转型。2013年10月,苏宁易购收购了PPTV,在拓展自身业务领域的同时,还利用PPTV的线上用户资源,实现了对公司其他业务模块的引流,提高了公司总体互联网化转型布局水平。2014年,苏宁易购在全渠道运营体系的融合、商品供应链体系的完善、物流与IT平台的升级、企业创新机制的建设与管理体系的简化等方面,进行了一系列深刻的变革,全面推进了O2O转型升级之后各项工作的落地实践。

经过一系列努力,苏宁易购实现了门店端、PC端、移动端、TV端的全覆盖,消费者购物需求得到了进一步满足。平台商户持续增多,商品品类得到全面拓展,苏宁易购全品类经营的形象逐步凸显。

3. 智慧零售转型阶段

随着互联网化转型的深入推进,苏宁易购在零售、物流、金融三大业务的核心能力凸显,其零售业务的规模效应显现,经营效益得到改善,且金融、物流业务在零售主业务的带动下,呈现规模快速提升、利润稳步增长的良性发展势头。苏宁易购继续在零售、物流、金融三大业务单元深化改革,形成"两大、两小、多专"的智慧零售业态群,其中"两大"是指苏宁广场与苏宁易购生活广场,"两小"是指苏宁小店与苏宁零售云店;"多专"是指专注于垂直类目经营的业态店面。

一方面,苏宁易购全力打造全方位、虚实融合的数字化全渠道,搭建能够快速连接各类人群、各式场景、各个时间点、各种商品的场景互联网渠道,以最大限度地满足用户对空间多样性和时间即时性的需求。苏宁易购在虚拟端打造面向用户的全时服务,不断深耕门户购物、垂直购物、本地购物以及社交购物的发展;在实体端实现面向用户的全景环绕,基于"两大、两小、多专"的布局策略,推动零售场景重塑和业态细分,实现面向全层级市场的场景化覆盖。

另一方面,苏宁易购十分注重覆盖消费服务生态的智能供应链体系建设,大力推动从商品端到用户端全流程的数字化建设,利用大数据、人工智能、物联网等一系列新技术提高整个供应链决策的科学性,使整个经营管理流程更加透明。

课堂讨论:苏宁易购的3次转型带来了怎样的效果?

13.2.2　苏宁易购的优势分析

(1) 能满足消费者的价值需求

从产品种类来说,苏宁易购的产品既有家电、百货、生鲜等实物产品,也有图书阅读、视频观看等内容产品,既可以满足消费者对物质方面的需求,又可以满足消费者对精神方面的需求。

从销售渠道来说,苏宁易购的双平台可以满足消费者不同的消费习惯,加上两种平台上的商品在价格、品质等方面都一致,消费者可以根据自己的实际条件来进行选择,可提高购物效率。

从售后服务来说,线上有专门的客服为消费者服务,线下有大量的苏宁易购服务站为消费者解决问题,消费者不论是想咨询还是想报修、退换货等,都可以通过服务站实现。

从体验服务来说,苏宁易购的商品展示的整体观感好,其利用了虚拟技术,让消费者不用动手就可以看到模拟景象,对商品有更加直观的认识。

(2) 资产和资源丰富

第一,苏宁易购有面积、规模不等的多样化店面,且国内外都有苏宁易购的店面。第二,苏宁易购有家电、百货、汽车等商品,商品资源丰富。第三,苏宁易购有先进的技术,包括从别的公司购买的技术、自行研发的技术,这些都形成了苏宁的无形资产。第四,苏宁易购拥有PPTV、阿里巴巴以及天天快递等公司的股权。第五,苏宁易购拥有面积大的仓库、多种型号的运输车、强大的物流体系。

13.2.3　苏宁易购的劣势分析

(1) 投资期长,短期成效不显著

苏宁易购的发展扩张之路是不断地"烧钱"之路。苏宁易购每年都要投入大量的资金来推广商品、建设物流体系、研发技术、建设实体门面等,由此会产生大量的流动负债。苏宁易购多元化的盈利模式注定它要不断地充实自身的资产,向外寻求新的利润点;并且,苏宁易购追求规模化采购、规模化销售、规模化运输,而要取得规模效应,就要达到一个边际临界点,在此之前,各种投资、建设活动都会持续进行。

苏宁易购的盈利模式着眼于未来的利益,是一种长期战略,但过度扩张容易失去发展的中心,导致利润来源广而不精。

(2) 线上和线下存在冲突点

苏宁易购主张线上和线下融合发展,但要做到真正的融合并不容易,在发展的过程中必然存在一些矛盾点。第一,在商品价格及种类方面,虽然苏宁易购主张线上和线下采用相同的价格和相同的商品包装、规格等,但两种渠道的成本费用不一致,相同的价格会迫使成本费用高的一方毛利润偏低。第二,线下店铺在店铺陈设、选址等方面都有要求,而线上店铺只有图片或视频展示,更加注重商品的排列、分类等,这会使两者的形象产生一定的差异,品牌发展不统一。第三,目前苏宁易购的线上和线下投入往往难以找到连接点,这造成资源的重复与浪费。第四,业绩驱动线上与线下之间进行恶性竞争,如降低商品价格、提高返现比例、改变促销政策等。

课堂讨论:针对苏宁易购的劣势,你有什么建议?

课后思考题

1. 苏宁易购的变革对其他企业有什么启示?
2. 在对苏宁易购的优势进行分析后,你觉得其他企业可以值得借鉴的地方有哪些?
3. 谈谈你对苏宁易购未来发展的看法。

参考文献

[1] 张慧霞. 苏宁营销模式的变革分析——基于互联网思维的新视角[J]. 知识经济, 2015(23): 65-66.

[2] 荆梦阳. 从苏宁电器到苏宁云商:企业商业模式的转型[J]. 中国集体经济, 2019(16): 81-82.

[3] 吴超云, 余昌彬. 苏宁"新零售"模式的落地研究[J]. 福建商学院学报, 2019(2): 64-69+94.

[4] 殷长超. 苏宁易购集团O2O渠道整合策略研究[D]. 济南:山东大学, 2018.

[5] 祝俊. 智慧零售:苏宁,变局中实现弯道超车[J]. 中国品牌, 2019(6): 54-55.

拓展阅读

1. 晏国文. 亿欧网盘点苏宁O2O六年转型之路. 2015-08-28. https://www.iyiou.com/p/20241.html.

2. 苏宁:发挥O2O优势 创新精准扶贫模式. 2020-11-03. https://www.thepaper.cn/newsDetail_forward_9835414.

第 4 篇　电子商务衍生服务篇

第14章 营销与推广服务类

14.1 爆红的社交电商——拼多多

移动端浏览：

案例标签：C2B；社交流量

案例网站：https://www.pinduoduo.com

案例导读：

自21世纪初以来，中国的快速发展使得巨多的消费需求形成了电子商务发展的蓝海，中国电子商务从起步到腾飞仅仅用了十余年的时间。很多报道和学者的文章中都有提到一个观点：中国的电子商务市场已经很难出现新的电商巨头，因为大部分的电子商务流量都汇集于淘宝、京东等大型平台企业中。这些大型平台企业推出的业务和提供的服务已经覆盖了人们日常生活的很多方面，而小型平台企业和新兴企业很难在缺少资金的情况下在短时间内获得大量的流量，因此中国的电子商务市场已经变成了一片红海。

14.1.1 电子商务的流量困境

无论是B2C、C2C模式还是O2O模式，如何进行交易双方的精准对接一直是一个难以解决的问题。近年来，大部分的电子商务平台解决这个问题的方式都是采用流量资源分配的机制，即采用比较公平的流量分配方式将消费者与商家进行对接。但是，这种机制引发了另外一个问题：如何获得更多的流量。从目前的态势来看，大部分的电子商务平台的策略是"优化存量，引入增量"，其将现存的流量通过一系列方式筛选之后，将优质流量引入优质商家，同时通过宣传、营销等手段引入新流量。这种策略所需的费用是比较高的，让很多小电商平台望而却步（在2016年第四季度，阿里巴巴的外部广告投入为45亿元，其新增了400万用户，故增加一个用户的成本为1 125元）。

引入新流量需要投入大量的宣传费用，而对原有流量的保存与分配也需要付出很多努力。销售量与好评率经常会成为评判一个商家质量的关键指标。刷单、刷好评、打折换取好评等一系列让人深恶痛绝的引流方式让流量的合理分配变得更加困难。虽然目前国内的电子商务发展蓬勃，但是电子商务的流量问题仍然存在。

课堂讨论：电子商务的流量困境的关键点是什么？

14.1.2 拼多多简介

拼多多作为新兴的电子商务平台,依靠大流量的社交软件,成功地将巨大的社交流量转变为电子商务流量,借助其独特的"社交电商"运营模式,成功地在短短几年时间内坐稳了中国电子商务行业第三名的位置,其规模仍然在继续扩大。

在电子商务流量越来越难获得的情况下,拼多多是如何吸引到如此多的消费者的?它抓住了消费者的哪些心理诉求?发现了哪些还没有被涉足的领域?

拼多多隶属于上海寻梦信息技术有限公司,是一个以C2B模式开展拼团活动的第三方社交电商平台,以低价模式让用户自发地在微信等社交平台上发起拼团,用社交关系促进网购。拼多多自成立以来发展迅速。在拼多多成立2个月时,在未投放广告的情况下,其用户数突破1 200万人。截至2016年9月,其注册用户数超1亿,单月GMV超1亿元,这时其与拼好货合并。双方均为低价团购模式下的社交电商,拼好货自营生鲜品类,与拼多多的个护、美妆和服饰等品类形成有效互补。2016年11月,拼多多的单月GMV超20亿元,日均订单突破200万单;2017年3月,其单月GMV超40亿元;2017年年底,其用户规模超2亿人。据易观统计,拼多多的月度活跃用户在2018年1月达1.14亿人,环比增长13.85%,居电商App第3位,仅低于淘宝(4.25亿人,环比降5.10%)和京东(1.45亿人,环比降4.58%),约为第4名唯品会(5 447万人,环比降6.85%)的2倍。

14.1.3 用社交推广赚取流量的C2B电商

拼多多最初给自身的定位是一个采用低价团购模式的电子商务平台。国内定位于采用低价团购模式的电子商务平台并不在少数,为什么拼多多获取流量的速度如此之快呢?我们将拼多多与传统团购平台进行对比。

大部分人都使用过美团进行团购,也能够通过这个平台获得比原价更为低廉的商品或服务,但是在团购过程中,无论消费人数如何变化,商品或服务的单价都是不会发生改变的,也就相当于美团通过买入某个商家一定数量的产品来获取折扣,再将其转手卖给消费者。此类折扣过于简单,等于给消费者直接打折,大部分商家都将团购平台作为辅助宣传的平台。

而拼多多的拼团模式则是在消费者人数达到一定数量之后,商品的价格才更低,商家给出的价格对消费者有绝对的吸引力,消费者所带来的流量对商家来说非常重要,因此两方很容易达成一致。在拼多多中,需要一定数量的消费者才能拼团,在凑足人数之前,系统会进行消费者匹配,而消费者也可以将此商品通过社交平台分享给亲戚、朋友等,邀请他们拼团,在此过程中,消费者主动帮助商家进行了营销推广。拼多多的购物模式如图14-1所示。

拼团模式的成功得益于两方面的因素:一是用低价格吸引了顾客;二是借助了足够大的社交平台。拼多多依附微信(其主要依附的社交媒体)精准地将消费者和商家进行了匹配。拼多多平台上不少产品的拼团数量达100万以上,由此形成的规模效应使得消费者群体对商家有着较强议价能力,而低廉的价格反过来又吸引更多消费者,形成了良性循环。

拼多多发展如此迅速,其独具特色的社交电商思维功不可没。区别于淘宝的C2C模式、京东的B2C模式,拼多多采用C2B拼团的方式将用户的社交关系巧妙地转化为电子商务流量。

"农村包围城市"虽然原本是土地革命时期的战略方针,但是用于评价目前国内的社会消

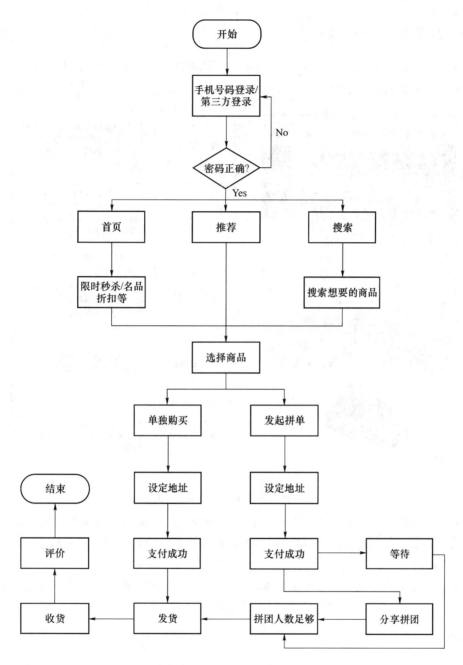

图 14-1　拼多多的购物模式

费层次也十分贴切。目前我国仍然存在一定的贫富差距,社会消费层次十分多,对中低端消费市场的需求仍然很多。有数据表明,拼多多 70% 左右的用户均来自三、四线城市,这个比例远远超过淘宝与京东。对于这部分用户来说,价格往往是他们的首要考虑因素,因此拼团模式巧妙地利用了这一点,用低价的生鲜和日用品吸引了这部分用户的注意力。生鲜和日用品为生活必需品,消费者更熟悉它们的市场价位,它们的价格大幅低于正常价格更容易引起消费者的注意,拼多多由此逐渐扩大市场,并扩大自己的经营范围,现在几乎涉及了全部商品。

14.1.4 拼多多的社交策略

在拼团模式取得成功后,拼多多将这种电商模式进行了进一步的发展,由此拓展了各类业务。拼多多的主页面和部分主页业务如图 14-2 所示。

助力享免单	用户邀请好友助力,在达到助力人数后即可享受免单权利;每个新用户仅可助力一次
天天领现金	用户获得红包后,需分享给好友,并请好友帮忙拆开,每位好友可获得随机金额,在红包全部被拆开后,用户即可提现
现金签到	用户通过签到可拿现金,同时用户还可分享给自己的好友,若用户的好友扫码签到,则用户同样可获得现金奖励
帮帮免费团	用户邀请好友帮忙支付,自己可以免费获得商品
砍价免费拿	用户邀请好友一起砍价,在24小时内砍到0元即可免费领取商品

图 14-2 拼多多的主页面和部分主页业务

拼多多在将社交流量转化为电商流量的过程中做了很多努力。在某种程度上,拼多多更多的是采用去中心化的传播渠道,将不同的人在相同场景下的相同需求汇聚起来,使整个电商进入了"人以群分"的年代。例如,在高端商场中,顾客往往是收入处于中上水平的人。拼多多从根本上改变了整个电商体系中销售前端的模式,在销售前端的模式发生变化的同时,供应链也发生了变化,最终整个电商生态也发生了变化。

案例来源

王昕天,汪向东,《社群化、流量分配与电商趋势:对"拼多多"现象的解读》,发表于《中国软科学》。

课后思考题

1. 为何拼多多可以在短时间内席卷我国电商市场?
2. 拼多多的案例对传统电商的未来发展有什么意义?
3. 以社交形态进行的电子商务对我们有什么启示?

参考文献

[1] 冼桐,阮传扬,张越,等. 基于消费者行为理论的社会化营销策略研究——以电商平台拼多多为例[J]. 中国商论,2019(12):82-83.

[2] 李晶晶. 拼多多经营实践经历助力市场营销教学研究[J]. 现代营销(信息版),2019(8):98.

[3] 蔡文浩,尚欣,吴金山,等. 浅谈拼多多带来的思考[J]. 经济研究导刊,2019(19):171-173+181.

拓展阅读

1. 电商黑马,备受争议的拼多多发展史. 2019-02-11. https://baijiahao.baidu.com/s?id=1625090683210656749&wfr=spider&for=pc.

2. 成立三年,准备上市,拼多多的奋斗历程. 2018-07-02. https://www.sohu.com/a/238847062_100194726.

3. 拼多多:当下不足,未来可期! 2018-08-02. https://baijiahao.baidu.com/s?id=1607693092613918874&wfr=spider&for=pc.

14.2 萌文化下的猛营销——"三只松鼠"

移动端浏览：

案例标签:三只松鼠;B2C;品牌营销;文化营销

案例网站:https://www.3songshu.com

案例导读:

2012年,三只松鼠股份有限公司(下文简称"三只松鼠")正式成立,这是中国电子商务发展历史上第一家将业务完全定位于电子商务的企业。它以互联网为基础,利用各大电子商务网站进行线上销售,改变了传统的坚果类零食销售模式并在较短时间内获得了一定的成绩,同时也获得了大量的关注。

在"三只松鼠"的创业之初,其团队仅仅拥有5名成员,仅用了短短的两年时间,就已经发展成了拥有近千名员工的小型企业。2015年年底,"三只松鼠"的估值已经达到了40亿元。

"三只松鼠"作为一个电子商务品牌,其成交量和成交额的增长速度是衡量品牌发展速度的重要指标。2012—2016年,"三只松鼠"在"双十一"期间的成交额如下:2012年,"三只松鼠"的成交额达到了766万元(大约10万笔订单),其订单数量超过了所有的坚果零售品牌,而此时的"三只松鼠"仅仅成立了不到几个月;2013年,"三只松鼠"的成交额达到了3562万元,成为天猫"双十一"活动中食品行业的冠军;2014年,"三只松鼠"的成交额达到了1.02亿元,刷新了天猫"双十一"活动中食品行业的销售纪录;2015年,"三只松鼠"的成交额达到了2.66亿元;2016年,"三只松鼠"的成交额达到了5.08亿元。

课堂讨论:在销售量突飞猛进的过程中,"三只松鼠"是如何进行营销的?

14.2.1 "三只松鼠"的品牌营销

"三只松鼠"作为以互联网为依托的电子商务企业,需要很大的影响力和很高的知名度。因此,"三只松鼠"选择了与各类电子商务平台和搜索引擎进行合作的方式,将品牌通过消费者的相关搜索推送给有潜在购买需求的消费者们。如今,不论是在各个电子商务平台中,还是在各类搜索引擎上,只要搜索与坚果、松鼠等有关的关键词,都会出现"三只松鼠"店铺的链接或者"三只松鼠"旗下的某些产品。这样的营销方式给"三只松鼠"带来了大量的潜在顾客,将信息流在电子商务中的作用体现得淋漓尽致。

品牌是一个企业产品区别于其他企业产品的重要标志,也是消费者心目中影响购买意愿的重要影响因素。"三只松鼠"对自身产品的定位非常精确,将坚果和花茶作为主营产品,这使得其经营的产品与品牌名称紧密相关。消费者在看到"三只松鼠"品牌的时候自然而然地联想到松果,进一步联想到坚果等产品,这使得品牌容易进入消费者的视野,也更容易被消费者记住,从而提升了消费者黏性。另外,"三只松鼠"的产品品类简单,对消费者群体的针对性很强,对品牌和产品口碑产生了潜移默化的影响,如今人们在提到坚果产品的时候,"三只松鼠"总能出现在人们的脑海中,这已经显现出明显的品牌效应。

严格完善的供应链使得"三只松鼠"的大部分产品都有着较高的质量。而产品质量是一切营销手段的支柱,因此"三只松鼠"在市场中拥有很强的竞争力。在产品的新鲜程度方面,"三只松鼠"采用了温仓存储原料和产品;在物流效率方面,"三只松鼠"采用了DPS(数据化拣货系统),在全国各地都建立了产品仓库,以保证在全国大部分城市都可以进行产品的本地配送。

除了产品质量高这个因素之外,良好的消费者体验也是"三只松鼠"这个品牌成功的关键因素。"三只松鼠"力求在每个环节都可以对消费者进行完美的服务,以表达对消费者的关心与重视。例如,"三只松鼠"的坚果产品中,所有的硬壳坚果都会在包装袋中附赠开果壳的工具,某些产品中还会附赠用于盛装果皮弃物的纸袋、用于清洁的湿巾等。这些对消费者无微不至的关怀使得"三只松鼠"品牌的口碑特别好,而良好的消费者体验也成为不断提高品牌知名度的重要因素。

课堂讨论:除了品牌营销外,"三只松鼠"还做了哪些营销方式的改变或创新?

14.2.2 "三只松鼠"的"萌"文化

1. 品牌中渗透的"三只松鼠"文化

"三只松鼠"的品牌形象是由三只萌系卡通松鼠构成的,它们分别是鼠小美、鼠小酷、鼠小贱。鼠小美张开双手,寓意拥抱和爱戴每一位顾客;鼠小酷紧握拳头,象征拥有强大的力量;鼠小贱象征着青春活力和永不止步、勇往直前的态度。这三只萌系卡通松鼠出现在"三只松鼠"旗下所有的产品上,大至快递箱,小到清洁纸巾,每一件产品都包含了"三只松鼠"的品牌文化。在购买了"三只松鼠"的产品后,消费者会收到一个辨识度高的专用快递箱"鼠小箱"、专用开箱工具"鼠小器"。产品包装里除了有产品外,还有密封防潮工具"鼠小夹"、盛放垃圾的小纸包"鼠小袋"、清洁纸巾"鼠小巾"等。"三只松鼠"通过命名的方式将品牌旗下几乎所有的产品与用具都赋予了卡通名称。如此周到而又人性化的设计,以及有趣好记的卡通名称为消费者提供了新奇的消费体验。

2. 服务中渗透的"三只松鼠"文化

"三只松鼠"除了将自身品牌形象进行了卡通虚拟化,还将客服形象进行了卡通虚拟化,这使得用户体验得到了很大的改变。相比于传统客服,"三只松鼠"的客服化身成各种各样的卡通松鼠,在接触到"三只松鼠"的客服时,大部分的消费者都会产生眼前一亮的感觉。首先,"三只松鼠"旗舰店的客户服务界面的背景选择了卡通松鼠形象,其没有选择传统的白色聊天背景。其次,"三只松鼠"客服的萌系话术、极快的回复速度、俏皮可爱的语气使得客服和消费者的沟通过程更为轻松,这种萌系的交流方式也给消费者留下了深刻印象。

另外,"三只松鼠"将各类销售渠道也进行了卡通虚拟化:其比较重要的销售渠道(如淘宝、京东、壹号商城以及各类团购网站)中的店铺都将店铺形象进行了卡通虚拟化。其将店铺内部各种功能(如松鼠之家、松鼠星球、松鼠王国等)的名字均进行了改变,这将企业文化的宣传做到了极致。例如,美食仓库是整个产品系列的总称,在传统功能分类中,它具有主页面的功能。并且,"三只松鼠"还具有仓储设置合理、物流速度快、售后服务完善等优势,这使得其在各个销售渠道的店铺评分都远远高于同行业的其他商家。

课堂讨论:"三只松鼠"的品牌文化起到了什么作用呢?

14.2.3 "三只松鼠"的文化推广营销

自2016年起,一方面为了使消费者体验到更优质的服务,另一方面为了进一步通过宣扬"三只松鼠"的文化来拉近与消费者的距离,提高消费者忠诚度,"三只松鼠"设立了线下实体店。在线下实体店开业当天,其客流量就达到了15 000余人次。随着实体店的陆续开业,松鼠投食店、松鼠粮仓、松鼠世界、松鼠书等一系列用心打造的服务文化,将"三只松鼠"的线下实体店与传统的坚果类线下分销店区别开来。这些实体店将吃、看、玩巧妙地结合起来,其主要功能是进行文化传播,而传统实体店的主要功能是分销盈利。"三只松鼠"这么做的目的在于宣扬品牌文化,进一步提高品牌知名度,吸引更多的线上与线下的消费者,在与同品类竞争对手竞争时,拥有更强的竞争力,占据更多的行业市场。

除了面向消费者宣传品牌文化外,"三只松鼠"还将企业内部的品牌文化烘托得淋漓尽致:将企业比喻为松鼠窝,松鼠窝里有神农试吃堂、松鼠洗脑院、森林氧吧等特色区域,且企业员工代号均与"鼠"字相关,甚至企业内部的规章制度等也采用与松鼠相关的名称命名,如"松鼠廉政5P令""松鼠十一条家规"等,为消费者展示了一个重文化、和谐团结的企业形象。

在文化营销推广方面,"三只松鼠"可谓是做到了极致。"三只松鼠"与影视圈合作,不仅赞助了《微微一笑很倾城》《欢乐颂》《好先生》《小别离》等热门的IP好剧,还推出了IP合作款产品,如微微一笑很坚果、小团圆月饼礼盒等。这种软广告的优势在于可以以较低的成本有效触达电视端和网络端的观众,且开发跨界合作系列的产品可以从个性化的角度满足不同的消费者需求。而且,"三只松鼠"除了使用植入广告这种营销方式外,还使用了其他的营销方式。2017年之后,"三只松鼠"陆续推出了《贱萌三国》《松鼠嗑壳课》等都市动画,依托自身产品,将"三只松鼠"的品牌文化进一步推广给消费者。这一方面进一步提高了品牌的知名度,另一方面为消费者带来了娱乐化的体验,给消费者带来了更多的快乐,进一步提高了消费者的忠诚度。

案例来源

曹瑞哲,《互联网思维下的电商品牌营销分析——以"三只松鼠"为例》,发表于《新闻传播》。

课后思考题

1. "三只松鼠"的营销策略中,品牌文化扮演了什么样的角色?
2. 文化推广营销的优势体现在哪里?
3. "三只松鼠"的优质服务对品牌营销具有什么帮助?

参考文献

[1] 柳冰芬,柳素芬. 三只松鼠:萌文化下的体验营销[J]. 戏剧之家,2019(15):225-226.

[2] 曹钰青. 电商"三只松鼠"的品牌营销策略[J]. 品牌研究,2019(1):17+19.

[3] 张晓霞,郭立文. 新零售背景下淘品牌企业的创新发展探讨[J]. 商业经济研究,2019(9):62-64.

[4] 郭文月,王庆敏. 基于大学生群体调查的电商品牌传播效果分析——以"三只松鼠"为例[J]. 电子商务,2019(5):42-43+49.

拓展阅读

1. 三只松鼠六周年,最好的营销是看不见的营销. 2018-07-31. https://www.sohu.com/a/244432199_99967244.

2. 原创|:"三只松鼠"的营销策略,简单又不失调调! 2018-03-18. https://www.sohu.com/a/225814509_166624.

3. 突破流量瓶颈,三只松鼠如何迈入发展"第二曲线"? 2018-08-12. https://finance.ifeng.com/a/20180812/16444174_0.shtml.

14.3 线下向线上转型——打造潜江小龙虾的网络公共品牌

移动端浏览:

案例标签:传统行业转型;潜江小龙虾;公共品牌

案例网站:https://www.hubei.gov.cn/hbfb/szsm/201902/t20190227_1549165.shtml

案例导读:

潜江小龙虾一直备受关注和好评。为了做大做强"潜江龙虾"品牌,潜江于 2009 年开始举办"潜江龙虾节",这带动了当地生产加工、仓储、物流等产业的发展,小龙虾成了潜江的"金名片"。

14.3.1 小龙虾成了潜江的"金名片"

首先,潜江拥有得天独厚的自然环境,包括优质的水源、适宜的气候和肥沃的土壤,为小龙虾的生长提供了理想的条件,产出的小龙虾个大体肥、肉质鲜嫩且虾黄饱满。

其次,潜江在小龙虾养殖方面积累了丰富的经验,有一套标准化的养殖模式,从苗种选育到成虾养殖,对每个环节都进行了严格把控,包括水质管理、饲料投喂等,这保证了小龙虾的产量和质量的稳定性。

再次,潜江围绕小龙虾形成了完整的产业链。从养殖、捕捞、加工到销售,各个环节紧密衔接。潜江有众多小龙虾加工企业,这些企业生产出了各种口味的小龙虾产品。另外,潜江还有闻名遐迩的小龙虾美食街,以"潜江油焖大虾"为代表的美食吸引了无数食客。

最后,潜江通过一系列的宣传推广活动大大提升了潜江小龙虾的知名度和美誉度。

14.3.2　湖北潜江有望成为"小龙虾淘宝县"

在2015年"淘宝首届国际龙虾节"上,湖北潜江的近6万斤小龙虾被消费者抢购一空,小龙虾已经成为互联网热门类目,呈现爆发式增长态势。

潜江小龙虾一年的总产值为100亿元以上,占全国小龙虾总出口的30%。潜江人希望潜江小龙虾走出家门,也希望通过网络平台让更多的消费者认识潜江小龙虾。

课堂讨论:小龙虾为何到2015年才在淘宝上热卖?

14.3.3　物流保鲜与政府引导下的品牌建设

小龙虾菜品本身就是一种低技术门槛的熟食半成品,过分强调口味或者性价比势必会在品牌的基础价值上陷入瓶颈。潜江小龙虾在线下的主要顾客群是本地消费者,而在电商平台的顾客群是所有的淘宝用户。在线上销售小龙虾时要在品牌塑造中以需求为导向,开发定制菜品,将其与线下餐饮区分开。只有强化差异化优势,才能更好地满足不同消费者的需求,培养消费者的品牌意识,提高潜江小龙虾的经济效益。

1. 物流保鲜

小龙虾冷链物流需要在仓储、运输、终端配送过程中采取低温保鲜的措施,以保障其新鲜度。周转不及时造成的后果比较严重,交付消费者的时间越晚,小龙虾的质量越差,小龙虾质量较差会引起消费者的不满,甚至会让消费者想退货,小龙虾一旦退货回库基本上无法进行二次销售。因此,潜江小龙虾使用了五层包装的工艺,同时还使用冰袋来保持产品的温度,在产品售后上承诺48小时到货,出现任何质量问题,照单赔付。这样可以增强消费者对产品的信心,同时打消一些消费者对网上食品的安全、卫生以及质量的顾虑。

课堂讨论:物流的发展是如何影响电商的发展的?

2. 在政府引导下进行品牌建设

分散的小龙虾养殖户要独自创立品牌是不现实的。因此,在潜江小龙虾品牌的创立过程中,尤其是在品牌创立的初期,政府承担了品牌建设主体的职能。在潜江小龙虾品牌建设中,作为建设主体的政府应给予各项支持。

课堂讨论:政府在网络公共品牌塑造中的作用是什么?

14.3.4　发展前景

潜江小龙虾品牌的影响力持续扩大,极大地降低了单个企业打造品牌的风险和成本,使得潜江小龙虾可以在一个较高的起点上发展子品牌,在较低风险的基础上打造更具特色的企业品牌。

案例来源

胡柳波,武汉东湖学院,2016年中国电子商务案例高峰论坛暨全国百佳电子商务案例颁奖典礼,中国义乌。

课后思考题

1. 分析从传统电商营销模式到新型营销模式的演化过程及其产生的效益。
2. 相比于盱眙小龙虾,潜江小龙虾下一步应如何发展网络品牌?
3. 如何营销公共品牌?营销公共品牌和企业品牌的做法有何不同?

参考文献

何雪融,徐罡一,经纶.产业集群与区域经济的发展模式探究——以盱眙小龙虾产业集群为例[J].当代经济,2011(18):110-112.

拓展阅读

1. 许金亭,李萍.电子商务进农村的"清河样本".2015-03-24.https://www.xinhuanet.com//politics/2015-03/24/c_127612233.htm.
2. 工厂和田野,这才是互联网的下半场.2023-08-01.https://zhuanlan.zhihu.com/p/647292573.

第15章 社区与生活服务类

15.1 生活服务类电商O2O平台——利安社区电超市

移动端浏览：

案例标签：生活服务，电商O2O平台，社区超市

案例网站：https://www.leighorange.com

案例导读：

利安社区电超市由利安集团旗下的陕西利安电子商务有限公司运营，致力于打造一个能融合线上平台与线下门店的一体化O2O服务平台。该平台涵盖生活缴费、票务预订、在线购物等多项便民服务，采用C/S与B/S技术模式，确保了交易的安全与高效。利安社区电超市通过与多个行业合作伙伴共建实体经营户联盟网络，实现了B2B2C的商业模式，其盈利主要来自服务商的返利。在西安，利安社区电超市构建了密集的服务网络，几乎每500米就有一家门店，有效解决了物流配送的"最后一公里"问题。此外，利安社区电超市还参与了政府的"放心工程"，为消费者提供了质优价廉的生活必需品，是社区电子商务的成功典范。

15.1.1 利安社区电超市简介

电超市即电子服务超市，是电子商务综合服务平台的简称。利安社区电超市是一个集代收电话费、公用事业费、行政事业费、保险费，订购机票、火车票、汽车票、彩票、景点门票，购物，家政服务，发布社区服务信息、房产信息等各类服务于一体的综合服务平台。利安社区电超市的注册资金为1亿元。利安集团是信息产业领域的企业集团，是全国首家综合电子服务运营商，该集团的总部位于陕西省西安市，其旗下有12个以"利安"命名的省级分公司。利安集团的业务涉及电子服务、电子商务、通信、数据加密等多个领域，其作为电子政务、社区服务等解决方案的提供商，于2002年成功研发了"数字化城市社区服务平台"。利安集团基于上述社区服务平台建立的利安社区电超市获得了科技部、工业和信息化部等多个政府部门的认可和支持。从在西安开设第一家店面开始，经过多年的发展，利安社区电超市已在四川、山西、新疆、安徽、山东等多个省份推广，其门店已遍布全国。截至2015年，其日交易额已高达8 000万元，月交易额达到24亿元，每月服务人数近800万。利安社区电超市的标准实体店如图15-1所示。利安社区电超市的网站首页如图15-2所示。

图 15-1　利安社区电超市的标准实体店

图 15-2　利安社区电超市的网站首页

15.1.2　利安社区电超市的优势

利安社区电超市是利安集团推出"线上＋线下"的全新电子商务服务模式，旨在打造生活服务类电商O2O平台。它的优势体现在以下几个方面。

① 利安社区电超市的门店遍布西安的大街小巷，覆盖了西安市三环以内的范围，能为很多的西安市民服务。

② 利安社区电超市已经陪伴了西安市民很多年。

③ 利安社区电超市结合了线上、线下模式,耗时多年打造了庞大的线下实体门店体系,可以满足各个年龄阶段消费者的购物需求。

④ 利安社区电超市可为消费者提供多项服务。

课堂讨论:利安社区电超市相对于传统的超市有哪些优势?

15.1.3 利安社区电超市的发展战略分析

1. B2B2C 商业模式

B2B2C 商业模式主要涉及企业的盈利方式、服务对象和服务内容。第一个 B 主要指产品与服务提供商,涉及政府、银行、通信运营商、保险公司、旅游公司等。第二个 B 是指通过利安集团自主研发的"数字化城市社区服务平台"建立的实体经营户联盟网络,该实体经营户联盟网络将产品与服务提供商、开户银行、第三方物流企业以及消费者密切地联系在一起。C 既包括直接在利安社区电超市门店通过现金或信用卡等消费的线下消费者,也包括线上消费者。

2. 技术与盈利模式

在技术上,利安社区电超市主要依靠"数字化城市社区服务平台",采用 C/S 与 B/S 技术模式,将不同行业的标准统一到利安平台的电子商务规范中。为保证交易的安全进行,利安社区电超市对信用借用模式和银行结算认证中心模式进行了创新。利安社区电超市的利润主要来源于产品与服务提供商的返利。以话费缴纳为例,若消费者在利安社区电超市缴纳 50 元话费,则消费者即刻就会有 50 元话费到账,而利安社区电超市会从运营商的返点中获取利润。这样做不会让消费者付服务费用,从而使得利安社区电超市的业务受到消费者的广泛欢迎,并得以迅速扩展。

课堂讨论:C/S 模式与 B/S 模式有什么区别?在现实生活中它们都有哪些典型的应用?

3. 渠道模式

在西安城区,利安社区电超市有很多线下门店,基本上每隔 500 米就能见到一家利安社区电超市,"5 分钟步行圈"的服务方式给消费者提供了极大的便利。同时,在这种完善、稳定的渠道布局下,利安社区电超市的门店提货方式还轻松解决了物流配送的"最后一公里"问题。消费者可以先通过利安电子商务网站在线订购商品,然后到附近的门店付款和提货。例如,消费者可利用上班午休时间登录利安电子商务网站,订购商品,并可自由选择在线支付或到门店支付等多种付款方式,下班后可在事先选定的离家最近的利安社区电超市门店提货。另外,消费者若在不同时间订购了多件商品,也可一次集中提货。这有效避免了货物配送问题以及因货物质量不合格,消费者反复退货、换货等引起的问题。

4. 网络销售模式

西安市自 2011 年起推进"放心食品"工程,将规模化生产、统一运输监管、统一定价的放心食品提供给老百姓。而利安集团除了提供代缴费、购票等服务外,还与政府合作,通过利安社区电超市门店形成的网络销售渠道为市民提供政府放心食品,使广大消费者不出社区就能购买到有质量保障、价格低廉的生活必需品。

利安集团创立的利安社区电超市不仅为消费者提供了极大方便,响应了政府的便民政策,还新增了许多就业岗位,产生了良好的社会效益和经济效益,是社区电子商务发展的有益参考。

案例来源

秦效宏,西京学院,2016年中国电子商务案例高峰论坛暨全国百佳电子商务案例颁奖典礼,中国义乌。

课后思考题

1. 在现实生活中找到类似利安社区电超市的商业模式,通过对比,谈谈这种商业模式的未来发展趋势?

2. 结合电子商务知识,谈谈利安社区电超市是否还可以在商业模式上进一步拓展,以及拓展的方向。

参考文献

[1] 侯珂,李国英. "利安"社区电子商务模式案例分析[J]. 现代企业,2013(1):40+46.

拓展阅读

1. 利安电超市:智慧社区建设"领头雁". 2016-06-09. https://www.sohu.com/a/82132596_115330.

2. 首个民生服务电商平台上线 利安打造电商新模式. 2014-01-21. https://blog.sina.com.cn/s/blog_62d8eb8f0101dx9l.html.

15.2 新零售模式开端,未来生鲜电商的发展方向——盒马鲜生

案例标签:新零售;B2C;融合发展

案例网站:https://www.freshhema.com

案例导读:

新零售的概念由马云于2016年提出,其旨在通过互联网技术和数据驱动融合线上平台与线下实体店铺,配合现代物流系统,重塑零售业生态。随着传统电商的发展速度放缓,新零售模式应运而生,以应对线上流量红利消失及线下渠道价值回归的问题。移动支付技术的发展和消费者对品质而非单纯价格的敏感性的增加,为新零售的发展提供了土壤。盒马鲜生作为阿里巴巴新零售战略的代表,通过线上、线下一体化经营,实现了30分钟内配送到家的服务,解决了生鲜电商冷链物流的难题,并展现了巨大的扩张潜力。新零售不仅促进了用户体验的提升,还通过大数据和信息化技术优化了供应链管理,预示着未来零售业将更加注重技术创新和服务升级。

15.2.1 新零售的定义

通俗地说,新零售是指个人或企业以互联网为依托,通过先进的数据技术手段,对商品的生产、流通、销售、配送过程进行升级,从而重塑业务结构和生态圈,通过现代物流将线上与线下进行融合的销售新模式。

2016年10月,马云在阿里云栖大会上首次提出新零售的概念,认为纯电商时代已经过去,未来10年是新零售时代。新零售开始受到业界、学界的广泛关注,且迅速成为行业关注的焦点。2017年被称为中国新零售元年,阿里巴巴等核心企业开始积极对新零售进行布局。

15.2.2 新零售能快速发展的关键原因

一方面,由互联网和移动互联网终端大范围普及所带来的用户增长速度正在逐渐变慢,由其所带来的流量红利正逐渐减少,传统电商面临的增长"瓶颈"开始显现。国家统计局的数据显示:全国网上零售额的增速已经连续三年下滑,2014年1—9月份的全国网上零售额为18 238亿元,同比增长达到49.9%;2015年1—9月份的全国网上零售额为25 914亿元,同比增长降至36.2%,而2016年1—9月份的全国网上零售额是34 651亿元,同比增长仅为26.1%。此外,从2016年淘宝"双十一"的总成交额1 207亿元来看,GMV增速也从2013年的60%多下降到2016年的24%。根据艾瑞咨询的预测:国内网购增速每年将下降8~10个百分点。盒马鲜生打破了传统电商的固有模式,让新零售进入了大家的视野。新零售能快速地得到消费者和广大业内人士的认可,有如下几个关键原因。

1. 传统电商发展的"天花板"逐渐显现

传统的线上电商、线下物流的模式在一定时期内获得了良好的效果,但是随着电商饱和度的逐渐提升,单纯的线上电商的发展开始面临"天花板"问题。熟悉微观经济学的人一定知道在企业发展到一定规模的情况下,边际利润为零,因此随着传统电商的发展,线上所获得的边际利润在不断减少。但由于近年来线下的发展速度远远不及线上,线上的边际利润渐渐接近线下的边际利润,因此线下渠道的价值又重新值得人们挖掘。

2. 移动支付技术迅速发展

移动支付、大数据、虚拟现实等新技术促进了线下场景智能终端的普及,让消费不再受时间和空间制约。

3. 价格不敏感人群逐渐增多

随着我国经济的不断发展,中国已经步入小康社会,这使得中等收入的人群在不断增加,而这部分人群比较追求产品质量与服务。随着有这种消费观念的人的增加,如何解决其线上消费和线下体验不匹配的问题成了关键。

15.2.3 盒马鲜生——阿里巴巴新零售的大胆尝试

盒马鲜生最初由原京东物流负责人侯毅在上海创立,当时的盒马鲜生只是一家生鲜超市。2015年3月,盒马鲜生正式加入阿里巴巴,从此,盒马鲜生的"自建物流""全链路自营""无现金支付"等标签脱颖而出。虽然盒马鲜生仍然在电子商务的范畴之中,但是盒马鲜生与传统电子商务有很大区别。作为生鲜电商来说,目前的盒马鲜生对于消费者而言,更加接近于餐饮店、超市和网店的综合体,其线下门店可以作为线上的体验店,也可以作为线下的零售店,同时部分门店还可以作为线下的餐饮店。消费者可以到线下门店购买、品尝,也可以在线上平台直接下单,在距盒马鲜生门店3千米范围内的区域都可以享受半小时内送达的服务。

生鲜电商专家、苏州市阳澄湖澄兴蟹业有限公司的董事长罗浩元认为,盒马鲜生的最大价值体现在30分钟配送到家的服务。其曾经说过:"盒马鲜生有别于传统电商,它以电商思维经营实体店,在配送范围内,保证了物流的时效性和用户的满意度。"侯毅曾说过:"盒马鲜生的商品从仓库捡货到经配送履带送到配送员手中只需10分钟,剩下的20分钟用来配送商品。"

在经营生鲜电商的企业中,目前亏损的比例为88%。目前盒马鲜生并没有盈利压力,其大胆有效的尝试、线下与线上的融合、门店售卖和门店配送的方式,使得盒马鲜生大大减少了原有生鲜电商的仓储压力,同时为冷链物流减少了成本,突破了影响生鲜电商发展的最大难题。

在首家门店已实现盈利后,盒马鲜生开始加速布局,并宣布要在生鲜领域外拓展其他类型的业务。

2017年9月28日,盒马鲜生在上海、北京、深圳、贵阳和杭州五大城市的10家门店同时开业。其中深圳益田店是华南地区的首店,贵阳荔星店是西南地区的首店,而杭州拱墅店则是杭州市的首店。截至2017年,盒马鲜生在全国开设门店的数量达到20家,其中有3家是与区域零售商联营的,这表明盒马鲜生线上、线下一体化的新零售模式已经完全成熟,并开始通过赋能区域零售商,将阿里新零售带到全国。

在实体商业疲软、电商生鲜行业屡屡亏损的情况下,盒马鲜生在上海浦东开了第一家实体门店,通过线上重交易、线下重体验的模式,对传统零售业的人、货、场进行了重构。其利用大数据和信息化等技术建立了物流体系,逐渐成为阿里巴巴非常重视的新零售平台。如今的盒马鲜生几乎成为新零售的代名词。

15.2.4 未来的新零售

1. 将线上和线下融合

随着新零售概念的提出,电子商务的表现形式也在逐渐发生改变,线上和线下原本对立的两面逐渐走向融合,线下零售店会在线上平台上进行宣传与销售,而线上的电子商务也会在线下成立自己的体验店、配送店等。

2. 强化用户体验

随着我国经济的不断发展,中国已经步入小康社会,这使得中等收入的人群不断增加,这些人对于消费的关注点不局限于价格,更多地在于消费体验,因此,推进消费模式的转变,用新零售引领全新的消费生态格局,是目前新零售发展的重要目标。

3. 结合新兴技术

云计算、大数据、人工智能等新兴技术不断地走向成熟,借由这些新兴技术,电子商务实现了精准的消费者匹配、高速物流、精准的库存控制技术等。这些新兴技术在电子商务领域起到了降本增效的作用。所以新零售想得到广泛的发展与应用,必须借助新兴技术。

新零售通过线上、线下的不断融合,可以将线上流量转到线下店铺,提升用户活跃度,给线下店铺提供新的发展动力,消费者也将得到更加专业的服务、更加优质的产品。企业需要借助互联网时代的传播能力、数据力量、社交文化等营造出一个全新的零售业态。总之,新零售会给整个零售行业带来一次革命性的改变。

案例来源

陈雨茹,曾玲玲,《盒马鲜生:"智慧"新零售》,发表于《中国外资》。

课后思考题

1. 新零售在未来的电商发展中会扮演什么样的角色?

2. 新零售为何能在很短的时间内获得大家的认可？

3. 新零售为传统电商带来了什么冲击？

4. 新零售的出现给了我们什么启示？

参考文献

[1] 曹瑞哲. 互联网思维下的电商品牌营销分析——以"三只松鼠"为例[J]. 新闻传播，2018(16)：36-37.

[2] 田野. 生鲜电商面临减速挑战[J]. 知识经济，2019(20)：52-55.

[3] 单良. 盒马鲜生"新零售"商业模式创新及对策建议——基于 Osterwalder 模型[J]. 商业经济研究，2019(13)：104-106.

拓展阅读

1. 解析"盒马鲜生"新零售商业模式背后的秘密. 2018-09-04. https://baijiahao.baidu.com/s? id=16106365754002213205&wfr=spider&for=pc.

2. 新零售：以盒马鲜生为例，新零售的营销出路在哪里？2018-08-13. https://www.sohu.com/a/246912401_252961.

第5篇　电子商务特色服务篇

第16章 跨境电子商务服务类

16.1 综合性服务的在线外贸交易平台——敦煌网

移动端浏览：

案例标签：B2B；跨境电商

案例网站：https://www.DHgate.com

案例导读：

敦煌网成立于2004年,作为中国首个整合在线交易和供应链服务的B2B跨境电商平台,专注于服务中小企业,通过免除固定服务费、按交易额收取佣金的模式吸引了大量用户。敦煌网提供了包括物流、支付、翻译在内的全方位服务,优化了跨境贸易流程。其核心竞争力在于独特的盈利模式、高效的物流合作及低廉的拼单价格。面对B2C浪潮,敦煌网并未被取代,反而通过移动化、社交化策略及B2B与B2C的融合,巩固了其在跨境电商领域的地位。敦煌网的实践证明,B2B跨境电商需不断创新以适应市场变化。

16.1.1 国际B2B跨境电商的创新者——敦煌网

敦煌网是中国首个整合了在线交易和供应链服务、面向国内外庞大的中小型供应商与采购商的网上批发交易平台,是一家致力于打造完整的网上在线供应链的企业,是使跨境贸易在线化、跨境资金透明化、跨境交易便捷化的电商平台。敦煌网的命名来源于中国古代丝绸之路上的重镇——位于河西走廊最西端的敦煌郡,因此,敦煌网旨在为国内外的中小型企业打开跨境贸易的丝绸之路,为中小型企业的跨境贸易提供渠道和便利。

说到主要面向国内企业的B2B跨境电商平台,最有名的当然是阿里巴巴,而敦煌网创建的时候正好是阿里巴巴在B2B领域大有作为的时候,那么敦煌网为什么还能在B2B领域占据一席之地呢?这要从早期阿里巴巴的业务说起。

阿里巴巴最早启用了两个域名:一个是Alibaba.com.cn;另一个是Alibaba.com。前者习惯上被称为中文站,后者则被称为国际站。中文站的一部分收入来自"诚信通",这是一个主要做第三方诚信认证的业务,用于核验企业的营业执照和信用评级。而中文站的另一部分收入来自中国供应商的服务费。

敦煌网是一个大型的B2B商务网站,主要为企业提供一站式跨境出口服务,最早提供服务的年费为 1 万余元,到 2005 年(也就是敦煌网成立不到一年的时间),该费用变为 6 万元至 8 万元,此时敦煌网已拥有了 1 万多个用户。

课堂讨论:早期阿里巴巴可以在哪些方面进行业务创新呢?

作为国际贸易领域的 B2B 跨境电商,敦煌网在创立之初就充分考虑了国际贸易的特殊性以及当前 B2B 跨境电商未能解决的问题。第一,B2B 跨境电商在多数情况下仅是信息的提供者或信息的中转者,除此之外几乎再也没有其他服务项目。第二,由于企业盈利的需要,大部分的 B2B 跨境电商都采取了对每个客户征收一笔服务费的经营方式,虽然这种作为固定成本的支出在大企业看来并无多大影响,但是中小型企业很难承担这笔费用。因此在早期的 B2B 跨境电商中,阿里巴巴的大部分客户都是规模较大的企业。而敦煌网看到了早期 B2B 跨境电商的这些缺陷,将自身定位为服务于中小型企业的跨境平台,打造了网上跨境的完整供应链,最终获得了大量客户。

16.1.2 敦煌网的经营模式

敦煌网是以在线交易为主的平台,其收取的费用主要来自买方,国内外的中小型企业和采购商都可以通过这个平台进行企业注册、信息发布、采购和销售。阿里巴巴对使用平台的每个客户都收取一笔固定的服务费,而敦煌网对此做出了改变,卖方可以免费在平台上发布销售信息,但如果希望将产品推送给更多的采购商,则需要额外支付推广费用,买方则是主要的付费群体,在发布产品招商信息、交易成功时,都需要向敦煌网支付费用。而敦煌网对买方收取的交易佣金根据成交额和产品类型的不同而有所不同,通常占成交额的 2.5%~4.5%。同时,敦煌网还向用户提供了物流、支付、翻译等一系列服务,这些服务几乎涵盖了跨境贸易的全部流程,实现了对跨境贸易产业链的整合,使得敦煌网的用户可以顺利地进行跨境在线贸易。敦煌网的主页界面如图 16-1 所示。

图 16-1 敦煌网的主页界面

课堂讨论:敦煌网在传统 B2B 跨境电商模式中做了什么改变?

16.1.3 敦煌网的核心竞争力

敦煌网能在竞争激烈的 B2B 市场上迅速占有一席之地,离不开其极具竞争力的服务与费用。

1. 独特的盈利模式

敦煌网改变了原有的固定服务费收取模式,采用按交易额收取佣金的模式,这成为最能吸引用户的交易模式,付不起阿里巴巴等企业单笔服务费的中小型企业将会选择在敦煌网上发布信息,因为这样供应商和采购商可以在确保完成订单的情况下再支付相应的服务费用。

另外,敦煌网还向众多的卖家提供了推荐位投放服务,卖家在急需将产品售出时,可以选择此服务,以在短时间内将产品优先展示,快速提升产品的关注度,获取产品竞争中的优势地位,这时卖家需要向敦煌网支付相关费用。敦煌网在大部分 B2B 跨境电商仅能提供黄页功能时,就可以提供增值业务,这在当时可以说是巨大的商业创新。

2. 优秀的物流合作

敦煌网与 PayPal 等多个国际成熟的支付平台合作,在买家验货满意之后,敦煌网才将货款转至卖家账户,以保证交易安全。为了加快物流速度,敦煌网不仅整合了 USP、DHL 等大型物流公司,还整合了一些小型物流公司,交易周期最短为 3 天,最长不超过两周,这大大提高了买卖双方的交易效率。同时,敦煌网通过与物流公司的合作,为卖家提供了自定义运费的功能,使卖家可以自主选择物流方式,使得在敦煌网出售的产品在运费上更有竞争力。

3. 有价值的服务

敦煌网拥有大量用户且用户黏性很强,其中的主要原因是它为买卖双方都提供了极具价值的服务。对于卖方,敦煌网提供了大量优质服务且具备价格吸引力。对于买方,敦煌网有着独特的优势。它将众多买方的需求汇集起来,然后代表买方与产品及服务提供商进行价格谈判。当有了大量订单时,敦煌网就拥有了很强的议价能力。这种议价能力不仅能让买方在产品支出上节省成本,而且也能让买方在运费等方面节省成本。例如,敦煌网通过将不同采购商的货品装进同一个集装箱极大地节约了买方的采购成本。

16.1.4 敦煌网的未来是 B2B 还是 B2C?

近年来,B2C 的浪潮不断地推动电子商务的发展,新零售等名词也渐渐出现在人们的视野里,但人们似乎更看好 B2C。随着淘宝、京东等一系列 C2C 和 B2C 平台的兴起,跨境电商似乎渐渐也会被 B2C 取代。在电子商务迅速发展的时代,产品本身逐渐不再是最受关注的要点,因为随着生产技术和质量检验技术的发展,产品之间的差距变得不那么明显。人们开始关注与产品相关的服务,这就是交易服务化的趋势。

交易服务化的趋势就是大家常说的 B2C 化的趋势。B2B 由 1.0 向 2.0 迈进,聚焦交易平台建设,并围绕这个交易平台提供各种供应链服务,如客户管理、订单管理、物流管理等。

那么,B2B 会不会向 B2C 妥协呢?作者认为是不会的,或者说在不短的一段时间内不会,因为单单从物流费用来看,传统的 B2B 模式已经实现了效率的最优化。由此可见,传统的 B2B 模式并非一无是处,不需要刻意革命,B2B 和 B2C 可以按照社会实际情况,合理地分工协作。因此,B2B 不容易被 B2C 取代。

虽然 B2B 不容易被 B2C 取代,但是就敦煌网的案例来看,只是提供黄页功能的传统的 B2B 跨境电商是难以适应市场需要的,因此,敦煌网仍然需要适应时代的发展,在电子商务的发展过程中不断完善自己。

1. 跨境电商移动化

近年来,移动端的电子商务已经成为主流。美国市场调查研究机构 ABI 的研究报告显示,2015 年全球移动端购物的交易额达到了 1 190 亿美元,约占全球电子商务交易总额的

8%。近年来,智能手机等移动终端的销售量在不断增加,可以预见的是,移动端的电子商务已经成为绝大部分人生活中的重要一环。如今,移动端的电子商务的规模正在扩大,其已经可以对一个企业或品牌产生本质上的影响。因此,移动端的电子商务开始被纳入企业发展战略。2011年敦煌网率先联手PayPal开启跨境移动端的电子商务,并同时在安卓和iOS系统上开发了自己的App,2014年,其在移动端的业务成交额已经占总成交额的15%以上。可以相信,跨境移动端的电子商务在未来几年将持续保持高速发展,并最终将成为跨境电商的主流模式。

2. 电子商务社交化

数据显示,在买家购买完商品或服务后,超过42%的买家会在第三方网站或媒体上评论卖家,超过32%的买家会在社交媒体上发表评论或者将商品或服务分享给自己的好友,因此对于企业来讲,社交化的电子商务的重要性不言而喻。B2B平台的社交化自然成为企业社交化商务不可分割的一部分。平台只有积极引入社交媒体,加大社交化商务在平台中的权重,才能适应未来电子商务社交化这一发展趋势。

3. B2B 与 B2C 电商一体化

从行业的纵向发展来看,B2B与B2C逐渐融合,贯通电子商务产业链。B2B与B2C进行整合与对接,使得B2B可以借助互联网完成对渠道和消费者的布局,进而使得互联网的渠道价值实现了最大化,让B2B有了新的价值,为B2C或C2C提供了信息互换平台,深度挖掘了B2B的潜力,将成为电子商务大产业生态链中的重要一环。

案例来源

翟虎林,谭蓉,《敦煌网跨境电子商务经营模式研究》,发表于《中国集体经济》。

课后思考题

1. 跨境电商社交化的意义在哪里?
2. 敦煌网的案例对跨境电商的未来发展有什么意义?
3. 敦煌网对目标用户的精准定位给了我们什么启示?

参考文献

[1] 吴子骏. 海关监管改革背景下敦煌网跨境电商发展研究[D]. 南昌:南昌大学,2019.

[2] 马德清,刘建刚. 跨境电商平台在电子商务专业实践课程教学中的实施——以"敦煌网"的实践平台为例[J]. 西部素质教育,2019(13):163-164.

拓展阅读

1. 敦煌网:中国第一个B2B跨境电子商务交易平台. 2018-09-29. https://www.sohu.com/a/256876426_260642.

2. 对话王树彤:敦煌网十年B2B为何还要坚持? 2015-04-09. https://www.ebrun.com/20150409/130400.shtml.

16.2 阿里巴巴国际化的重要战略产品——全球速卖通

移动端浏览：

案例标签：B2C；跨境电商；跨境物流

案例网站：https://sell.aliexpress.com

案例导读：

全球速卖通是阿里巴巴针对国际市场打造的 B2C 在线交易平台，于 2010 年 4 月正式上线。由于在全球速卖通成立之初，阿里巴巴旗下的国际站已经在经营 B2B 的国际贸易，因此最初全球速卖通的定位与淘宝类似，其是一个 C2C 的跨境电商平台，被众多的卖家和买家称为国际版淘宝。卖家可以在平台上发布商品信息等，在买家购买商品后，通过国际快递将商品寄给买家。在这个平台上，多达 220 多个地区的卖家与买家可以进行交易。

16.2.1 从 C2C 到 B2C

2015 年 12 月 7 日，阿里巴巴旗下的跨境出口电商平台全球速卖通对外宣布，全面从跨境 C2C 平台转型为跨境 B2C 平台。同时，全球速卖通平台将针对所有行业提升商家入驻门槛。全球速卖通一方面按照经营大类设置年费，提高准入门槛，另一方面通过"年费返还"等有效激励措施，提振优质国产品牌开拓全球市场的信心。

课堂讨论：全球速卖通为何要从 C2C 平台转型为 B2C 平台呢？

我国的跨境电子商务模式主要有 B2B 和 B2C 两种模式。在传统 B2B 模式下，企业通过平台发布销售或者求购信息，达成资金交易后，其余流程基本在线下进行，这本质上与传统跨境贸易无异。在 16.1 节的敦煌网案例中，敦煌网成功地将原先大部分在线下处理的业务放到了线上。而在跨境 B2C 模式下，我国企业主要面对的是国外的消费者，以销售自身品牌旗下的产品为主，在买家购买产品后，卖家采用快递等方式将产品寄送到买家手中。将 B2B 模式与 C2C 模式做简要对比后，我们可以发现 B2C 模式的关键在于销售给国外消费者的产品是由厂商提供的，这意味着这部分产品中包含一个很关键的元素——品牌，在中国制造转型的背景下，中小型企业迫切地需要将自身产品转型为品牌。在这个理念的影响下，C2C 模式更偏向各自为战，以优质廉价的产品作为主要卖点，消费者重点关注产品本身，而对产品品牌的认识不足，这显然不利于树立品牌效应，因此，全球速卖通快速地转型为跨境 B2C 平台。

16.2.2 全球速卖通的优势和劣势

1. 全球速卖通的优势

与其他跨境 B2C 电商平台相比，全球速卖通的优势主要体现在以下几点。

（1）货物交易的规模较大

全球速卖通作为阿里巴巴旗下的电商平台，具有得天独厚的流量优势，因此它发展新用户的难度比其他电商平台略低。拥有较大流量的优势在于，流量会正向影响平台的货物交易规模,即流量越大,平台货物交易的规模也越大,而大规模的货物交易有利于跨境物流规模化运输网络的建立和发展。全球速卖通平台可以充分利用规模经济的优势,在国内交易量大的重点地区建立专业的跨境物流运营中心,根据货物的特点和配送目的地将货物进行分类整理,之后将货物交由物流公司进行配送,这种方式一方面可以在物流上提高议价能力,获取更低廉的物流服务,从而降低成本,另一方面可以提高物流的资源配置能力和运作效率。

(2) 配送体系较健全

为了健全全球物流配送体系,阿里巴巴旗下的菜鸟网络积极与燕文、递四方、新加坡邮政、英国邮政、中通、圆通、EMS 等跨境物流企业合作,力求搭建具备全球配送能力的跨境物流骨干网。全球速卖通平台联合菜鸟网络推出了 AliExpress 无忧物流服务,并与全球物流查询平台——17TRACK 开展了合作,从而为全球速卖通平台的用户提供货物配送、物流信息查询、售后服务等一系列服务,为货物的顺利运达提供保障。截至 2015 年,全球速卖通的无忧物流体系支持 30 多个国家的语言,可以为 200 多个国家提供运输与快递服务。

(3) 设立了海外仓库

一方面为了解决物流时间过长所带来的用户满意度下降的问题,另一方面为了减轻物流压力,全球速卖通从 2013 年开始在俄罗斯和美国等多个国家与第三方跨境电子商务平台和国际物流公司合作设立海外仓库,这些海外仓库用来为买家提供本地发货服务。卖家提前备货后,买家可以享受由当地仓库进行配送的服务,极大降低了国内发货所带来的物流成本和时间成本。

2. 全球速卖通的劣势

虽然相比于一般的 B2C 电商平台,全球速卖通的优势较为明显,但是在电子商务快速发展的今天,全球速卖通仍然在很多地方做得并不完善。

首先,无忧物流的服务体系还并不完善。无忧物流的成立时间较短,再加上部分地区的物流成本高昂,导致其目前的揽收范围仅覆盖我国部分城市和地区,这些城市和地区主要集中在我国的东部地区,而不在揽收区域内的卖家如果想享受无忧物流的服务,需要将货物自行运送至邻近的具有揽收能力的仓库,因此,在无忧物流无法覆盖的区域,卖家一般都会选择第三方物流(如 UPS 等)来进行货物的邮寄。另外,是否使用无忧物流服务并不是由卖家决定的,只有买家在下单过程中注明了使用无忧物流进行快递,卖家才可以使用无忧物流,这也在很大程度上限制了无忧物流的使用范围。

其次,全球速卖通海外仓库的覆盖范围较小。由于全球速卖通的海外仓库均是与第三方跨境电子商务平台或国际物流公司合作设立的,因此全球速卖通自身没有官方海外仓库。截至 2017 年,全球速卖通只在不到 30 个国家合作设立了海外仓库,同时,由于这些海外仓库都是合作搭建的,因此相比于官方海外仓库,其不易管理。将全球速卖通与亚马逊做简单对比后可以发现,亚马逊早在 2015 年就在 120 多个国家设立了官方海外仓库,而全球速卖通的海外仓库布局仍需时日。

16.2.3 全球速卖通的未来

在"互联网+"政策的支持下,海外仓库的建设、"一带一路"倡议的实施,对建设我国物流基础设施、构建互联互通的物流基础设施网络、实现物流平台的网络化联合、打通全球物流的关键性环节具有重要的积极影响。全球速卖通平台可以充分利用国家政策在物流基础设施建设方面的有利条件,通过合作或自建的模式,编织覆盖全球的跨境物流网络,从而为全球速卖通平台的货物运达提供更安全、更快捷的保障。因此,全球速卖通的未来发展需要在当前的基础上继续做出努力,才能真正地实现"让中国的品牌走向世界"。

首先,全球速卖通需要进一步完善官方物流。无忧物流需要进一步扩大物流覆盖范围,以便更好地提升服务质量和用户黏性。由于在我国中部和西部地区无忧物流很难提供服务,因此这部分地区对无忧物流的使用率较低,这方面需要进一步完善。通过菜鸟网络强大的物流体系,无忧物流可以实现对全国较大城市的覆盖,减少物流时间和物流费用。

其次,全球速卖通在海外仓库建设方面仍需加强。近年来,大部分跨境电商平台都在进行第三方海外仓库的建设。全球速卖通的海外仓库覆盖率并不高,自建海外仓库和合作设立海外仓库的结合有利于其尽快地完成海外仓库的布局。由于很多物流公司(如乐宝物流等)已经开始提供代运营业务,因此全球速卖通平台应积极与运作模式成熟的企业合作,尽快完善海外仓库布局,增强自身竞争力。

最后,近年来跨境电商正在逐渐从混乱的状态走向正规的状态。可以预见,商品正在不断地走向正规化和品牌化。因此全球速卖通需要进一步对卖家进行严格把控,进一步增强卖家的品牌意识,力图打造我国跨境电商的黄金时代。

案例来源

闫晨晖,河南大学,《基于 SWOT 分析的跨境电商物流研究》。

课后思考题

1. 为什么在跨境电商中,物流如此重要?
2. 全球速卖通的案例对跨境电商的未来发展有什么指导意义?
3. 为什么大部分跨境电商企业都不再自建海外仓库了?

参考文献

[1] 白杨,李宏畅. 速卖通跨境电商平台运营现状和发展建议[J]. 改革与开放,2018(13):15-17.

[2] 谢昕彤. 新媒体时代下我国跨境电子商务的发展趋势探讨——以阿里巴巴速卖通为例[J]. 电子商务研究,2018(18):10-11.

拓展阅读

1. 速卖通的复兴之路:在阿里财报的曙光中探寻新机遇. 2024-05-21. https://baijiahao.baidu.com/s? id=1799627089827215612.

2. 速卖通总经理:从 C2C 到 B2C,为什么? 2015-12-25. https://www.sohu.com/a/50506570_230051.

3. 阿里巴巴带来的数字经济中国方案:速卖通为何火爆俄罗斯. 2017-10-18. https://baijiahao.baidu.com/s? id=1581609830112 7695990&wfr=spider&for=pc.

第17章 农村电子商务服务类

17.1 一个核桃引发的电商扶贫大戏——成县模式

移动端浏览：

案例标签：农产品电商；成县模式；微媒体营销

案例网站：http://www.gansu.gov.cn/gsszf/gsyw/201703/1440599.shtml

案例导读：

在"互联网＋"的推动下，电商扶贫成为精准扶贫的关键。各地政府积极推动农村电商发展，农业农村部、商务部等推出"示范县"工程，甘肃成县模式是其中的代表。成县的农特产品种类丰富，但由于交通不便等因素，这些产品难以销售出去。成县以核桃为突破口，强调在人才缺乏、交通不便、信息闭塞的西部地区，创新"互联网＋"模式至关重要。

17.1.1 成县简介

成县隶属于甘肃省陇南市，位于甘肃省南部、陇南市东北部。成县下辖14镇、3乡，设立15个居民委员会、245个村民委员会，其总面积为1 676.54平方公里，总人口为26.98万人，常住人口为24.68万人，其中城镇人口为12.02万人，城镇化率为48.7%（2018年的数据）。成县四季分明，冷暖适度，被誉为"陇右小江南""陇右粮仓"。成县的自然资源丰富，有矿产资源、水资源、生物资源等，被评为"千年古县"，是"中国核桃之乡""中国最佳旅居度假名县""中国最美生态宜居旅游名县"。其有核桃、红川酒、天麻等名优特产，还有西狭颂风景名胜区、鸡峰山国家森林公园、杜少陵祠等景点。

成县拥有较多的山地，属于不利于大力发展工业的地貌类型。成县的林业产品丰富，其拥有超过3万公顷的核桃林，并且这些核桃拥有较高的品质。以前成县一直处于贫困状态，政府的扶助工作没有起到良好的效果。但是，截至2014年，成县有627家网店，实现了1.05亿元的销售收入。在短短的几年之内，成县就彻底摆脱了贫困。

课堂讨论：成县虽然拥有丰富的林业产品，但为什么一直处在贫困状态？

17.1.2 成县贫困的原因

1. 对销售的重视程度不够

长期以来,成县的农户一直处在只负责种植与生产的状态,与外界的联系较少,且由于传统农林思想的作用,大部分农户对如何进行核桃销售的认识不足。这导致产品与市场需求联系不紧密,产品流通不畅,生产出的产品往往有滞销的问题。

2. 缺乏有效的宣传途径

如何将产品有效地推广给更多的潜在消费者,是处在大山之中的成县农户们遇到的重要难题之一,在成县开展电子商务之前,成县的农户们不知道互联网在产品宣传中的作用,往往只使用传统手段进行产品宣传。

3. 缺乏物流基础设施

由于交通不便和物流基础设施匮乏,所以产品的运输成为阻碍成县电子商务发展的重要问题。产品无法被快速、高效地运送到消费者的手中,会降低消费者的黏性,减少潜在的消费者数量。

17.1.3 成县模式

1. 微媒体营销

2013年6月,成县县委书记开始尝试在微博上为成县核桃进行宣传,试图为成县核桃寻找更多的买家,这种宣传方式最终获得了良好的效果:成县核桃作为零售产品被发往北上广等一线城市。这解决了农村产品销售的关键问题——卖给谁。于是,在政府的号召下,成县大大小小的政务微博、公众号都加入了这场微媒体营销中,大部分的微博和公众号将产品信息、产品预订、产品销售合并起来,将成县核桃推出了大山,打响了成县脱贫的第一枪。

2. "农户+电商"和"园区+基地"模式

在经历了微媒体营销之后,成县政府和农户们都渐渐认识到了电子商务在销售过程中发挥的作用,于是成县的电商大戏在2014年正式开幕。成县通过创建交流合作平台,让农户们可以通过电子商务平台进行产品的销售,同时建立了各类产品的产业园区,并吸引了阿里巴巴农村淘宝、京东帮、苏宁易购等电商企业入驻园区,创建了阿里巴巴农村淘宝成县服务中心。同时,成县被阿里巴巴列为"千县万村"计划农村淘宝项目西北首个试点县。构建成县"农户+电商"模式,完成物流配送体系的搭建,扩展、维护村级服务网点市场,培养农户的运营与销售能力,并借助菜鸟平台逐步整合优化县内的物流配送机构,打通乡村物流配送的"最后一公里",让成县的各类商品可以被快速地送到消费者的手中。

建立产业园区是成县的一个重要举措,产业园区可以将各类产品的生产、加工、物流、推广等进行集成。成县重点引进电子商务交易平台协助经营,形成了地方产业集群,以统一指挥、统一管理的形式优化产业供应链,各生产部门、辅助部门协同工作,降低了生产成本,提高了产品质量。产业园区的形式提高了成县电子商务发展的质量与效率,缩小了可能出现的贫富差距,变相地降低了扶贫难度,同时便于政府管理成县的电子商务。

3. 农村电子商务生态已形成

2015年,成县的农村电子商务平台已经基本搭建完成,成县的电子商务生态也基本形成,物流、资金流、信息流均已形成体系,基础设施建设基本到位,电子商务已经成为带动当地产业升级、农林业发展、脱贫致富的重要手段。

课堂讨论:农村发展电子商务需要解决哪些关键问题?

17.1.4 成县模式成功经验中的关键问题

成县脱贫的成功让人们看到了电子商务在扶贫中的巨大作用,但是要想通过电子商务脱贫,还需要解决关键问题。

1. 基础设施问题

正所谓"兵马未动,粮草先行",目前农村贫困地区的发展遇到的瓶颈主要有网络不畅通、交通不便利、城镇基础设施落后、贸易物流渠道狭窄等。交通设施和物流设施的缺乏导致的内部和外部的产品流通不畅,基站不足导致的网络不畅通,都会使物流、资金流、信息流受到严重的制约,如果无法通畅地和外部进行价值交换,就无法改变地区贫困的状况。

2. 人才需求问题

在基础设施问题得到解决之后,人才需求问题便凸显出来。电子商务在农村的开展缺乏人才的支撑,很多农民对于网络仍然处在不了解、不会用的状态,对网络和电子商务的反应迟钝,甚至有很多农民对这种看不见、摸不着的东西持有抵触情绪,故而人才的缺乏大大限制了电子商务在扶贫大潮中发挥的作用。要想解决这个问题,需要重视人才的引进与培养,做到引培并举,即引进外来人才,培养本地人才。

3. 政府扶持问题

不论是在基础设施建设方面,还是在人才培养与引进方面,政府需要发挥引领作用。可以说,如果国家没有出面引领着扶贫工作,那么很多地区也不会有如今的富饶生活。有些地区若在电子商务方面遇到了困难,遭受了损失,则可能很难再愿意在这个方面继续努力。如果政府的引领方向不够鲜明,扶贫意志不够坚定,推行举措不够合理,那么这种情况将很难避免。因此,政府需要起到绝对的支持作用。

4. 电商管理问题

虽然电子商务可以让贫困地区的生产者以较低的价格获得所需的生产材料,但是贫困地区的产品可能也需要以较低的价格在网络上出售,这对于各自为战的农民们显然是不利的。甚至在发展电子商务的过程中,很难保证单打独斗的农民们不出现内部竞争的情况,内部竞争可能带来较为恶劣的影响。所以,在农村发展电子商务的过程中,必须重视管理问题,将分散的农户转化为集群,形成电子商务产业。

课堂讨论:你觉得"电商扶贫"是双赢的吗?试结合案例做出分析。

案例来源

唐端、邹益民、陇南市电子商务发展局、浙江师范大学,2016年中国电子商务案例高峰论坛暨全国百佳电子商务案例颁奖典礼,中国义乌。

课后思考题

1. 试用竞争与合作的相关理论分析阿里巴巴与成县政府的合作会对特色农产品销售的

格局有哪些影响。

2. 从管理学角度分析淘宝网如何携手成县政府建立农产品电商的行业标准。

参考文献

[1] 史雯霞. 成县探索发展农林产品电子商务模式[J]. 甘肃林业，2016(5)：13-14.

[2] 田园. 甘肃省电商扶贫路径探析——以成县为例[D]. 兰州：甘肃农业大学，2018.

[3] 淘宝大学阿里研究院. 互联网＋县域：一本书读懂县域电商[M]. 北京：电子工业出版社，2016.

[4] 电商扶贫试点：县委书记在微博上推销核桃[EB/OL]. (2015-06-08)[2024-08-28]. https://news.cntv.cn/2015/06/08/ARTI1433746152156485.shtml.

拓展阅读

1. 善谋善为，稳进齐举促发展——高质量发展的"成县模式". 2024-03-07. https://www.thepaper.cn/newsDetail_forward_26598282.

2. 【大宏图·"县"在启航】甘肃成县：书写"三大区块"跃升篇章 擘画"景城融合"成州印象. 2023-05-21. http://news.cjn.cn/bsy/gnxw_19788/202305/t4564876.htm.

3. 物流、供应链、分销商，"成县模式"有哪些新亮点？2016-09-21. https://i.wshang.com/Post/Default/Index/pid/247417.html.

17.2　电子商务综合服务商＋网商＋传统产业——遂昌模式

移动端浏览：

案例标签：电商服务；B2C；电商生态

案例网站：https://www.suichang.gov.cn/art/2021/8/20/art_1229561455_59823561.html

案例导读：

遂昌位于浙江省西南部，隶属丽水市，其山地占总面积的 88.83%，全县总面积为 2 539 平方公里，总人口为 23 万人（2017 年的数据）。

由于遂昌独特的自然条件，这一区域的农产品品质非常高，竹炭、烤薯、山茶油等产品均属于当地特产。早在电子商务刚刚起步的 21 世纪初期，就有遂昌人将这些特产放在网上售卖，后来遂昌人也开始在网上售卖其他产品，如衣服、家具等。

17.2.1　案例背景

2005 年遂昌的电子商务开始发展，2010 年遂昌网店协会成立，2013 年"淘宝·特色中国·遂昌馆"（以下简称遂昌馆）在淘宝平台上线，遂昌已经形成了以农产品为特色、多品类商品协同发展的电子商务模式。

目前,遂昌以电子商务服务商本地化为驱动,带动了整个区域电子商务的发展,促进了传统产业的发展与转型,将"电子商务综合服务商＋网商＋传统产业"作为支持遂昌本地电子商务发展的核心思想,拓宽了信息化时代的县区经济发展道路,使本地农副产业和传统加工产业成功转型,并且成功实现了让县区由贫至富的目标。

课堂讨论:传统农业和传统加工业面临哪些困境?

17.2.2 传统产业的新发展

首先,农产品电子商务成了特色,传统产业加快了电商化进程。

在信息化社会,信息是重要的生产要素,其重要性渐渐超过了土地、劳动力、资本等。消费者对食品的要求越来越高,不断创新的管理理念对传统农业和加工业产生了巨大的压力,它们急需进行各个方面的调整。

传统农业与加工业需要融入现代化理念,进行从生产到加工再到销售等结构的重组,信息作为重要的生产力,为传统农业和加工业的转型提供了前进的动力,推动了传统农业和加工业再次升级。因此,传统农业与加工业的电商化水到渠成。

课堂讨论:与其他农村电子商务服务类案例相比,遂昌模式的特点是什么?

与江苏睢宁沙集镇、浙江义乌青岩刘村等地以家具、小商品为交易物的农村电子商务相比,遂昌模式最大的不同在于其交易物以农产品为主,属于典型的农产品电子商务。

2012年淘宝上农产品的交易额为198.61亿元。其中,传统滋补营养品、粮油米面/干货/调味品、茶叶是淘宝网2012年交易额前三的农产品类目,其交易额分别为61.41亿元、34.53亿元和34.16亿元。

与一些县域农产品电子商务发展主打一两种产品(如安溪的茶叶、青川的山货)不同,在遂昌,网上交易的农产品种类自2010年起日渐丰富,包括零食坚果、粮油干货、生鲜蔬果等。从2013年开始,生鲜蔬果产品逐渐成为遂昌电子商务交易的主打产品。

2010年,遂昌网店协会的成立标志着遂昌的电子商务真正地进入了快速发展的时期。遂昌网店协会建立的农产品分销平台实现了电子商务服务商的本地化,极大地加快了遂昌的电子商务化进程。不熟悉电子商务的农民和传统企业只要通过农产品分销平台就可以进行网络销售,这使得电子商务在遂昌变得简单易行,提高了遂昌农产品的网络销售占比。例如,遂昌的九龙岳食品企业已经将产品全部放在农产品分销平台上销售。

其次,网商集群式发展促进了县区电子商务生态的初步形成。

遂昌网店协会除了对遂昌电子商务的发展速度产生了影响外,还使得遂昌的网商形成了集群。在后续的发展中,遂昌渐渐地形成了属于自己的电子商务生态系统。

2010年3月26日,遂昌网店协会由团县委、县工商局、县经贸局、维康竹炭公司、纵横遂昌网等共同发起成立,潘东明成为其首任会长。作为非营利组织,该协会按社会团体法人依法登记注册。该协会的定位是成为"信息共享、资源互补"的服务性公共联合平台。该协会的主要工作包括帮扶网商成长、整合供应商资源、规范电子商务的服务市场等。

截至2013年6月底,遂昌网店协会共有1 473个会员,其中网商会员1 268个,供应商会员164个,服务商会员(包括物流公司、快递公司、银行、运营商等)41个。遂昌逐渐形成了较完备的电子商务生态体系,为城乡中青年群体提供了近 5 000 个就业岗位。

2013 年 1 月 8 日,由遂昌网店协会运营的遂昌馆正式上线,是淘宝上第一个以县级为单位的特色馆,遂昌馆的产品不仅包括烤薯、菊米等本土美食,还包括一些当地的旅游产品,这是遂昌"整体营销"的一项创举,大大提升了遂昌这个小县城在互联网上的知名度。

课堂讨论:什么是"整体营销"?

最后,政府积极提供了电子商务软硬件支持。

(1) 基础设施的投入

在交通方面,遂昌县政府积极完善交通建设:一方面狠抓项目,规划道路建设,开通了多条连接偏远农村和县城的交通支线;另一方面加强管理,强化科技在交通管理中的运用,进一步改善了县域交通环境。2006 年,龙丽高速的开通为遂昌电子商务的快速发展奠定了基础。

在宽带方面,遂昌加快发展以宽带为核心的通信基础设施建设。

在园区方面,遂昌已经规划出了专门的电商产业园,并开始投入建设。建成后,遂昌将实现网商聚合、协同发展。2013 年遂昌馆上线。为保证遂昌馆的正常运营,遂昌县政府支持遂昌网店协会建设了 3 000 m^2 的配送中心。

(2) 规则和政策的支持

2011 年,遂昌县政府出台"全民创业支持计划"及配套政策,每年给出 300 万元的财政补助,其中 200 多万元的财政补助用于遂昌电子商务的发展。遂昌县政府承诺将在人才、空间、财政、政策等方面加大对遂昌电子商务发展的支持。

在食品安全方面,投资了 300 万元的遂昌农产品检测中心开始建设。而在遂昌馆上线时,一套"政府+农户+合作社+网店协会+淘宝网"的由多方负责的品控机制已经开始实行。遂昌县政府为遂昌馆的产品背书,实行由多方负责的监管机制。

通过政府、农户、合作社、网店协会、淘宝网的几方联动,遂昌实现了农产品在售前、售中和售后 3 个环节的全方位品质控制,如图 17-1 所示。

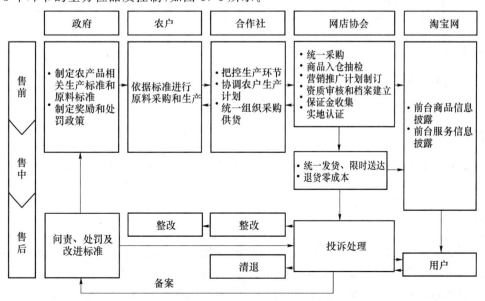

图 17-1　政府、农户、合作社、网店协会、淘宝网的几方联动

17.2.3 遂昌模式的成功经验

1. 电子商务生态系统建设方面

遂昌馆的上线为农村网商们解决"如何系统地发展电子商务""如何整体发展"等问题提供了新的思路。遂昌网店协会通过对网商的帮扶和整合,使得当地电子商务生态初步形成,使人们看到了有组织、有系统的农村电子商务对于农村经济发展与建设起到的重要作用,以及组织化程度对县区电子商务生态发展的影响,使得本地的电子商务服务商可以更好地对接综合市场,并做出更优质的市场策略。

2. 传统产业升级方面

遂昌通过对多类型农产品和加工产品的网销,为如何拓展农副产品品类问题等提供了新的解决思路。电子商务和旅游业、服务业的结合,使得原本非常困难的推广过程变得容易。为农民搭建分销平台解决了传统的农产品难以对接电子商务的问题,为农村电子商务服务业的打造提供了新的思路。

3. 政策方面

遂昌县政府致力于电子商务发展,积极营造软硬件环境:一方面,针对网销产品建立政府介入的多方责任监管体制;另一方面,深入思考政府在农产品电子商务发展中的定位、农产品安全质量的把控方式等问题。这一系列举措背后展现出的是服务型政府在电子商务发展中积极有为的治理理念。

以电子商务综合服务商本地化为驱动,带动县域电子商务的发展,促进地方传统产业,尤其是农业及农产品加工业实现电子商务化。在政策的驱动下,终将形成信息时代下的县域经济发展道路。

案例来源

隋青等,《"遂昌模式"对山东省农产品电商和生鲜电商发展的启示》,发表于《物流技术与应用》。

课后思考题

1. 农村建设电子商务生态系统的意义是什么?
2. 农村的电子商务发展为什么必须有政府政策助力?

参考文献

巫如娟. 农产品电子商务的特征、形势与突破——以遂昌县为例[J]. 江西农业,2018(2):73.

拓展阅读

1. 遂昌模式研究——服务驱动型县域电子商务发展模式. 2016-08-04. https://theory.people.com.cn/n1/2016/0804/c401815-28611279.html.

2. 从"遂昌模式"谈创新的重要性. 2017-03-20. https://scnews.zjol.com.cn/scnews/system/2017/03/20/021126946.shtml.

17.3 中国邮政的农村电子商务发展战略

移动端浏览：

案例标签：邮乐网；O2O；B2C；农村电商；速递物流；普惠金融
案例网站：https://www.ule.com
案例导读：

中国邮政在农村物流方面具有不可撼动的地位，这也是其核心竞争力。由于其用户群体的独特性，中国邮政摸索出一条独特的农村电子商务发展道路。中国邮政采用"网点＋站点"的新零售方式，线上以"邮乐网"电商平台和"邮掌柜"供应链平台赋能农户和农村合作社，打造极具竞争力的"邮政农品"，解决了"农产品进城"的"最初一公里"问题，线下通过"邮乐购"和县乡村三级寄递物流体系等实体渠道解决了"工业品下乡"的"最后一公里"问题，打造了一个集"线上购买、平台批销、农产品进城、便民服务、普惠金融、物流配送"于一体的中国邮政农村电子商务服务发展平台。

课堂讨论：中国邮政速递物流在农村的地位？

17.3.1 中国邮政的物流优势助力其农村电商发展

1999年，中国邮政在农村地区开启物流配送服务，仅经过几年的发展，中国邮政的物流网络就遍布1 600个县、乡镇。截至2019年，中国邮政的网点稳定在5.4万个，乡镇农村网点覆盖率达到100%。中国邮政为农村经济发展做出了巨大贡献。中国邮政农村物流发展迅速得益于以下两点。

① 中国邮政具有强大的网络优势。中国邮政的通信网点遍布全国，有邮政编码的地方就有中国邮政，这强大的网络优势是任何一家民营快递公司无法比拟的。此外，中国邮政不断创新、不断完善物流技术，搭建信息化、全国覆盖率高的综合计算机网络，采用先进的ATM技术，在物流运送过程中实时进行数据传输。

② 中国邮政具有良好的品牌优势。信件运送的及时性、安全性一直是中国邮政的核心竞争力，其在大众心中具有较高的信誉，这是中国邮政在物流行业的地位不可撼动的原因。EMS特快专递的发展更是大大提升了中国邮政的品牌优势，无论是社会人士还是在校学生，在需要运送重要、紧急的文件时首先想到的一定是EMS特快专递。

中国邮政在农村中的显著优势助力其发展农村电子商务。为解决"快递进村"的"最后一公里"问题，中国邮政建设县乡村三级物流体系，通过"邮快合作"的方式，构建"快递进村"邮政网络：由民营快递公司将包裹送至乡镇一级，再由中国邮政"接力"将包裹配送至各村的邮政快递服务站。该物流网络既满足了村民的日常网购需求，又拓宽了农产品的销售渠道，中国邮政的物流网络在其发展农村电子商务的过程中发挥着至关重要的作用。

17.3.2 打造农村电商生态圈

加快发展农村电子商务，是中国邮政服务"国之大者"的具体体现。近年来，中国邮政深耕农村电子商务,将商流、物流、信息流、资金流"四流合一",构建集"电商＋普服＋金融＋寄递"于一体的农村电商生态圈,加速建立健全农村电子商务体系,解决农村产业发展中的"销售难""物流难"等问题,助力乡村振兴和共同富裕。图17-2所示为中国邮政农村电商生态圈的具体体现。

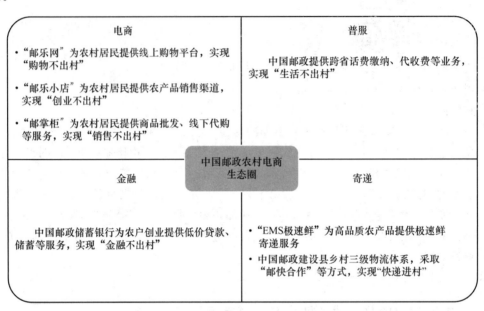

图 17-2　中国邮政农村电商生态圈的具体体现

1. 中国邮政打造了农村电商发展的"邮乐产业链"

"邮乐网"是中国邮政旗下的综合性购物新平台,以原产地农产品为特色,助力乡村振兴。"邮乐网"依托农村企业、农村合作社以及农户为城市消费者和农村供应商提供了一个值得信赖的农产品售卖平台,同时为农村居民实现了"购物不出村、创业不出村、销售不出村、生活不出村、快递不出村"的目标。

中国邮政通过O2O的商业模式,为农村居民提供了一个"线上网购＋线下体验"的综合性购物新平台,即线上依托电商平台"邮乐网"和供应链平台"邮掌柜"等实现"工业品进村",线下依托中国邮政速递物流、中国邮政储蓄银行、"EMS极速鲜"等实现"农产品进城",如图17-3所示。

2. "919电商节"助力农村电商新发展

"919电商节"是中国邮政在"邮乐网"举办的线上电商活动,其活动主要包括社团团购活动以及百大品牌特惠活动,通过"线上直播＋线下推广"的方式积极进行农特产品的销售,让广大消费者看到更多的优质农特产品,让农特产品走进电子商务市场,使农民创收致富。

中国邮政立足乡村振兴,大力推进惠农合作项目,加快落实"互联网＋农产品进城"工程,并在"919电商节"期间做好农特产品的流量大数据分析与物流保障工作,并将"919电商节"与"农民丰收节"相结合,强化"邮政919,丰收欢乐购"主题,以增加农民收入,提升农村消费水平,助力农业不断发展,全面构建邮政农村电商新生态,为乡村振兴注入新活力。

课堂讨论:中国邮政如何实现"工业品下乡"和"农产品进城"?

图 17-3　中国邮政的农村电子商务发展版图

17.3.3　安吉邮政的"快递活村"示范项目

目前,农村电子商务是中国邮政的明星业务,未来也会是中国邮政的金牌业务。中国邮政立足乡村振兴发展战略,通过普惠金融和速递物流为农村电子商务的发展保驾护航。各省邮政因地制宜,摸索出各省独特的农村电商发展经验,其中安吉邮政的"快递活村"项目便是中国邮政农村电商发展中的代表经验。

2009 年,安吉县邮政分公司与县运输管理局共同启动"美丽乡村物流配送项目",构建县乡村三级物流体系,助力农村电商的发展;2016 年,安吉县邮政分公司在偏远山区开通了中国第一条"无人机邮路",其物流网点覆盖率达到了 100%,农村物流体系逐渐完善;2020 年,为了加速实现"快递进村",安吉县邮政分公司开展"交邮合作"项目,将安吉县公交线路与邮政配送线路结合起来,探索出"公交+邮路"的专线物流配送模式,这既能加快"快递进村",又能实现节能减排的目的;2022 年,安吉县邮政分公司在"快递进村"的基础上开展"快递活村"农村电子商务发展项目,该项目不仅要达到"工业品下乡"和"农产品进城"的目标,还要实现"购物不出村、创业不出村、销售不出村、生活不出村、金融不出村"的一站式农村电商服务;2023 年,安吉县政府提出"乡村能级提升"指导战略,安吉县邮政分公司在此环境下继续提升邮政农村电子商务服务,尽可能缩小乡村与城镇之间的差距,不断为乡村振兴注入新的活力。

2023 年,在安吉县邮政分公司的牵头下,安吉已建设了 1 个县级快递物流中心、17 个乡镇快递物流站和 180 个村级快递服务点。此外,安吉县邮政分公司通过"交邮合作"项目已搭建18 条农村电商物流公交专线,基本实现了邮路全覆盖。邮政振兴乡村,安吉邮政的"快递活村"示范项目很好地说明了中国邮政在农村电子商务发展中的核心竞争优势。

17.3.4 未来发展方向

1. 解析惠农政策，深入农村市场

《2022年中国农业农村发展趋势报告》指出，"十四五"期间，"三农"是我国经济社会发展的重难点与潜力所在。同时，根据《中国互联网络发展状况统计报告》，截至2022年12月，我国农村网民数量已超10亿，涉农电商已超过3万家，农村网络零售额已突破2万亿元。因此，中国邮政的电子商务发展前景在农村，农村市场是其核心竞争力，并得到了国家的大力支持。

随着我国乡村银行发展战略的提出，中国邮政积极解析惠农政策，与农业农村部签署推进农民专业合作社质量提升的战略合作协议，与交通运输部共同搭建农村寄递物流体系，与商务部推进县域商业体系建设。中国邮政的总部牵头，各省、各市、各县的邮政分公司分头落实惠农政策，因地制宜，深入挖掘农村电子商务市场。

惠农政策为中国邮政农村电子商务的发展带来了前所未有的机遇，中国邮政应该动员各分公司积极开展普惠金融服务、农村电商服务、速递物流服务和便民服务，有组织地不断加深与县、乡、镇的合作，打造积极向上的农村电子商务发展环境。

2. 针对不同客户群体，打造专属服务

中国邮政在建设农村电子商务生态链的过程中，必须紧紧围绕农产品产前、产中、产后3个环节，以解决农村电商发展中的销售难、物流难、融资难等问题为目的，为农村电商市场中的不同客户群体打造专属服务。截至2022年11月底，中国邮政已建成37.8万个信用村，拥有718.9万个信用用户。针对农村合作社，中国邮政推出惠农示范社服务，以提升服务水平，促进农村电商发展。截至2022年年底，中国邮政已建1 014家惠农示范社，破解了农村电商难题。中国邮政为家庭农场及种植、养殖大户提供数据共享、协同营销服务，推广"融资E"产品，以支持产业发展。中国邮政为农业企业提供"一企一策"服务，深化邮政与农业产业链的融合。同时，中国邮政还为农村商超提供"一村一站"服务，建设"邮乐购"线下服务站。

3. 建立邮银协同，构建发展生态

农村电商、速递物流、普惠金融三者协同发展，是中国邮政农村电子商务发展战略的核心优势。

中国邮政需要牢牢把握其在农村电商中的核心竞争力，以农村电商为牵引，不断扩大邮政速递物流规模，拓展中国邮政储蓄银行贷款金融服务的客户群；定位特色农产品，大力发展家庭农场和农村企业，大力宣传"919电商节"，建设农产品直播基地，打造"线上＋线下、网点＋站点、下乡＋进城"的特色生态体系，以实现农村电子商务、物流网点、邮储金融的协同发展。此外，中国邮政推出"EMS极速鲜"服务，聚焦农产品经济市场，加速推进县乡村三级物流体系的建设。同时，中国邮政联合拼多多等平台加速推进"村邮达"服务，以实现农村地区快递的精准配送。

中国邮政涉足农村电子商务，并非为了做电商而做电商。中国邮政希望通过发展农村电子商务，使得中国邮政农村电商、速递物流、普惠金融协同发展，以商流作为牵引，带动物流和资金流的发展。

案例来源

赵宝柱，《邮政乡村电子商务》，中原农民出版社。

课后思考题

1. 中国邮政涉足农村电子商务的目的是什么？
2. 中国邮政在发展农村电子商务的过程中摸索出来的独特运营道路是怎样的？具体包括哪些方面？
3. 中国邮政的农村电商发展战略对于我国乡村振兴有何意义？

参考文献

[1] 吕磊，程雪梅，方怀银，等. 构建综合协同一体化服务体系[N]. 中国邮政报，2021-09-29(3477).

[2] 刘乾坤，邓方江，楚鸿健，等. 农村数字化对电子商务发展影响研究——以2015—2018年中国各省横截面数据为例[J]. 农机市场，2023(4):53-55.

[3] 方红雨. 以批销业务为抓手强力推进邮政农村电商工作[J]. 中国邮政，2017(5):37-40.

[4] 吴卓，吴斌，刘力，等. 中国邮政发展农村电子商务策略研究[J]. 邮政研究，2016，32(2)：16-19.

[5] 卫硕，王磊，王丹. 中国邮政农村电子商务的发展模式研究——以江西省"邮乐购"为例[J]. 经济研究导刊，2019(22)：152-153＋174.

[6] 马思远. 中国邮政农村电子商务业务发展战略研究[D]. 北京：对外经济贸易大学，2017.

拓展阅读

1. 中国邮政集团打造农村电商服务生态圈 让村邮路变成致富路. 2019-02-14. https://gxs.yanan.gov.cn/zfxxgk/fdzdgknr/snyw/1572177092030816257.html.

2.《人民日报》:农村邮政支撑畅通城乡经济循环. 2022-04-19. https://www.spb.gov.cn/gjyzj/c100015/c100016/202204/525454cb266846518d6287a690607540.shtml.

3. 在争当乡村电商主渠道上取得新突破. 2022-04-21. https://baijiahao.baidu.com/s?id=1730693075032576487&wfr=spider&for=pc.

第18章 区域电子商务服务类

18.1 行业整合与创新——北京经济技术开发区电子商务示范基地

移动端浏览：

案例标签：电子商务；产业链；聚集；创新

案例网站：https://fgw.beijing.gov.cn/fzggzl/2021schdz/scsfjd/202109/t20210929_2505164.html

案例导读：

随着信息技术应用的不断深化，电子商务成为推动产业转型升级、创新驱动发展的战略产业。北京经济技术开发区的电子商务应用门类齐全，产业综合配套优势突出，具备做大做强电子商务的全产业链基础。建设国家电子商务示范基地是顺应电子商务提速实体经济的发展趋势，是推进产业发展转型升级、促进区域国际开放的重要支撑；是顺应电子商务技术融合发展趋势，发挥北京经济技术开发区云计算、物联网、移动互联网等高端产业优势的时代要求；是顺应电子商务专业化、精细化的发展趋势，发挥电子商务全产业链优势，构筑有利于电子商务做大做强承载体系的战略要求。

在建设世界城市时，发展高端产业不可或缺，北京大兴区提出打造北京CED——北京电子商务中心区，瞄准发展新增长点。2013年，大兴区已聚集数百家电子商务服务企业和近千家电子商务全产业链相关企业，其网上零售额占北京市网上零售额的比重已接近40%，超过了北京市的其他各区县。未来，大兴区将成为电子商务应用示范中心区、电子商务全产业链总部聚集中心区、电子商务技术创新中心区。

18.1.1 北京经济技术开发区发展电子商务示范基地的背景环境

1. 宏观环境

从全国电子商务的发展情况来看，中国电子商务产业快速发展，交易额连创新高，电子商务在各领域的应用不断拓展和深化，相关服务业蓬勃发展，支撑体系不断健全、完善，创新的动力和能力不断增强。

中国电子商务研究中心的一组数据显示，2012年北京电子商务交易额约5 500亿元，同比增长15%,支持新兴电子商务服务业的项目有20余项,投入资金超2.4亿元,带动社会和企业投资超过50亿元。

《北京市人民政府关于促进电子商务健康发展的意见》指出,要充分发挥首都在人才、金融、科技、教育等领域的比较优势,将北京打造成全球电子商务核心节点城市。国务院出台《国务院关于促进信息消费扩大内需的若干意见》,进一步绘制出我国电子商务发展的宏伟蓝图。

"电子商务正成为我国经济发展的新引擎,谁掌握了这一发展新商机,谁就拥有了挖掘产业富矿的主动权,实现国际电商门户在京南的强势崛起,打造中国电子商务领军型示范区,是大兴区的目标。"大兴有关负责人说。

课堂讨论:为什么电子商务正成为我国经济发展的新引擎?

2010年,北京市委、市政府做出推动大兴区和北京经济技术开发区行政资源整合的重大战略决策。整合后的北京经济技术开发区是首都战略性新兴产业聚集区。北京经济技术开发区已具备了推进电子商务与实体经济一体化发展的产业基础,拥有农业、工业和服务业全方位应用电子商务的广阔平台,为电子商务的高端化、多样化应用提供了扎实基础。

大兴区有关负责人介绍说:"大兴区和北京经济技术开发区作为北京市做大做强实体经济、推进产业结构升级转型的先行区,是全市实体经济基础最好、电子商务应用极具潜力的区域,拥有中外运敦豪、中国邮政速递物流等国际物流龙头企业,拥有中国云基地、百度云计算、中金数据等信息服务企业,拥有京南物流基地、北京亦庄保税物流中心等重要载体。"

2. 政策环境

为吸引更多电商企业入驻,大兴新区对外发布《关于促进新区电子商务发展的若干意见》、《新区促进电子商务发展的实施细则》等若干项政策。企业可享受土地供应、房屋补贴、信息平台使用、高端人才引进等共计30余项的优惠政策。

大兴区组建了北京市首个专门服务电子商务发展的综合协调管理部门——北京电子商务中心区建设办公室,提出集聚服务机构、开展先行先试等发展策略。下一步,大兴区将打出一套"组合拳",加快构筑多元业态融合共生的电子商务生态圈。同时,大兴区与中国国际电子商务中心就"推进北京经济技术开发区电子商务示范基地建设,打造北京电子商务中心"达成合作协议,双方将共同构建信用认证平台、电子商务B2B平台,为北京经济技术开发区传统企业应用电子商务、电子商务企业落地做好产业生态环境建设,这标志着电子商务综合服务平台的建设步伐加快。

坐落于北京经济技术开发区的中国(北京)电子商务人才促进中心引起了业界的广泛关注。据了解,该人才促进中心是在政府的指导和推动下,由北京电子商务协会、北京市大兴区第二职业学校、北京财经专修学院、京东商城等单位共同发起成立的,并将与中国国际电子商务中心合作,共同培养电子商务专项人才,建立"教育—就业—创业"的全链条人才培训体系,这必将为电子商务的发展提供强大的人才支持。目前该人才促进中心已开始招生。至此,北京经济技术开发区倾力打造的电子商务全产业链生态圈已具雏形。

大兴区相关负责人表示,未来大兴区将建成高端资源汇聚、创新创业活跃的国家电子商务示范基地,并把北京电子商务中心区打造成能代表首都气派、国家形象的,具有较强影响力和带动力的领军型电子商务示范区。

18.1.2 发展目标

1. 打造北京 CED

"以实体经济应用为动力,带动一批电子商务总部项目落地,在北京经济技术开发区的中心区形成电子商务总部聚集区,打造首都规模最大的电子商务聚集区。"曾任大兴区副区长的喻华峰说。北京 CED 将以"一区六园"为基础,谋划"一区、两线、三园、多点"的电子商务发展空间布局。

课堂讨论:"一区、两线、三园、多点"具体指哪些?

根据计划,大兴亦庄将依托北京经济技术开发区,推动电子商务与实体经济的融合互促;推进地铁大兴线、亦庄线的商务楼宇集中释放;促进以京东总部、中科电商谷、新媒体基地为载体的电商产业集聚;发挥北京大兴国际机场、云产业园、保税物流中心等的多元支撑作用,打造首都规模最大的电子商务聚集区。

在空间布局上,大兴亦庄将打造以电子商务全产业链为特色的主题楼宇群;统筹安排电子商务产业园用地空间,优先保障重大电子商务项目用地。

2. 率先建设 B2C 电子商务聚集区

北京商报记者了解到,北京 CED 将打造三大电子商务聚集区。

喻华峰曾告诉北京商报记者,首先将建设地铁大兴线沿线的 B2C 电子商务聚集区(第一个聚集区),因为这个区域是大兴新城的核心地带。在这个区域,将以国家新媒体产业基地和沿线电子商务主题楼宇为载体,建设电子商务企业的办公、结算和营运中心。目前,这里能提供 50 余万平方米的空间,企业可以马上进驻。沿地铁大兴线,在北京六环附近,以北京唯一公铁联运的京南物流基地为载体,北京经济技术开发区规划了面积为 6.75 平方公里的物流基地。这个区域将重点引进电子商务平台企业和为平台运营提供支撑的数据分析、金融、物流等企业。

第二个聚集区为大兴区旧宫镇的中科电商谷,其占地 800 余亩,建筑总面积超过 100 万平方米,是承载了线上交易和线下展示、体验功能的电子商务平台。目前,它已经与中国网库签署了战略合作协议,将共同打造 B2B 交易平台,以吸引和聚集一批 B2B 企业,并结合实体经济的发展,形成一个以 B2B 为主的电子商务聚集区。

第三个聚集区为北京经济技术开发区。目前京东亦庄总部已落户北京经济技术开发区,在建项目超过 20 万平方米,2014 年企业已全面入驻。北京经济技术开发区将以京东总部为基础,辐射吸引聚集其上下游产业,形成一个电子商务的总部聚集区。

3. 形成首都最大的电商生态圈

"经过系统研究和评估后,大兴提出了'一区、两线、三园、多点'的电子商务发展空间布局,建设以促进电子商务的全产业链发展为特色的电子商务聚集区。"大兴区相关负责人表示。

"一区"是以实体经济应用为动力,在北京经济技术开发区形成电子商务总部聚集区;"两线"是依托地铁大兴线、亦庄线的商务楼宇优先吸纳电子商务企业,打造以中小微型电子商务企业为特色的主题楼宇群;"三园"是以新媒体基地、京东总部、中科电商谷为载体,打造绿色、生态、智慧的电子商务全产业链承载平台;"多点"是指发挥中国国际电子商务中心、京南物流基地等专业要素资源的支撑配套作用,建立开放、融合、便捷、高效的电子商务服务体系。

如今,大兴区的电子商务成果已经初步显现。该区已聚集多家电子商务企业总部。在第四届中国电子商务博览会上,北京经济技术开发区荣登中国十大电商产业园榜首。

目前,可同时满足 8 000 人办公的京东总部已建设完毕。中科电商谷也已建成,其占地 800 余亩。中科电商谷是集电子商务、现代物流、会展贸易、技术支持、人才培养等于一体的电子商务综合产业平台,至今已经吸引了中国网库、马可波罗网、环球经贸网、企博网、壹号店、麦包包等一批优质企业与其签署战略合作协议。

18.1.3 重点工作

1. 促进电子商务全产业链发展

加快形成多样化、多功能的电子商务服务业态,促进电商总部与金融、支付等服务业态共同形成电商生态圈。

(1) 做大做强电子商务服务业态

坚持引进和培育相结合,做强做优一批基础好、潜力大的电子商务第三方服务平台,着力引进国内外知名电子商务服务企业,设立区域运营中心、结算中心及研发中心,发掘培育一批基础好、潜力大的电子商务企业,打造从创业孵化到企业上市,涵盖金融、技术、物流、认证、支付等方面的电子商务全产业链模式。

(2) 强化电子商务支撑服务体系建设

积极争取国家、市级资金支持,支持开展云计算、物联网、移动互联网等电子商务应用的关键技术研究,重点发展基于移动互联网的商务服务平台。优化以电子商务为导向的物流体系布局,不断完善物流基地的信息基础设施建设,加快形成适应电子商务发展的物流配送体系。支持银行等金融机构与电子商务交易平台深化对接,探索新型电子商务支付模式,鼓励开发面向电子商务发展需求的信用贷款、贸易融资、租赁融资、物流保险等新型金融产品和服务。

2. 推进电子商务创新应用

(1) 推进电子商务与实体经济融合互促

积极推进电子商务与先进制造业相结合,支持总部企业深化供应链电子商务应用,鼓励龙头企业建立行业交易平台,带动上下游关联企业一体化整合。支持装备制造、电子信息等大宗供应链产品交易服务平台建设。着力提升电子信息、装备制造、汽车制造领域的电子商务服务能力。建立健全中小企业电子商务服务体系,强化电子商务应用宣传,引导扶持传统企业开拓互联网市场。

(2) 推动电子商务与传统商贸对接

促进电子商务与传统商贸融合发展,培育一批大宗商品电子商务服务企业。探索"实体市场+网上交易"的农副产品流通新模式,发展以"农超对接"为特色的网上交易平台,构建与市场接轨的农产品现代流通体系。

课堂讨论:如何促进电子商务与传统贸易的对接?具体措施是什么?

(3) 加快民生服务领域的电子商务应用

以保障和改善民生为出发点,培育面向养老、教育、医疗、家政等领域的电子商务服务业态。支持发展社区电子商务,建立家政服务信息平台,加强社区服务网点建设,扶持、培育一批便民、利民、惠民的社区服务平台。

案例来源

胡桃、吕廷杰,北京邮电大学,2016 年中国电子商务案例高峰论坛暨全国百佳电子商务案例颁奖典礼,中国义乌。

课后思考题

1. 建立电子商务聚集区对于入驻的电商企业和我国电商行业有怎样的影响?
2. 电子商务聚集区中合作共赢的模式有哪些?

参考文献

[1] 徐海涛,刘佳.产业转型背景下北京经济技术开发区产业用地混合利用实践[J].城市建筑空间,2024,31(1):102-105.

[2] 北京经济技术开发区:年近而立,长成智慧产业高地[J].中关村,2020(11):83.

拓展阅读

1. 安徽泾县:电商助力宣纸驶入发展快车道.2021-05-06.https://www.ah.chinanews.com.cn/news/2021/0506/278596.shtml.

2. 顺德容桂成立首个数字贸易港 小家电数字贸易创新基地.2024-07-27.https://gd.sina.cn/shunde/2024-07-27/detail-incfqazf3241157.d.html.

18.2 区域家电连锁商的转型之路——从汇银家电到汇银智慧社区

移动端浏览:

案例标签:汇银家电;O2O;智慧社区
案例网站:https://www.ihuiyin.net
案例导读:

2015年,在香港上市的汇银家电发布一则公告,将公司中文名称由汇银家电(控股)有限公司更改为汇银智慧社区有限公司。汇银家电的股价因为"改名"事件出现持续涨停的情况。

将汇银家电(控股)有限公司改名为汇银智慧社区有限公司,正是这家位于江苏扬州的区域家电连锁公司尝试进行的一次主动变革。

18.2.1 困局

汇银家电创始于1993年,经历多年的发展,已成为三、四线城市的知名企业,部分消费者甚至将其俗称为小城市的国美。

近年来,随着年轻一代消费者生活、娱乐和消费方式的变化,汇银家电过去依赖的"家电专营"批发和零售模式面临着持续不断的生存冲击。

1. 需求变化

家电零售市场的需求疲软导致出货量减少,造成大量线下零售渠道商的好日子全面结束,区域家电连锁商的经营利润被不断挤压。

2. 对手变化

电商渠道开始抢占越来越多的线下渠道商的份额。

3. 用户变化

随着互联网的发展和年轻用户的成长,一、二线城市的用户消费模式和三、四线城市的用户消费模式几乎无差别,传统分层消费习惯正在迅速改变。

因为需求、对手和用户出现了变化,所以汇银家电面临着被取代、消失、转型的3条道路。

课堂讨论:汇银家电在发展的过程中遇到了哪些困难?

18.2.2 智慧社区之路

从2013年开始,汇银家电开始尝试利用线下资源转型为智慧社区O2O电商平台企业,通过互联网平台汇集与居民生活密切相关的产品和服务,涵盖吃、喝、游、乐、购、医、教、住、行等多个方面,能够满足家庭90%以上的生活需求;同时将线下已有的2 772家网点和大量在建的O2O社区服务网点,作为线上产品的物流提货点、配送点,高频次、强需求产品的直销点,便民服务点,让居民在家门口享受到便捷的生活和服务。

汇银智慧社区是这样描述其心中最理想的智慧社区的:"清晨,业主通过App预约的家政服务人员已经来敲门,他们负责做早餐,搞卫生,送孩子上学。业主吃完早餐后叫了一部专车去上班。中午,留在家中的女主人若不想做饭,可以通过平台预订一份热气腾腾的快餐,衣服和窗帘由汇银智慧社区的工作人员负责洗涤,家具电器的维修和保养由汇银智慧社区的服务人员免费负责。下午,家里老人已经在平台预约了保健专家,可以去养老服务中心进行检查了。黄昏,小区商店刚送达蔬菜、水果,网上请的厨师就上门了,稍后这个厨师就将晚餐摆上了餐桌。晚上,孩子在社交平台上找的钢琴老师来指导他们练琴,在女主人享受完上门美甲服务后,业主夫妻在App上预定了电影票,出门看电影去了。"

在上述场景中,汇银家电已由家电渠道供应商转变为电商平台供应商,用户高频、多类的需求将吸引大量服务商入驻,汇银家电强大的引流和物流能力既是服务商所看重的,也是汇银家电的价值所在。而随着用户的增多,用户数据逐渐增多,这些数据既可以为服务商的决策提供依据,也是汇银家电未来价值增长的源泉。

课堂讨论:汇银家电由家电渠道供应商转变为电商平台供应商的因素有哪些?

18.2.3 发展前景

汇银智慧社区所选择的新型商业模式在信息获取、商品交易、服务实现、社交互动等方面呈现出全新的特征和活力,有着广阔的发展空间。

但隔行如隔山,汇银家电的转型之路也并非改名那么简单。首先,众多专业的互联网平台服务商早已提供了相似的产品和服务。其次,汇银家电要提供许多快捷的生活类商品物流服务,在此过程中,如何解决非标产品供应链效率不高的问题是关键。最后,大量线下社区网点的建立需要较多的资金。汇银家电目前只能说已经开始探路,很难说已经成功了。

在互联网时代下,传统厂商不能仅凭借以往的线下优势,只有认真研究网络消费心理、用户需求等影响网络消费者购物行为方式的因素,考虑产品研发、生产、推广及销售等各个环节的重新组合,才会有新的突破,才能成功转型!

课堂讨论:在面对众多竞争对手时,汇银家电应该怎样做才能成功转型?

案例来源

柯浚,扬州大学,2016年中国电子商务案例高峰论坛暨全国百佳电子商务案例颁奖典礼,中国义乌。

课后思考题

1. 试用SWOT模型对汇银家电转型智慧社区平台进行分析。

2. 从竞争策略的角度出发,针对众多互联网平台服务商,汇银智慧社区该采用什么手段来取得竞争优势?

参考文献

[1] 汇银家电改名折射区域家电商转型迷茫[EB/OL].(2015-06-15)[2024-08-28]. https://www.sohu.com/a/18814237_111100.

[2] 张枕河移动互联网渗透"到家"港股汇银家电股价七日翻倍[EB/OL].(2015-05-19)[2024-08-28]. https://finance.ifeng.com/a/20150519/13714628_0.shtml.

拓展阅读

1. 区域家电连锁如何夹缝求生?2016-06-25. https://www.yicai.com/news/5033506.html.

2. 后疫情时代,区域性商业该如何突出重围?2021-03-13. https://www.shopmall.org.cn/a/guanli/dingweiguanli/2021/0313/6696.html.

第19章 电子商务服务园区类

19.1 技术推动服务——沈阳浑南电子商务产业园

移动端浏览：

案例标签：沈阳浑南国际新兴产业园区；电子商务；产业园

案例网站：https://www.hunnan.gov.cn/hnyw/202208/t20220801_3780158.html

案例导读：

沈阳浑南电子商务产业园占地 2 500 亩，位于沈阳浑南新区，初期电子商务大厦分为南北两栋楼，其总建筑面积为 2.8 万平方米。大厦配套设施完善，用于扶持电子商务企业发展、电子商务平台建设，让产业园与商户同发展。

19.1.1 电子商务的发展形势

近年来，我国电子商务发展迅速，已广泛地渗透到社会经济生活中的各个领域，成为企业拓市场、降成本的新渠道，也成为政府拉动内需、发展经济、优化产业结构的新手段。

我国电子商务发展主要有以下几个特点。

① 电子商务发展环境不断改善——一大批涉及电子商务的法律法规和标准陆续出台，关于电子商务的标准体系将逐步形成。政府有关部门将加强电子商务市场规范，加大监测力度，一个可信的电子商务交易环境将逐步形成。

② 电子商务交易规模迅速增长——2012 年，我国电子商务交易额创新高，交易总额达到 6.25 万亿元，同比增长 27%。2012 年我国网络零售市场的交易规模达 1.32 万亿元，同比增长 64.7%。

③ 电子商务应用不断普及——电子商务在我国工农业生产、商贸流通、旅游和社区服务等领域中的应用不断拓展和深化，在拉动经济增长、促进经济发展方式转变、加快经济增长等方面发挥着越来越重要的作用。

④ 电子商务服务业蓬勃发展——电子商务服务业是朝阳产业，代表了未来服务业发展的一个方向。伴随着互联网的大范围普及，近两年我国电子商务服务业呈现出多元化快速发展的态势。

⑤ 电子商务发展区域集中化——我国电子商务发展呈现区域化特征，其中较为发达的地

带是以江浙沪为主的长三角地区,以广州、深圳为主的珠三角地区和以北京为主的京津地区,且电子商务逐渐由沿海地区向内陆地区渗透,中西部二、三线城市的电子商务发展迅速。

课堂讨论:我国电子商务发展有哪些特点?

随着电子商务示范典型活动的开展,各地政府的积极性普遍高涨,各类措施纷纷出台。利用电子商务突破地理空间和自然资源的限制,加快资源整合,推进现代市场体系建设,促进"三网融合"和"两化融合",形成新的经济增长点已经成为各地政府明确的发展思路。可以预期,我国电子商务将进入健康、快速发展的新阶段。

19.1.2 沈阳浑南电子商务产业园的相关介绍

2012年5月29日,商务部正式授予沈阳浑南电子商务产业园为全国首批国家电子商务示范基地。该产业园在沈阳浑南国际新兴产业园内。沈阳浑南电子商务产业园通过整合现有的电子商务企业与服务资源,推动了辽宁电子商务的发展,吸引了众多电商企业投资落户,比如普洛斯、阿里巴巴、京东商城、苏宁易购等。

沈阳浑南电子商务产业园的架构设计如图19-1所示。

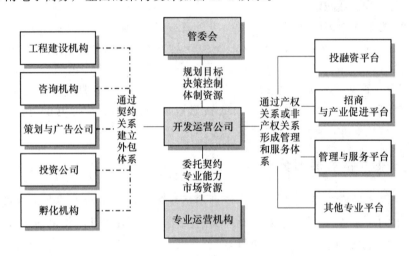

图19-1 沈阳浑南电子商务产业园的架构设计

沈阳浑南国际新兴产业园区作为浑南新区的七大功能区之一,是沈阳高新区高科技成果转化、发展新兴产业的核心区,是产品研发、高新技术产业发展、社会城市功能协调发展的区域化、现代化多功能产业园区,是东亚经济圈和环渤海经济圈的中心,同样也是东北地区政治、经济和文化的中心。

沈阳浑南国际新兴产业园区的公路网络四通八达,其距沈阳桃仙国际机场22公里,距沈阳高铁火车站20公里。沈阳浑南国际新兴产业园重点发展电子信息、生物医药、高端装备和电子商务服务产业,规划设有浑南电子商务产业园、生物医药产业园、半导体装备产业园、同方科技园、蓝英自动化装备产业园、汇博装备产业园、易迅科技园和毅都冷链物流园等专业园区。位于园区内的沈阳综合保税区具有"境内关外"的功能,是沈阳高新技术产品出口基地和综合保税物流基地,可为企业进出口产品提供快速、便捷的通关服务。

19.1.3 浑南新区电子商务发展中的机遇、挑战和主要成就

(1) 机遇

国家高度重视电子商务在调结构、转方式、扩内需、稳外需中的重要作用,把电子商务作为现代流通体系的重要组成部分。为了在新时期探索促进我国电子商务健康、快速发展的新模式、新机制,国家发展改革委、商务部等有关部委陆续开展了电子商务示范城市、示范基地创建以及示范企业评选等活动。随着我国电子商务的发展及相关政策的陆续出台,电子商务将进入一个规范、健康、快速、协同发展的新时期,这为浑南新区发展电子商务产业带来良好契机。

浑南新区提出,以浑南电子商务产业园为核心建设国家电子商务示范基地,落实浑南新区"十二五"发展规划纲要提出的"促进经济发展模式创新,大力发展电子商务,特别是通过进一步发展第三方电子商务平台,不断创新电子商务模式和服务内容,加强电子商务信息、供应链、交易、支付等管理平台和信用自律体系的建设"这一规划目标,充分发挥浑南新区高科技产业聚集、区位交通人才优势突出、政策资源集中等方面的优势,抓住国家支持电子商务又好又快发展的有利时机,结合浑南建设沈阳经济区的城市新中心、高新技术产业集聚区、科学发展示范区的发展需求,通过建设国家电子商务示范基地进一步聚合电子商务资源,优化电子商务布局,全面提升浑南新区的电子商务发展水平。

(2) 挑战

目前,东北地区电子商务的发展速度和发展水平落后于其他地区,其在电子商务人才、企业聚集、产业链配套、市场规模等方面处于劣势,但这同时也表明电子商务在东北地区发展的潜力巨大。哈尔滨市、长春市、吉林市正在积极创建国家电子商务示范城市,沈阳作为东北地区最大的中心城市亟须大力发展电子商务,将其打造为城市经济的新增长点。为了改变沈阳市电子商务产业基础薄弱的现状,解决电商专业人才匮乏、企业融资困难、专项政策缺乏等问题,沈阳浑南电子商务产业园在规划之初就应坚持高起点、高标准、务实创新,突出自身的特色资源与产业需求,与周边区域形成错位发展、互补竞争的格局,逐步形成产业园独特的竞争优势。

(3) 主要成就

① 建立了高效协调的管理体制和工作机制。在管理体制上,形成了国家电子商务示范基地建设领导小组、电子商务产业促进办公室、浑南电子商务公司和辽宁省电子商务协会统筹协调、分工协作的工作格局。推进实施《电子商务产业发展专项资金管理办法》,落实电子商务优惠政策,从税收、平台建设、工商注册和电子商务应用等方面扶持电子商务产业发展。

② 完善了基地功能布局,构建了产业创新发展载体。围绕"一个中心,三个基地"的总体定位,将引进国内知名电商企业和培育本土电商企业相结合,构建了完整的电子商务产业链。规划建了"辽宁电商创业梦工厂"电商创业孵化基地、电子商务总部办公基地、仓储及物流配送基地;设立了1000万元的创业投资引导基金,采取"持股孵化"的方式,营造了电商创新创业的良好环境,带动了辽沈地区传统商贸流通业、装备制造业等与电子商务的融合发展。

课堂讨论:"持股孵化"这种方式有什么特点?会给电商带来哪些好处?

③ 促进了电子商务应用,加速了产业转型升级。以商贸流通、装备制造、特色农副产品3个领域为突破口,促进电子商务在传统行业和优势产业的应用。在商贸流通领域,推动建设了

北方煤炭交易平台、辽宁炉料交易平台、盈盛贵金属交易平台等大宗商品电子商务交易平台。在装备制造和特色农副产品领域,推进了与阿里巴巴、京东、敦煌网等知名电商平台的合作,建设了"辽宁产业带",重点打造了辽宁制造馆和辽宁特产馆,通过企地合作,探索出了一条促进辽宁优势产业转型升级的有效途径,形成了独具特色的辽宁电子商务产业集群。同时,发展了社区电商,促进了电子商务惠及民生。联想控股旗下中国最大的线下支付公司拉卡拉投资建设了辽宁省第一家社区便民金融营业厅,计划打造"15分钟便民生活圈"。

④ 聚焦了具有牵动力的重大项目,助推了产业快速集聚。通过吸引京东商城、苏宁易购、阿里巴巴、普洛斯、安博、嘉民、华强等知名电子商务平台企业、物流地产商和电子商务服务企业落户,带动了商业城、特种机床装备城、辽宁出版集团等传统企业的线上业务的快速发展,初步形成了电商平台型、物流配送型、技术服务型、公共服务型企业链条,构建了以电商总部企业为核心,以物流配送型和服务型企业为支撑的产业体系。

19.1.4　沈阳浑南电子商务产业园未来的发展前景

沈阳浑南电子商务产业园是辽宁省唯一一个国家电子商务示范基地,促进电子商务与辽宁省装备制造业等传统优势产业的融合发展,助推老工业基地转型升级,探索出一条具有辽宁特色的电子商务产业发展之路,是其今后的发展方向。

课堂讨论:沈阳浑南电子商务产业园有哪些发展前景?

沈阳浑南电子商务产业园的总体计划:借助创建国家电子商务示范基地这一重大契机,以完善电子商务发展环境为主要任务,以"一个中心、三个基地、六大平台"建设为工作重点,通过大力发展电子商务及其服务业,培育发展一批在国内具有较强影响力和较高知名度的电子商务企业,打造"沈阳电商"品牌,构建高效协同的电子商务产业链和生态系统,形成发达的电子商务产业集群。未来,沈阳浑南电子商务产业园将成为发展环境成熟、资源配置合理、产业集聚度高、科技创新能力强,具备区域辐射力和全国影响力的国家级电子商务示范园区,成为辽宁乃至东北地区的网络经济枢纽。

"一个中心"指东北地区电子商务区域运营及服务中心。

"三个基地"指东北地区电子商务总部基地、区域物流配送基地、电商创业孵化基地。

"六大平台"指产业园为入驻企业和周边地区实体企业提供全方位电商服务的一站式政务服务平台、电商孵化器平台、电商云计算公共技术平台、电商投融资平台、老工业基地转型服务平台、电商可信交易公共服务平台。

沈阳浑南电子商务园区的具体目标:建立健全电子商务政策体系,出台具备竞争力的电子商务促进措施;形成支持企业投资与创新孵化的创新服务环境;形成区域领先的电子商务基础设施环境;形成完备的电子支付、安全认证、信用保障及物流配送等电子商务支撑体系。

课堂讨论:创建沈阳浑南电子商务产业园的意义和价值在哪?

案例来源

李洪心,东北财经大学,2016年中国电子商务案例高峰论坛暨全国百佳电子商务案例颁奖典礼,中国义乌。

课后思考题

1. 你的家乡是否有电子商务产业园？
2. 你所知道的国家电子商务示范基地有哪些？
3. 辽宁省创建国家电子商务示范基地的优势在于哪些方面？
4. 省、市创建国家电子商务示范基地的意义与价值是什么？

参考文献

[1] 沈阳国家电子商务示范基地[EB/OL].[2024-08-28]. https://baike.baidu.com/item/沈阳国家电子商务示范基地/14136025.

[2] 国家电子商务示范基地[EB/OL].[2024-08-28]. https://baike.baidu.com/item/国家电子商务示范基地.

拓展阅读

沈阳浑南电商基地打造经济转型新引擎.2016-12-14. https://ln.sina.com.cn/city/csgz/2016-12-14/city-ifxypipt1333483.shtml.

19.2 总部电商经济——天津滨海高新技术产业开发区电子商务产业园

移动端浏览：

案例标签：天津滨海高新技术产业开发区；电子商务；产业园

案例网站：https://www.tht.gov.cn

案例导读：

随着电子商务产业的不断发展，园区化正成为天津市电子商务发展的新模式。天津跻身国家电子商务示范城市行列，天津滨海高新技术产业开发区被认定为国家电子商务示范基地。天津滨海高新技术产业开发区电子商务产业园旨在为电子商务企业提供技术、资金等软硬件服务设施，为电子商务企业的入驻和发展提供良好的环境。

19.2.1 项目简介

天津滨海高新技术产业开发区在1988年经天津市委、市政府批准建立，在1991年被国务院批准为首批国家级高新技术产业开发区。天津滨海高新技术产业开发区有着得天独厚的地理优势和环境优势。天津滨海高新技术产业开发区规划发展现代服务产业、航空航天产业、新能源产业、生物医药产业、高端IT制造产业五大特色产业。

天津滨海高新技术产业开发区被认定为国家电子商务示范基地。天津滨海高新技术产业开发区电子商务产业园将以总部型电子商务企业为发展方向，同时通过与科技金融中心"一站式"服务相结合,为电商提供融资、担保、租赁的一站式服务,而电商技术平台、云服务中心、呼叫中心、商务中心以及营运中心为电商提供了"拎包入住"的条件。

天津滨海高新技术产业开发区电子商务产业园坐落于天津滨海高新技术产业开发区环外软件园和服务外包基地,旨在建设天津特产全网整合营销平台、互联网数据中心(Internet Data Center,IDC)技术服务平台、跨境电子商务平台和人才培训平台,从而带动传统企业转型升级,推进中小型企业跨境贸易便利化,为天津电子商务发展创造良好的发展环境,吸引大型电子商务企业入驻。

课堂讨论:传统企业的转型升级存在哪些机遇和挑战?

19.2.2 项目建设情况

1. 项目建设原则

天津滨海高新技术产业开发区将围绕电子商务产业发展的重点领域,按照政府推动与企业主导相结合,营造环境与推广应用相结合、电子商务与传统经济相结合、重点推进与协调发展相结合的原则,以电子商务企业的需求为导向,以提升产业竞争力、拓展城市发展空间为核心,全面建设电子商务企业公共信息服务平台。

项目规划建设两个体系——公共技术体系和人才培养体系;提供三项服务——公共技术支撑服务、人才培养服务、市场开拓服务;建设4个平台——跨境电子商务平台、天津特产全网整合营销平台、IDC技术服务平台、人才培训平台。

2. 项目发展前景

就目前发展情况来看,大多数电子商务企业都以实体经济为基础,并且仅少数代表性企业的规模较大,多数电子商务企业的经营规模小、高新技术含量高,为轻资产、重技术类企业,因此对成本控制和员工素质的要求比较高。此外,实体经济企业涉足电子商务时对系统建设、运营模式等方面的了解均较少,急需行业内的专业机构提供专业的服务平台和对电子商务人才培训进行专业的指导。天津滨海高新技术产业开发区将为电子商务企业提供公共的数据处理和数据存储平台,这将大大降低企业的运营成本,保证电子商务企业在保持个性化经营特色的同时将基础设施投入降到最少,有力推进电子商务示范基地的建设,吸引众多中小型电子商务企业入驻。

在项目建设完成后,天津特产全网整合营销平台能够帮助传统企业转型升级;跨境电子商务平台能够帮助中小型企业解决电子口岸、海关、结汇、报税等问题,帮助中小型企业发展,提高产业园区对外出口贸易额;IDC技术服务平台能够大大降低企业在电子商务上的投入成本,帮助企业提高服务水平和服务素质,进一步帮助企业提升经营收入。人才培养平台能够帮助企业培养电子商务方面的人才。

3. 项目盈利模式

项目的盈利主要来源于以下4个方面。

① 为电商企业提供云存储环境以及虚拟桌面应用,从中收取一定的费用。

② 为创业团队提供具有电子商务基础环境的创业空间,从中收取房屋出租费用。

③ 为天津电子商务企业提供设备和公共技术服务,从中收取费用。

④ 与大学和企业联合培养电子商务人才,从中获取培训费。

课堂讨论：该项目的盈利模式有哪些？分别有什么特点？

4．项目建设架构

项目建设架构如图 19-2 所示。下面重点介绍天津特产全网整合营销平台、IDC 技术服务平台、跨境电子商务平台。

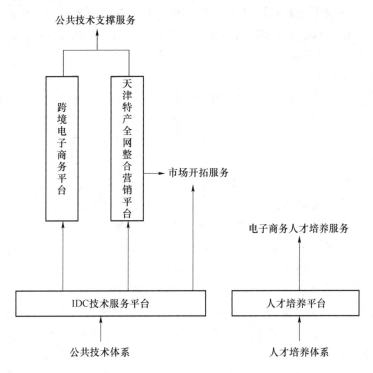

图 19-2　项目建设架构

（1）天津特产全网整合营销平台

目前天津在电子商务领域的发展滞后，这主要基于以下两点原因：一是经验少、人才短缺、导向不明等因素造成天津特色产品企业进行的网络销售尝试太少。二是已经尝试了网络销售的天津特色产品企业投入的成本太高，且没有获得平台的资源支持，在网络销售尝试中屡屡受挫。

天津在电子商务领域的发展滞后已经得到了市政府及相关主管部门的重视，并且市政府在市一级战略规划中将电子商务发展放到重要位置，体现了市政府做强做大电子商务的决心和力度。天津有一大批企业需要进行网络销售的尝试，如桂发祥麻花、芦台春酒、王朝葡萄酒、红星玫瑰露、果仁张等，这些企业为以后的天津特产整合营销提供了大量的招商群体。另外，天津作为华北地区最大的进口食品集散地，拥有巨大的发展潜力。

天津特产全网整合营销平台初步以淘宝为载体（借用淘宝的超高人气）建立了一个名为淘宝天津特色馆的平台，联络天津知名特色传统企业，帮助这些企业转型升级。该平台在发展运营到一定程度时将推进全网运营模式，拓宽企业的电子商务发展道路。

（2）IDC 技术服务平台

IDC 是基于网络为集中式收集、存储、处理和发送数据的设备提供运行维护服务的设施基地。IDC 提供的主要服务包括域名注册查询服务、主机托管服务、资源出租服务（如数据存储服务)、系统维护服务(如系统配置、数据备份、故障排除服务)、管理服务(如带宽管理服务、流量分析服务、入侵检测服务、系统漏洞诊断服务),以及其他支撑、运行服务等。

在技术上,项目主要引进云计算数据中心。充分利用云计算在安全、便利和数据共享方面不可比拟的优势来为园区服务,同时在云平台的基础上开发虚拟桌面应用。一个企业一般有多种类型的用户。一成不变的通用桌面虚拟化方法无法满足这些用户的不同要求。IT部门面临的大挑战是,如何正确地为每类用户交付适当类型的桌面视图和应用,以及如何解决平台的安全性和管理简便性等问题。

(3) 跨境电子商务平台

作为北方传统贸易中心,天津在政策环境、人才储备、金融环境、物流和产品供应链等方面的基础雄厚,适合品牌企业开展跨境电子商务业务。为推动天津特色品牌企业应用跨境电子商务方式扩大出口,并吸引中国北方地区品牌企业来天津建立跨境电子商务运营中心,天津滨海高新技术产业开发区电子商务产业园将以天津市电子商务龙头企业为突破口,整合跨境电子商务流程,搭建跨境电子商务平台,探索解决跨境快速通关、规范结汇、退税等问题。

为发挥天津自由贸易试验区制度创新的综合优势,推动滨海新区的产业转型升级,滨海新区将在天津港保税区、空港经济区和东疆保税港区3个区域建设跨境电子商务产业园,并以园区为依托打造跨境电子商务完整的生态链和产业链。滨海新区跨境电子商务产业园依托空港和海港的优势,以天津港保税区、空港经济区和东疆保税港为开展"保税进口"业务的载体,在海关特殊监管区域内通过设立"查验中心+保税仓库"的方式发展"保税进口"业务;吸引跨境电子商务企业、第三方平台、物流快递企业入驻,以航空物流区为开展"一般进口"业务的载体,借助天津机场大力发展航空直邮等业务;依托CBD高端配套环境优势、金融创新服务优势及天津市创新创业特区政策优势,以中心商务区为载体,重点引导跨境电子商务组织、运营、支付、结算等业态聚集发展。滨海新区跨境电子商务产业园还将重点发展产业园区内的配套服务产业,完善仓储物流、网络技术支持、报关报检、融资、知识产权咨询等综合服务,降低企业经营成本,提高运营效率。滨海新区从仓储物流、快递配送、售后服务等环节入手,以物流通关服务、公共信息服务、金融增值服务三位一体的服务体系为核心竞争力,从而实现跨境电子商务与先进制造业、现代服务业的融合发展,并成为中国北方跨境电子商务发展高地。

19.2.3 项目总结及评价

总体来讲,天津滨海高新技术产业开发区将电子商务发展放在十分重要的位置,致力于打造天津滨海高新技术产业开发区电子商务产业园。

项目主要分为4个组成部分。

① 天津特产全网整合营销平台能够推动传统企业转型升级,让具有天津特色的名优产品通过电子商务平台走向全国各地,甚至走向全世界。

② 跨境电子商务平台帮助中小企业走出国门,实现跨境电子商务,推动经济发展。

③ IDC技术服务平台帮助企业解决在电子商务上遇到的困难,提供一站式服务。

④ 人才培训平台给企业输送紧缺的电子商务专业人才,为企业发展夯实基础。

案例来源

于宝琴,天津财经大学,2016年中国电子商务案例高峰论坛暨全国百佳电子商务案例颁奖典礼,中国义乌。

课后思考题

1. 你所知道的国家电子商务示范基地有哪些?
2. 天津构建国家电子商务示范基地的优势在于哪些方面?
3. 如何看待同一省市构建多个国家电子商务示范基地?

参考文献

[1] 天津京津电子商务产业园[EB/OL].[2024-08-28]. https://baike.baidu.com/item/天津京津电子商务产业园.

[2] 国家电子商务示范基地[EB/OL].[2024-08-28]. https://baike.baidu.com/item/国家电子商务示范基地?from Module＝lemma,search-box.

[3] 李泽亚.天津滨海新区将建跨境电子商务产业园区[EB/OL].(2016-03-09)[2024-08-28]. https://news.enorth.com.cn/system/2016/03/08/030850904.shtml.

拓展阅读

1. 中国天津电子商务产业园管委会. https://baike.baidu.com/item/中国天津电子商务产业园管委会.

2. 天津津京电子商务产业园. https://tj.022s.com/yuanqn/detail/376/intro.

第20章 "互联网+"服务类

20.1 "电视+网购"——湖南快乐淘宝文化传播有限公司

案例标签:快乐淘宝;嗨淘网;盈利模式

案例网站:https://www.haitao.com

案例导读:

2009年12月29日,淘宝网与湖南卫视达成战略合作,开创了传统电视媒体与电子商务跨媒体合作的先河。双方宣布共同组建跨媒体合资公司——湖南快乐淘宝文化传播有限公司(以下简称"快乐淘宝")。该合资公司将整合湖南卫视和淘宝网双方的资源优势,专门筹备一档电视节目,同时在淘宝网上设立专门的潮流购物频道及外部独立网站,打造与网购有关的影视剧,这将创建电子商务结合电视传媒的全新商业模式。"快乐淘宝"为我们打开了"电视+网购"模式的大门。

20.1.1 "电视+网购"的融合电商模式

"快乐淘宝"的股东既有精耕内容的电视媒体,也有擅长运营的网络公司,二者希望电视媒体和互联网能有效整合,在一个跨媒体平台里完成产品的电视营销及后端销售。

2010年12月,嗨淘网正式上线!它成功利用了湖南卫视与淘宝网的品牌资源优势、社会资源优势、巨大流量优势,全力进军B2C业务,其主要顾客是18~35岁的女性。

尽管嗨淘网初期取得的成果令人兴奋,但是淘宝网与湖南卫视的磨合颇为耗时,毕竟两者的行业特性、企业文化都颇为不同。对于已然将"开放的平台"视为战略方向的淘宝网,"自营"似乎是个禁忌词。在淘宝网的管理层看来,淘宝网一边自营商品,一边为其他卖家提供平台服务,多少都会影响淘宝网与卖家间的共存关系。曾任淘宝网首席战略官的曾鸣认为:"自营是定位越精准,做得越好,但是你一旦进行了精准定位,就不可能做得太广。这意味着你做得再好也有一个上限。"因此,淘宝网曾经的一大原则就是"不碰商品"。

眼下嗨淘网的内容仍然跟着电视节目亦步亦趋,节目需要的东西由网站来提供,这在朱德强眼中并不合理。他曾对媒体表示,节目应该为网站服务,理想的状态应该是节目制作从网站的需求出发。

电视台追求的是收视率,而电子商务追求的是交易成功率。两者追求的东西截然不同,因此,要想通过一档节目让两者形成互动,除了需要协调播出内容外,还需要思考双方的渠道能否互补。换言之,"快乐淘宝"需要思考电视媒体与互联网的融合能否做到"1+1>2"。

课堂讨论:觉得电视媒体与互联网的融合能否做到"1+1>2"?请结合案例做出分析。

从收视人群上看,尽管湖南卫视与淘宝网的受众群的总体年龄段很相似,但晚上七点半到九点的收视人群的平均年龄仍大于淘宝网购物者的平均年龄。据统计,这个时间段收看湖南卫视的大多是中年人,而这一人群恰恰是电子商务中的非主流人群。

淘宝进行的所有跨界合作无非围绕两条主线:一是让平台覆盖更多过去接触不到的人群,二是让使用这个平台的人获得更好的体验。从这一点来看,淘宝网与湖南卫视的磨合与试错在意料之中。关键是在经历初期的磨合后,"快乐淘宝"需要找到更加合适的内容与更为平稳的运营模式。

20.1.2 电子商务结合电视传媒的全新商业模式

1. 嗨淘网的优势

嗨淘网是"快乐淘宝"旗下的 C2B2C 电子商务网站,在开辟"淘宝精选街"频道的同时,全力自营 B2C 业务,主推国际名品、服装鞋包、化妆品、流行配饰、家居生活用品、食品等品类。嗨淘网的优势体现在服务上,其服务承诺如图 20-1 所示。

嗨淘网的服务承诺	
商品	正品保障　假一赔五
配送	开箱验货　满意签收
支付	货到付款　随您所愿
	正规发票　阳光渠道
售后	7 天无理由退换货
	7 日内退款

图 20-1 嗨淘网的服务承诺

2. 嗨淘网的支付方式

嗨淘网主要有以下几种付款方式:支付宝账户余额支付、储蓄卡支付、信用卡支付、找人代付、货到付款(在选择运送方式时勾选)等。

3. 嗨淘网的会员登录方式

嗨淘网可以采用多种登录方式,如图 20-2 所示。

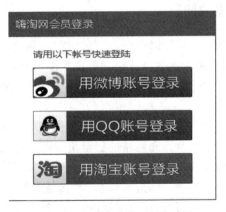

图 20-2 嗨淘网的登录方式

4. 嗨淘网的架构

嗨淘网的整体架构简单、优雅,若有不清楚的地方,在"帮助中心"基本上都可以找到相应的答案。但是网站地图太简单也会产生一些问题。例如,在嗨淘网中,只有通过细心查找才能知道有哪几种支付方式。

课堂讨论:嗨淘网的架构存在哪些问题?

"快乐淘宝"定位于时尚产业,拥有电子商务与电视节目两大业务板块:电子商务板块以时尚类电商网站嗨淘网以及"嗨淘美妆""嗨淘星妆扮"两大移动端 App 为主力;电视节目板块包括由"快乐淘宝"投资制作并在湖南卫视播出的时尚类脱口秀栏目——《越淘越开心》以及一些时尚类季播节目。

5. 嗨淘网的发展目标

"快乐淘宝"的发展目标是成为全球最大的大众时尚产业领军企业,而嗨淘网的发展目标是成为全球最大的大众时尚电商平台。

6. 嗨淘网的盈利模式

(1) 商品差价盈利

嗨淘网与淘宝商家进行合作:首先,嗨淘网与淘宝商家商定商品底价,然后,嗨淘网自行定价,并在平台售卖商品,淘宝商家负责发货。如此一来,嗨淘网可专注于营销与运营,避开供应链及库存难题。比如,对于一件商品,淘宝商家给的底价是 150 元,嗨淘网定价 200 元销售,这 50 元差价便成为嗨淘网的盈利来源之一。

(2) 营销盈利

- 销售提成:嗨淘网借助湖南卫视《越淘越开心》等节目推广商品,吸引电视台观众到平台下单,从而获取后端产品销售提成。比如,如果在节目推荐某商品后观众购买了该商品,那么嗨淘网就能按约定比例拿到提成。
- 节目合作广告收入:嗨淘网凭借自身影响力吸引品牌投放广告,从而赚取广告费用。

(3) 平台服务盈利

嗨淘网会向商家收取入驻费用及相关服务费用,这些也是嗨淘网的盈利来源。

(4) 自有品牌盈利

虽然嗨淘网不像竞争对手乐蜂网在自有品牌运营上表现得那么突出,但嗨淘网也有通过推出自有品牌产品盈利的可能。自有品牌的产品毛利率较高,其若成功获得消费者认可,便可带来丰厚的利润。

20.1.3 运营发展中出现的问题

"快乐淘宝"搭建了跨媒体互动营销平台,将互联网、电视媒体等多种媒体资源结合在一起,整合出了更加丰富、更具有前瞻性的产业链。电视媒体和互联网充分发挥不同媒体的渠道价值,共同促成商品销售的最大化。但作为一种创新的模式,这种模式存在一些问题。

1. 诉求差异产生合作困扰

确立合作时,淘宝网与湖南卫视都将注意力放在了合作产生的有利点上,忽视了可能存在的问题,双方的不同诉求导致电视节目和网站的运营出现了一些问题。例如,《越淘越开心》的定位是电视网络购物综艺节目,最初几期节目就是在这一定位下进行环节设置的,不仅将综艺节目的娱乐元素融入主题,而且带来了网购的乐趣,尤其是紧张、刺激的秒杀环节为湖南卫视带来了大批观众。但由于经验不足和存在技术局限,节目都采取录播的形式,导致其观赏性和受众的参与性均有所下降。

2. 技术局限制约合作深度

要实现跨媒体合作,必须有一定的数字网络技术基础。湖南卫视与淘宝网的此次合作正是基于数字网络技术。"快乐淘宝"最初想实现"电视＋网络＋手机"的全覆盖,但却仅仅实现了电视与网络的覆盖,在手机应用领域仍然存在着一定的技术局限性,而且在短期内难以实现技术的飞跃。

3. 合作效果有待检验

湖南卫视与淘宝网的合作被看作我国传统广电系统与电子商务的创新合作。一方面,合资公司"快乐淘宝"依托双方的众多资源发展迅速,开创了中国电视网络购物新篇章;另一方面,目前我国的广电系统并没有完全成为市场的主角,在很多时候会受到政策和市场的限制,而电子商务已经发展多年,适应了各种市场规则,因此,它们在合作时不可避免会产生矛盾。尽管"快乐淘宝"旗下的嗨淘网被寄予厚望,并利用了湖南卫视和淘宝网的众多资源,但其要迅速增长仍然面临不小的挑战。淘宝网的优势是服务小卖家,平台自身并不涉足供应链,而转型自营之后的嗨淘网要面对更加强大的外部竞争对手,其购物流程等都需要重新设计。虽然电视台能为嗨淘网带来一定的流量,淘宝网也能为嗨淘网带来很多用户,但嗨淘网要让自己变得更强大,被用户熟知,才能发展得更好。

课堂讨论:对于嗨淘网存在的一些问题,你有什么好的建议?

案例来源

孙细明,武汉工程大学,2016年中国电子商务案例高峰论坛暨全国百佳电子商务案例颁奖典礼,中国义乌。

课后思考题

1. "快乐淘宝"的案例给了你什么启示?
2. 嗨淘网的定位为什么由最初的综合类平台转为女性装扮时尚类平台?
3. 如何提高嗨淘网的知名度?

参考文献

[1] 孙振坤.从《女神的新衣》谈电视电商的融合互通[J].新闻战线,2015(13):20-22.
[2] 芒果超媒:快乐购上半年表现超预期,已实现扭亏为盈[J].电视指南,2019(15):46.

拓展阅读

互联网爆火商业模式"嗨购模式"的四大特点. 2023-02-03. https://maimai.cn/article/detail? fid＝1771244936＆efid＝JDp5ozyYFy2CCMeQP5K1Lg#.

20.2 全国首家互联网医院——乌镇互联网医院

移动端浏览:

案例标签:互联网医院;乌镇;电子处方

案例网站：https://www.wedoctor.com/about

案例导读：

2015年我国进一步深化医药卫生体制改革，推进构建布局合理、分工协作的医疗服务体系和分级诊疗就医格局，借助"互联网＋"的战略机遇，推动医疗领域改革。《国务院关于积极推进"互联网＋"行动的指导意见》与《国务院办公厅关于推进分级诊疗制度建设的指导意见》明确指出：发展基于互联网的医疗卫生服务，充分发挥互联网、大数据等信息技术手段在分级诊疗中的作用，积极探索互联网延伸医嘱、电子处方等网络医疗健康服务应用。乌镇建立了互联网经济创新发展综合试验区，并在第二次世界互联网大会上推出了互联网医院。

20.2.1 面对电商，桐乡市政府和微医集团成立乌镇互联网医院

2015年12月7日，桐乡市政府和微医集团积极响应党中央和国务院大力倡导的"互联网＋"医疗改革精神，成立了乌镇互联网医院。在乌镇互联网创新发展综合试验区创建的"全国互联网分级诊疗创新平台"，致力于通过互联网信息技术连接全国的医院、医生和患者，优化医疗资源配置，提升医疗服务体系的效率，打造我国最具技术领先优势的互联网分级诊疗平台，助力健康中国梦的实现。

课堂讨论：除了"互联网＋医疗"，你还能列举出其他"互联网＋"应用吗？

乌镇互联网医院以桐乡市第三人民医院为医疗服务主体，同时以微医集团为线上医疗资源连接主体，早期主要为桐乡市当地居民提供线上的问诊、健康管理等服务。后来乌镇互联网医院整合了国内优质医疗卫生资源，与27个省区市的1 900多个重点医院建立了信息系统的深度连接，其三甲医院接入率达到70%，汇聚了20万名医生资源，旨在为全国的居民提供在线诊疗服务，为基层医生提供医医间的远程会诊指导服务。乌镇互联网医院在运营了三个多月后，取得了不错的成绩，单日门诊量与网上问诊量总和突破万人次，这相当于一家大型综合性三甲医院的日诊量。乌镇互联网医院成为第一个实现电子病历共享的互联网医疗平台与第一个实现在线医嘱和电子处方的互联网医疗平台。

另外，乌镇互联网医院与浙一互联网医院达成战略合作，与其共建互联网医院建设标准（包括制定市场准入与运营标准、质量评价与监管体系、医疗数据安全、药物配送、医疗费用支付等方面的法律法规），同时助推分级诊疗、优质资源下沉等方面的深化改革进程。微医集团在2016年3月3日发布了"乌镇互联网医院＋药店合作计划"，已在全国建立了多个乌镇互联网医院的接诊点，全国90万家基层医疗机构、46万家零售药店、10万个社区卫生服务中心都可升级为乌镇互联网医院的线下"虚拟诊所"。

20.2.2 乌镇互联网医院的创新与突破

1. 探索医师多点执业模式

我国相关法律法规规定，医师一般只能注册一个执业地点，且在规定的执业范围内开展诊疗活动，虽然这在一定时期保证了较稳定的执业秩序，但医师隶属医院单位的特征使得医师长期只能在固定的医疗机构执业。为了更合理地配置医疗卫生资源，稳步推动医务人员的合理流动，促进不同医疗机构之间人才的纵向和横向交流，国家相继出台多个法律文件来研究探索注册医师多点执业的问题。但是受制于现行的事业单位人事管理制度以及公立医院本身的管理制度等，医师多点执业的探索实践遇到了很大的阻碍，实际医师多点执业的问题并没有得到

较大突破。乌镇互联网医院开启了"互联网＋医疗"的全新模式，可让全国1 900多家重点医院的20多万名医生提供网上问诊服务，这是医师多点执业的一种创新探索实践。据乌镇互联网医院的首任院长张群华介绍，乌镇互联网医院的医生全部来自各地医院的在职医生且他们的职称均在主治医师之上。这些医生需以多点执业或自由执业的方式到乌镇互联网医院注册，并到桐乡市卫健委注册备案，然后就可以提供网上医疗服务了。医生在不违反医院现行人事管理制度的情况下，绕开了影响医师多点执业的阻碍因素，被特许注册在互联网医院，为全国居民开展医疗服务，这提升了医疗资源的配置效率。

2. 探索在线医嘱与电子处方

限于医疗领域的特殊性，目前绝大多数互联网医疗都围绕着医疗的外围服务，并没有触及核心的诊疗服务，医生在没有详细了解患者具体状况的前提下，只能够做出初步判断及给出一些诊疗建议，不能实现在线诊疗，也不能行使处方权，这给互联网医疗的发展带来不小的阻力，也是互联网医疗服务发展过程中的最大"痛点"。处方是由注册的医师和执业助理医师在诊疗活动中为患者开具的、由取得药学专业技术职务任职资格的药学专业技术人员审核、调配、核对，并作为患者用药凭证的医疗文书。互联网医院的医生只有取得了在线医嘱和电子处方的权力，才能在诊疗过程中为患者提供医疗卫生服务。乌镇互联网医院依托现实医院的优质医师资源，通过微医互联网技术平台的支持，实现了患者电子病历共享，实现了在线医嘱与电子处方，实现了在线诊疗全过程。患者只要登录乌镇互联网医院的官网或者App，就可以在家中通过网络视频与医生进行对话。医生可以通过共享患者的电子病历为患者做出进一步的诊疗方案，同时可以开具处方和完成配药。上述的整个过程降低了就医成本，提升了就医效率，缓解了医患矛盾，同时也完成了在线诊疗、电子病历共享等医疗改革的新尝试。

3. 助推分级诊疗

为了解决优质医疗资源过度集中、分布失衡、结构不合理的问题，我国大力推进分级诊疗制度，以促进医疗资源的合理利用，减轻医保支付负担，减少群众就医费用。2015年我国进一步深化医药卫生体制改革，推进构建布局合理、分工协作的医疗服务体系和分级诊疗就医格局。乌镇互联网医院建成了网络就诊平台，使更多的优质医师下沉，也让患者可以根据自己的具体病情及网上医院对医师的介绍选择就诊医师，减轻了三甲医院的门诊负担；通过建立与共享患者的电子病历、构建患者的健康档案，增强了基层医疗机构提供居民健康服务的能力。同时，乌镇互联网医院提供了医医间的远程会诊平台，这对我国医疗资源整合有着深远的影响。

课堂讨论：分级诊疗和传统的诊疗方式相比，有哪些特色？

20.2.3 乌镇互联网医院的待完善之处

1. 完善医保支付体系

当前，互联网医院亟待解决的问题是医保支付问题。据网上调查了解，大多数居民对互联网医院带来的便利服务比较欢迎，但网络支付的使用率并不高，原因在于医保不能够实时结算，只有自费患者才会使用网络支付。对于网络问诊和网络购药，人们最关心的问题是能否使用医保，但当前的答案还是否定的。从乌镇互联网医院提供的就诊流程示意图中可以发现，当前其只支持部分线下药品自提过程中的医保报销，而网上的挂号、就诊、配药过程都不能实现医保结算。许多城市和医药电商都在积极探索网上医保支付，但由于政策限制等原因，最终未能很好地实现并推广网上医保支付。乌镇互联网医院想要实现医保结算，还需要在技术上下功夫，实现与全国各地医保系统的对接，同时国家还得完善配套的互联网医保支付监管系统，以防止医保资金的流失与套现,这样才能推进互联网医院医保支付的实现。

2. 制定相应的法律规范

互联网医疗行为是在互联网上进行的医疗服务,对其进行监督管理时不仅需要建立严谨的法律法规、设置相关的监管部门,还需要制定医疗服务质量控制标准,提供安全的网络技术支持。我国与互联网医疗服务行为相关的法律法规还不完善,这必将制约互联网医院的发展进程。

课堂讨论:规范互联网医疗服务,除了要监督部门制定相应的法律规范外,还要其他方面怎么做?

乌镇互联网医院作为刚刚探索发展起来的新型医疗模式,与打车软件、网上订餐等互联网服务一样需要国家出台相应的法律政策加以规范和指导。只有建立了相应的准入与监管标准,互联网医院才能更好地服务居民,提供更加安全、优质、便利、高效、廉价的医疗服务。

案例来源

马蔚姝,天津中医药大学,2016年中国电子商务案例高峰论坛暨全国百佳电子商务案例颁奖典礼,中国义乌。

课后思考题

1. 结合当前医改形势,分析互联网医院对医疗服务市场的影响及其发展趋势。
2. 乌镇互联网医院的创新之处在哪?
3. 探讨乌镇互联网医院在发展中需要完善的地方。

参考文献

[1] 谢宇,杨顺心,陈瑶,等. 我国医师多点执业研究综述[J]. 中国卫生政策研究,2014,7(1):8-13.

[2] 胡善联. 医师多点执业的政策障碍与可行路径[J]. 中国卫生政策研究,2014,7(1):5-7.

[3] 徐书贤. 当互联网遇上医疗[J]. 中国医院院长,2015(3):54-59.

[4] 孙冰. 马云如何布局"互联网医院"[J]. 中国经济周刊,2016(7):3.

[5] 邹玉敏. 医保网上支付仍待市场检验[J]. 21世纪药店,2015(7):1-2.

[6] 王安其,郑雪倩. 互联网医疗行为的讨论与分析[J]. 中国医院,2015,19(10):51-53.

拓展阅读

乌镇互联网医院全面升级,"一横一纵"推动医疗服务体系数智化. 2023-11-09. https://zj.news.cn/20231109/0376ff0f4f4b403c9b70276bbc94a855/c.html.

第21章 直播电商服务类

21.1 抖音电商——创造美好生活

案例标签:兴趣电商;抖音直播;泛商城;优质内容
案例网站:https://www.douyin.com
案例导读:

CNNIC发布的第51次《中国互联网络发展状况统计报告》显示,2022年,我国网民规模达10.76亿,其中网络视频(含短视频)的用户规模高达10.31亿,占网民整体的95.8%,由此可见我国网络视频的用户规模之大。此外,我国网络购物的用户规模达8.45亿,网络直播的用户规模达7.51亿,电商直播的用户规模达5.15亿。目前淘宝、抖音等是我国网民使用较多的电商购物、直播平台。近年来,抖音依托其平台流量优势,加强内容与电商的融合,不断完善平台电商产业生态。

21.1.1 电商赛道的黑马——抖音电商

1. 抖音电商的萌芽阶段

初期,抖音因电商基础薄弱,选择与淘宝、京东、拼多多等传统电商平台合作,利用短视频、直播等内容优势为第三方平台引流。2018年,抖音与淘宝合作开通外链商品跳转功能,百万级账号博主可添加商品链接,用户可通过点击链接跳转至淘宝购买商品。这标志着抖音电商开始萌芽。在萌芽阶段,仅2018年一年,就有6万多个百万级账号博主开通了外链商品跳转功能,展现了抖音电商的巨大潜力。但此阶段的抖音主要为传统电商平台引流,不参与购买流程,导致其监管机制不健全,经常出现伪劣、不合规商品,负面新闻不断。

2. 抖音电商的发展阶段

近年来,抖音电商一方面持续通过内容引流电商营销,另一方面加速布局在线支付业务,逐步形成抖音电商产业形态。因为外链商品的问题层出不穷,所以抖音开始在自身的电商基础建设方面发力,其中开通抖音商城便是其中的一个方面。抖音邀请商家入驻平台,并鼓励商家在抖音平台发布商品购买信息,用户无须再跳转至第三方平台购买商品,在抖音电商内部即可完成整个购买流程,该举动使得抖音电商进入发展阶段。抖音电商的入驻流程及部分已入驻商家如图21-1所示。

图 21-1 抖音电商的入驻流程及部分已入驻商家

从与传统电商合作到独立做电商,抖音电商仅花费了两年的时间,在这期间,抖音电商不断完善自身的电商基础建设,从电商引流工具一跃成为电商行业的黑马,电商增值服务逐渐变成抖音的主要收入来源。

3. 抖音电商的成熟阶段

在这一阶段,抖音电商推出多项电商功能,但用户仍将其视为娱乐工具。抖音本质上为内容平台,过度强调电商功能可能影响用户体验。为平衡内容与电商,抖音提出了"兴趣电商"概念,即通过优质内容激发用户购买兴趣,满足其购物需求。此概念推动抖音电商发展至高潮,表 21-1 展示了"兴趣电商"的项目成果。

表 21-1 "兴趣电商"的项目成果

项目名称	项目简介	项目成果
看见手艺	该项目推出"与大师同行""匠心年货""黄河流域非遗守护人"等专项活动,助力传统文化传播和非物质文化遗产传承,通过短视频与直播的方式,助力传统手艺人或商家获得新发展	
抖音全民好书计划	该项目邀请一些作者入驻抖音,让作者通过发布短视频或者开通直播等方式向用户科普书籍、推荐优质图书。用户可以根据兴趣观看视频,进而"种草"图书并购买图书。该项目旨在帮助用户发现好书,丰富其精神文化世界,弘扬中华经典文化	

续表

项目名称	项目简介	项目成果
春雨计划	该项目是抖音电商对商家和达人创作优质内容的扶持计划。挖掘优质内容是"兴趣电商"的重点所在,抖音通过提供品牌认证、活动通道、官方培训等权益,激励商家和达人进行优质内容创作	
山货上头条	该项目是字节跳动公益与抖音电商联合发起的专项活动,旨在通过优质内容和平台技术连接农特产品与潜在消费群体,让更多高质量的农特产品出现在大众视野中,激发用户的潜在购物欲望	

21.1.2 "兴趣电商"助力抖音电商精细化运营

抖音电商强调通过优质内容吸引用户,打造"用户—内容—商品—服务"这一链路。在"兴趣电商"的背景下,用户选择在抖音平台购物的逻辑起点是内容:用户被平台的短视频或者直播内容所吸引,然后激发了潜在的购物欲望,进而进行冲动消费。"兴趣电商"的购买链路比传统电商的购买链路短,如图 21-2 所示。

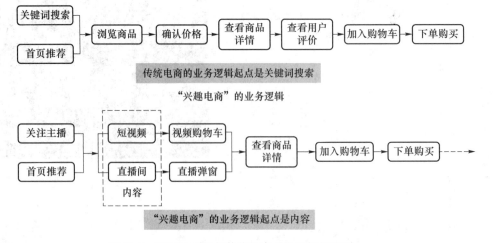

图 21-2 "兴趣电商"与传统电商业务逻辑的区别

抖音电商精细化运营的核心点是,通过精准定位用户为不同的用户提供好内容、好商品以及好服务。那么,"兴趣电商"是如何助力商家、平台实现精细化运营,进而实现商业变现的呢?具体包括以下4个方面。

① 构建用户粉丝画像,实现私域流量变现。抖音平台构建用户粉丝画像体系,搭建商品展示通道,以图文、视频、直播等形式向用户展示商品信息,精准定位对产品感兴趣的用户群体,对用户进行分组管理,实现用户与商家的精准匹配营销,商家可以在短时间内将产品引流至潜在消费群体,实现流量变现。

② 挖掘优质内容,壮大内容生态。抖音平台的内容主要包括短视频和直播。抖音电商的发展源于内容,用户因内容而对产品产生兴趣,进而产生冲动消费。因此,优质内容是抖音电商的核心。抖音通过多个项目(如"春雨计划"等)激励创作者创作优质内容。这些项目催生了众多优质的创作者和内容。抖音平台挖掘这些内容,帮助博主经营账号,积累粉丝价值。

③ 基于大数据和推荐算法匹配商品和潜在消费者。首先,商家和达人需要经营好抖音店铺,根据对商品、品牌的定位在店铺橱窗、直播间展现商品特色,以便消费者找到品质与价格俱优的产品。其次,抖音平台基于大数据和推荐算法了解用户偏好,通过用户兴趣、关注账号等维度,给用户贴上标签,以便对用户精准推荐感兴趣的商品。

④ 提升产品全链路服务,沉淀用户复购率。好的服务使得消费者具有良好的购物体验。抖音商家需要提升产品全链路的服务。比如,抖音直播带货火爆一时的关键原因在于主播在直播过程中对产品进行了详细讲解并运用直播话术拉近了用户与商家的距离,激发了用户的购物兴趣,最终使得用户冲动消费。因此,提升产品全链路服务对于抖音电商来讲至关重要,抖音电商需要通过好评、口口相传的方式沉淀用户复购率。

课堂讨论:抖音电商的精细化运营是怎样实现的?

21.1.3 将"兴趣电商"升级为"全域兴趣电商"

传统电商主要实现了"人找货"的营销链路,有购物需求的用户通过商品关键词搜索商品,选购并下单;"兴趣电商"主要实现了"货找人"的营销链路,以优质内容连接商品和消费者,使用户因短视频或者直播内容而产生购物兴趣,进而下单购买。而"全域兴趣电商"旨在打通"人找货"和"货找人"的双向链路(如图21-3所示),将内容场景与货架场景相融合,重点打造货架电商,使得有购买需求的用户因品牌提供的优质内容而增强对品牌的信任感,同时使得无购买需求、因为内容而进入抖音 App 的用户(即有内容需求的用户)产生购买的兴趣和需求。

抖音平台基于大数据和推荐算法将商品与用户需求进行精准匹配,使得优质产品获得高曝光度,用户可通过短视频或直播界面下的商品链接购买商品,如图21-4所示。在专注于做好优质内容的同时,抖音电商还专注于开发"泛商城"功能。"泛商城"功能由搜索、橱窗和商城功能组成,如图21-5所示,其中商城功能结合商品特点,合理规划页面布局,给予货品更多的展示机会。

课堂讨论:在"全域兴趣电商"模式下,抖音电商如何重构"人、货、场"?

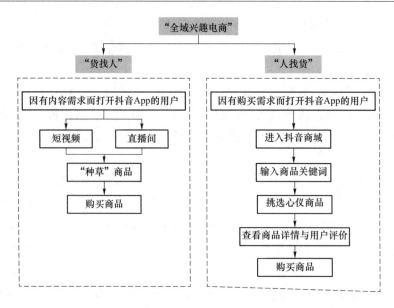

图 21-3 "全域兴趣电商""人找货"和"货找人"的双向链路

图 21-4 短视频"种草"和直播"种草"

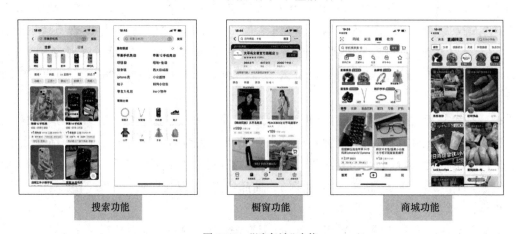

图 21-5 "泛商城"功能

21.1.4 抖音电商的未来

1. 持续助力国货品牌"出圈"

《2022年抖音电商国货发展年度报告》显示,2022年,抖音电商上的国货品牌销量同比增长110%,这与抖音的"全域兴趣电商"密不可分。短视频、直播等逐渐成为年轻消费者获取商品内容的主要渠道,也逐渐成为国货品牌宣传营销的主要手段。抖音电商应该大力发展"全域兴趣电商",发挥平台渠道优势,促进供需精准匹配,为消费者带来全新的购物体验。抖音平台应该加强对国货品牌的宣传工作,推广源头好货,对优质品牌进行流量扶持、一对一营销等。抖音平台需要多维度完善服务,从物流、营销等角度保护用户的权益,增强用户的消费信心,提供优先配送、上门取件等服务,提升用户的购物体验。

2. 直播带货将是抖音电商的主要营销手段

抖音直播带货以其操作简便、门槛低的特点,吸引了众多用户参与,用户无须专业设备即可开启直播,从而创造收入。这一特性构成了抖音电商与传统电商之间的显著区别。通过抖音直播功能,用户能够深入了解源头工厂的生产过程、农特产品的成熟过程以及品牌企业的文化内涵,进而激发购物兴趣。主播与消费者之间的高频互动不仅加深了消费者对产品的理解,也有效提升了购物体验。此外,抖音还具备强大的数据分析能力,能够精准分析直播数据,揭示电商发展趋势,挖掘潜在新品,并助力品牌打造爆款产品,从而推动品牌持续发展。

3. 专注于产出优质内容

传统电商的逻辑起点是关键词搜索,其前提是用户具有购买需求,而抖音电商的独特之处在于"兴趣电商",其逻辑起点是内容,针对不同用户的不同需求,在不同阶段向用户输出不同内容,精准匹配用户当下的喜好。用户对于生活品质的要求越来越高,抖音电商必须为用户提供更有价值的内容,改变原有的卖货形式,少一些"量产内容",多一些"原创内容",以优质内容吸引用户眼球,激发用户购买兴趣。

案例来源

陈达远,《抖音电商》,中国铁道出版社。

课后思考题

1. 抖音的"全域兴趣电商"是如何一步步形成的?
2. 抖音是如何平衡内容与电商的?
3. 与淘宝、快手等平台相比,抖音电商的优势在哪里?

参考文献

[1] 万丽丽,钟锐苹.电商精细化运营下抖音电商商业模式及其流量变现分析[J].现代商业,2022(35):22-24.

[2] 王家宝,武友成.抖音电商:如何做有质量的GMV[J].清华管理评论,2022(Z2):129-135.

[3] 赵梦阳. 发挥渠道优势 精准匹配供需[N]. 人民日报，2023.

[4] 王文博. 年轻消费者成国货消费主力[N]. 经济参考报，2023.

拓展阅读

1. 抖音电商升级"全域兴趣电商"，满足用户美好生活多元需求. 2022-05-31. https://baijiahao.baidu.com/s?id=1734327511793052315&wfr=spider&for=pc.

2. 抖音电商，开年"狂飙". 2023-02-10. https://baijiahao.baidu.com/s?id=1757441956114460180&wfr=spider&for=pc.

3. 一图看懂抖音电商发展历史（三年走完淘宝十年的路）. 2023-03-29. https://www.studyofnet.com/394430545.html.

21.2　逛蘑菇街，总有高手帮你挑

移动端浏览：

案例标签：都市年轻女性；导购服务；转型；盈利困境

案例网站：https://www.mogu.com

案例导读：

蘑菇街成立于 2011 年，其目标顾客是都市年轻女性，主要分享美妆、时尚女装等信息，以"总有高手帮你挑"作为特色口号，致力于为都市年轻女性提供优质的线上购物导购服务。但是好景不长，2013 年蘑菇街便受到阿里巴巴的"封杀"，阿里巴巴开始限制商品外链入口，这切断了蘑菇街的主要经济来源。在此之后，蘑菇街一直在寻找适合自己的经营模式：从最初的导购平台到如今的直播电商平台。蘑菇街不是正在转型，就是在转型的路上。虽然蘑菇街在不断转型，但在上市 3 年后其市值却暴跌 98%，在这过程中，蘑菇街究竟发生了什么呢？

21.2.1　蘑菇街的"坎坷人生"

蘑菇街既不是 B2C 平台，也不是 B2B 平台，其目标是做用户与电商平台之间的"红娘"，即作为导购为用户推荐商品，同时为电商平台引流。在用户下单后蘑菇街从电商平台合作伙伴处分得提成，该创业方向的好处在于，既避免了与淘宝、京东等传统电商的直接竞争，也节省了仓储、物流等电商成本。

当阿里巴巴不再扶持返利网站后，蘑菇街不得不转向自建电商平台的道路。在转型过程中，蘑菇街不断碰壁，因为蘑菇街一直以来的强项在 to B 的服务能力，其 to C 的服务能力远不如淘宝、拼多多、小红书等电商平台，想从中分一杯羹非常困难。目前蘑菇街还在不断探索其经营模式，试图赶上电商风口的"末班车"。

课堂讨论：从蘑菇街的发展情况来看，哪一个因素对企业的发展是至关重要的？

蘑菇街的发展历程如图 21-6 所示。

图 21-6 蘑菇街的发展历程

1. 蘑菇街的早期雏形

蘑菇街创始人陈琪曾担任过淘宝网的产品经理,他清楚地知道"社区+电商"的发展前景,传统电商能够很好地帮助用户解决"在哪儿买"的问题,但是并不能帮助用户解决"买什么"的问题。在此背景下,陈琪与其团队共同开发了卷豆网——一个为现有电商社区提供导购服务的平台,这就是蘑菇街的早期雏形。蘑菇街通过整合用户资源与商品资源,向社区内的网友"种草"产品,促使网友去电商平台购买产品。蘑菇街希望通过网站的社群功能向用户提供商品导购服务,在用户下单后从电商平台处分得提成。

2. 蘑菇街的上升期

2011 年,陈琪发现平台的用户浏览量停滞不前,为了解决这一问题,其团队开始对平台排版进行重构,上线蘑菇街 App,采用 Pinterest 模式将高价值的优质内容以高密度的形式向平台用户展示,通过瀑布流的形式集成图片和链接,这样既方便了用户"种草"产品,又提升了用户的购物体验。

蘑菇街中的产品按照当前的潮流趋势进行分类排序,用户可以根据个人喜好选择商品,如果对某一商品感兴趣,可以点击商品照片下方的"喜欢"按钮。并且蘑菇街通过 Pinterest 模式可以帮助用户快速找到人气高且满意度高的商品。这些功能既解决了蘑菇街转化率低的问题,还为平台增加了流量。在该阶段,蘑菇街加大与淘宝电商平台的合作力度,将用户引流至淘宝,进而从淘宝处获得佣金。

随着消费升级趋势的不断加强,用户的消费观念不再是跟风购买和冲动消费,逐渐转变为理性购买和参考消费,因此,蘑菇街的市场份额不断增加,用户规模不断扩大。蘑菇街的高速发展对于我国电商的发展起到了推动作用。

3. 蘑菇街的探索期

2013年,阿里巴巴意识到蘑菇街的社群属性会对其产生威胁,采取了"不支持上游导购网站继续做大""不扶持返利网站"等措施,这些措施直接切断了蘑菇街的主要经济来源,蘑菇街不得不开启自建电商平台的道路,弱化社区功能,强调电商属性,组建网红团队,聚焦18～30岁的女性用户,建设社会化时尚导购生态体系。但是,该模式导致平台社区的很多功能被隐藏,进而导致很多用户的服务体验不好,使得蘑菇街流失了很多用户。2016年,蘑菇街再次转型,与美丽说合并,"蘑菇街的内容+美丽说的电商供应链"并没有打破蘑菇街亏损的魔咒,假货频现、退换货流程复杂、客服响应速度慢等问题一步步击垮蘑菇街的电商业务。

随着直播带货的兴起,蘑菇街再次调整战略布局,开始重视直播业务。2020年,陈琪提出"ALL IN"直播的发展战略,押注原创设计供应链,提出主播与商家合作的模式,鼓励商家为主播定制商品,主播根据供货价进行定价,进而在直播间进行商品展示,形成人、货、场在直播生态中的再分配。

课堂讨论:从蘑菇街与美丽说的合并可以看出什么?

21.2.2 蘑菇街的3次转型

蘑菇街的3次转型如图21-7所示。

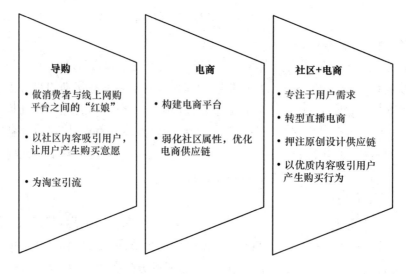

图21-7 蘑菇街的3次转型

1. 导购

蘑菇街起初是时尚购物社交平台,女性用户在此分享购物心得。其话题渐渐聚焦于服装、化妆、减肥等。蘑菇街瞄准商机,针对18～30岁的女性用户,开启导购服务,提供海量淘宝商品,通过"图片+链接"模式促进消费,简化用户挑选过程。蘑菇街的第一次转型大获成功,其用户规模不断扩大,为蘑菇街后续的转型奠定了坚实基础。

2. 电商

2013年6月,阿里巴巴对蘑菇街的佣金接口进行限制,该举措直接影响了蘑菇街的收入,使其不得不走上自建电商平台的道路。2013年8月,蘑菇街转型电商平台,耗时2个月完成了支付、物流等交易体系的搭建,运营2个月后,蘑菇街的月均销售额达1.2亿元,说明用户可以接受蘑菇街"社区＋电商"的新玩法。

蘑菇街在转型为电商平台后,继续在电商服务方面发力,开始弱化平台的社区属性,优化电商供应链,2014年其全年交易额高达36亿元,成为极为抢眼的电商黑马。

3. 社区＋电商

京东、淘宝等传统电商平台开始在社区功能上发力,蘑菇街也发现了优质内容对于电商发展的重要性,开始转型"社区＋电商",如图21-8所示。社区功能主要包括直播板块和短视频板块,平台打造优质内容,从而激发用户的购物兴趣,进而促使用户下单;电商功能主要包括直播带货板块和商品购买板块,用户可以通过观看直播了解商品详情,判断商品是否适合自己,如果商品适合自己,则用户便可通过直播间直接下单。未来,购物将是一种社交行为,而非商业行为,优质内容吸引用户产生购物需求,用户通过与内容分享者的沟通与交流"种草"商品,从而产生购买行为。

图21-8　蘑菇街当前的"社区＋电商"模式

21.2.3　蘑菇街的盈利困境

1. 竞品优势不明显

目前国内做得比较好的内容社区有小红书、抖音和快手等,小红书强调社区功能,成为用户分享生活的平台,抖音借助平台中的优质短视频内容向用户"种草"产品,快手在直播行业的地位不可撼动,是许多赛事、游戏的官方直播通道。而我国传统电商——淘宝、拼多多、京东三足鼎立,使我国电商平衡发展,淘宝的市场覆盖面广,用户只要有需求,就可以在淘宝上找到心仪产品,拼多多定位低消费用户群体,使用户可以通过拼团等方式以低廉的价格购买到优质的商品,京东拥有自营商城和自营物流,提升了商品配送速度。总之,在价格、商品种类、商品配送速度、优质内容等方面,蘑菇街都无法与其竞品抗衡,因此其盈利陷入了困境。蘑菇街的竞品分析如图21-9所示。

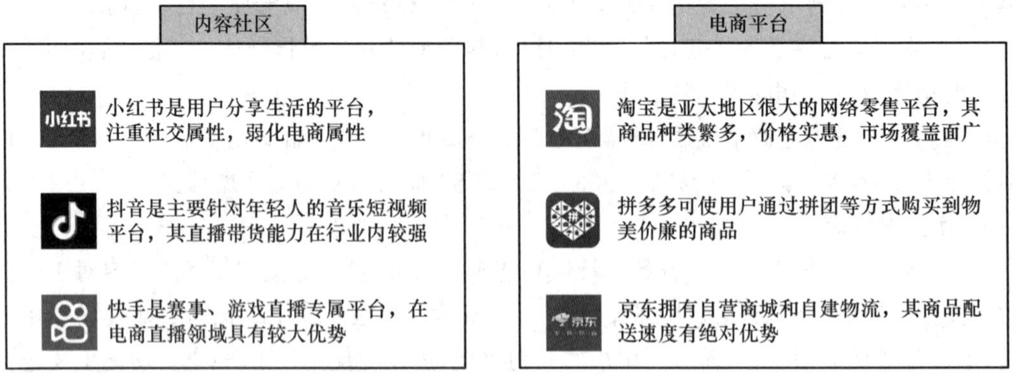

内容社区	电商平台
小红书是用户分享生活的平台，注重社交属性，弱化电商属性	淘宝是亚太地区很大的网络零售平台，其商品种类繁多，价格实惠，市场覆盖面广
抖音是主要针对年轻人的音乐短视频平台，其直播带货能力在行业内较强	拼多多可使用户通过拼团等方式购买到物美价廉的商品
快手是赛事、游戏直播专属平台，在电商直播领域具有较大优势	京东拥有自营商城和自建物流，其商品配送速度有绝对优势

图 21-9 蘑菇街的竞品分析

2. 转型面临巨大挑战

蘑菇街在 5 年内进行了 3 次转型，每一次转型都面临巨大的挑战。其中从导购平台转型为电商平台最为困难，蘑菇街需要在短时间内搭建电商基础设施，组建金融、支付、物流、仓储等服务团队，这对于蘑菇街来讲是巨大的挑战。搭建电商平台需要涉足诸多领域，蘑菇街在两个月内飞速打通了电商链路的各个环节，这给蘑菇街后来的发展留下了诸多隐患。比如，蘑菇街在电商转型过程中不断弱化社区功能，导致用户体验不佳，进而导致平台用户不断流失。

2019 年，蘑菇街再次强调在运营过程中用户需求的重要性。同时，蘑菇街努力完善直播生态链，将原创设计作为平台发展方向，鼓励商家为主播设计定制商品，从而增加平台的商品品类，增强粉丝黏性。在 2021 年供应链合作伙伴大会上，蘑菇街 CEO 陈琪强调："希望蘑菇街打造一个'万能插座'平台，为电商直播中的不同参与者提供对接服务，也希望未来蘑菇街可以找到适合自己的盈利模式。"

案例来源

吴帝聪，《社交电商从入门到精通》，中国纺织出版社。

课后思考题

1. 作为成长速度最快的女性电商平台，蘑菇街做对了哪些事情？
2. 蘑菇街面临哪些方面的盈利困境？
3. 蘑菇街的转型危机对我国目前电子商务的发展有什么警示作用？

参考文献

[1] 杨佳铭，魏江，缪沁男. 平台主关系断裂情境下价值支持型企业再创业过程研究[J]. 南开管理评论，2023(6)：212-223.

[2] 马蒷. "蘑菇街"品牌传播的策略探析[J]. 传媒，2021(12)：76-78.

[3] 苏洋. 蘑菇街的生意经[J]. 中国药店，2012(5)：122+124.

[4] 林朝阳. 社交电子商务模式盈利困境及突破——以蘑菇街、美丽说为例[J]. 商业经

济研究,2018(6):70-72.

[5] 李萌.圆姑娘们"采蘑菇"的梦——访蘑菇街 CEO 陈琪[J].互联网天地,2012(4):33-36.

[6] 刘益.直播带货前景几何[J].计算机与网络,2022,48(1):3.

拓展阅读

1. 2022 财年净亏近 6.4 亿元,过度依赖直播电商的蘑菇街深陷亏损泥潭.2022-06-08. https://baijiahao.baidu.com/s?id=1735073204331835688&wfr=spider&for=pc.

2. 屡次转型缘何屡次错失?"时尚电商第一股"蘑菇街的艰难救赎.2022-07-10.https://baijiahao.baidu.com/s?id=1737941259015614631&wfr=spider&for=pc.

3. 直播电商行业呈新发展趋势,蘑菇街创新模式迎新机遇.2022-06-17.https://baijiahao.baidu.com/s?id=1735861776083667836&wfr=spider&for=pc.

21.3 李佳琦的成功之路

案例标签:"口红一哥";个人 IP;消费者信赖;专业团队

案例网站:https://tbzb.taobao.com/?spm=a21bo.jianhua/a.201859.2.5af92a89CNFx6l

案例导读:

李佳琦的成功绝非偶然。直播电商行业内的人员变动非常频繁,而李佳琦却一直稳坐"直播一哥"的宝座,这与他的勤奋、真诚、认真、天分等皆分不开。在李佳琦停播 109 天,低调复出后,其直播间流量只增不减更能说明,不是所有人都可以成为下一个"李佳琦"。

21.3.1 李佳琦直播内容的多样性

李佳琦是涂口红的世界纪录保持者,被誉为"口红一哥",他能取得显著成就,主要归功于自身坚持不懈的努力。

李佳琦曾担任化妆品专柜的美容顾问,他积极主动地为顾客试色口红并展示其特性,因出色的表现多次荣获销售冠军。2016 年,他凭借在淘宝"BA 网红化"直播比赛中的卓越表现脱颖而出,随后签约美腕公司,正式成为美妆领域的知名达人。在直播过程中,李佳琦以独特的男性视角为女性消费者推荐口红,他专业地进行试色,并详细地介绍产品的特点与优势。另外,他标志性的口号"OMG,买它!"等赢得了广大消费者的喜爱。

李佳琦的直播带货能力十分突出,仅 2019 年一年的时间,李佳琦便创造了业内销售神话:在"38 女神节"期间 15 分钟售出 1.5 万支口红;在"618 美妆节"期间 3 分钟销售额高达 600 万元;在"双十一"期间预售额超 10 亿元。李佳琦一次次地用实际行动证明了他的销售能力。李佳琦在选品、直播、复盘等环节都尽心尽力、毫无怨言。

课堂讨论:李佳琦是如何用真诚一步步打动消费者和品牌方的呢?

21.3.2　严格的选品流程与多渠道的产品预热

1. 团队专业性强

李佳琦团队分工明确，在选品、宣传、直播、复盘等环节各司其职，通力打造李佳琦个人IP。在选品过程中，其他主播从选品到最终直播间带货可能只需要两周时间，而李佳琦团队则需要3个月。李佳琦团队的选品流程主要包括4个阶段：三轮产品试用阶段以及产品的详细分析阶段，如图21-10所示。首先，当品牌方将产品样品寄给李佳琦团队后，团队中的一部分人对产品进行第一轮试用；其次，团队中的另一部分人对产品进行第二轮试用；再次，两轮试用后团队集体开会讨论，了解团队成员对产品的使用感受以及推荐产品的理由，对产品进行竞品分析（主要将产品的性价比、实际功能与同类型产品的进行比较分析）；最后，在确定选品前团队对产品进行第三轮试用。

复杂的选品流程足以说明李佳琦团队认真、专业的态度，选品认真负责的态度为李佳琦赢得了大量流量，网友纷纷表示"李佳琦说好，就是真的好，可以放心购买"，这进一步说明了消费者对于李佳琦的信任以及李佳琦在消费者心中不可撼动的地位。

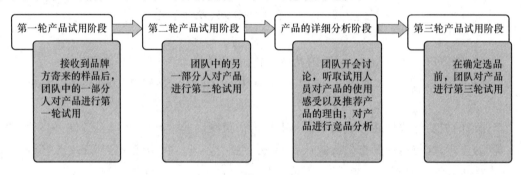

图21-10　李佳琦团队的选品流程

课堂讨论：在选品流程方面，李佳琦团队与其他主播的选品流程有什么区别？

2. 李佳琦的个人魅力

李佳琦帅气的外貌与其温柔的讲解、熟练的试色手法形成反差，引发了大众对于李佳琦直播间的好奇心。李佳琦多年的"柜哥"经历让他积累了大量专业的美妆知识，相比于其他主播，他更加了解女性消费者的购物心理。此外，李佳琦的直播语言兼具专业性和情感性。比如："清爽不拔干""粉质更加细腻、更加控油"等专业性语句增强了消费者对于李佳琦的信任；"遮瑕力超强""爆炸好用"等口语化的词语进一步拉近了李佳琦与消费者的距离；"OMG，买它！""Amazing""高级"等李佳琦常用的词语引发了消费者的共鸣，导致消费者产生冲动购买行为。

此外，李佳琦一直贯彻"为消费者服务"的理念，通过不断与品牌方谈判来使得直播间的产品优惠力度最大。并且李佳琦团队十分注重品控，保证与其合作的品牌有保障、值得信赖，以此来消除消费者内心的疑虑。

3. 多渠道的产品预热

以淘宝作为流量聚集地，李佳琦团队提前在微博、小红书、抖音、B站等社交平台对产品进行预热，如图21-11所示。微博主要对李佳琦直播进行预告提醒，以日历的形式直观地向大众展示直播日程。小红书主要对李佳琦直播带货的美妆产品进行精准化传播，其笔记内容主要包括"所有女生的主播""李佳琦新品秀""所有女生的offer""直播剧透""李佳琦小课堂""明星互动""口红试色"等板块。相比于微博，小红书的笔记分类更便于粉丝实现美妆相关笔记的精准化搜索。抖音作为国内最大的短视频社交平台,主要对李佳琦的直播片段进行剪辑,通过短视频的形式进行爆炸式传播。B站作为年轻人聚集的平台,因其独特的弹幕文化而备受欢迎,主要对李佳琦的产品进行预热,用户可以通过弹幕与其他观众进行实时互动,这样可以引起用户对产品的好奇心,增强观众的购物欲。

图 21-11　多渠道的产品预热

21.3.3　直播矩阵化,每个人的能力都值得被看见

李佳琦的直播团队不断壮大,其直播间主要分为时尚、零食、生活、美妆四大类。李佳琦不仅带货,还热衷培养新人主播,有些新人主播在直播间同样很受欢迎。

为拓展团队,美腕公司将李佳琦直播间细分为 3 个:李佳琦直播间、所有女生直播间和所有女生的衣橱直播间,如图 21-12 所示。李佳琦直播间注重性价比,挖掘新品,以满足所有女生的购物需求;所有女生直播间专注于全品类,但更强调产品的专业性讲解,尤其是在美妆产品上,注重分享化妆技巧;所有女生的衣橱直播间专注于时尚品类,模特身材贴近普通大众。

图 21-12　李佳琦直播间矩阵化

所有女生直播间和所有女生的衣橱直播间的开设,打破了传统的以"超级主播"为主的直播生态格局,李佳琦直播间矩阵化将直播内容细分,消费者可以按需进入不同的直播间,缩短寻找商品的时间,并且直播间的细分可以满足消费者的更多需求,为消费者提供更好的服务。李佳琦的主播团在新的直播间闪闪发光并不意味着李佳琦团队将分隔开,在"38 女神节""双十一"等大型节日活动的时候,他们会齐心协力地助力团队销售更多的产品。

21.3.4　李佳琦的不可替代性

2022 年,"直播全勤标杆"李佳琦在直播间缺席了 109 天,每天都有粉丝在其微博打卡"今天李佳琦直播了吗?",在李佳琦缺席的日子里,直播带货领域也发生了一些变化。例如:"毽宏女孩""毽宏男孩"等话题席卷全网,助力刘畊宏夫妇在抖音平台实现直播带货的转型;"东方甄选"因其双语知识带货迅速出圈,成为直播界的一股"清流",……直播新星频繁出现,但是这丝毫没有对李佳琦复播后的流量产生影响。

在李佳琦低调复播当天,淘宝平台并没有特意为李佳琦引流,只有主动搜索才会看到李佳琦正在直播,在毫无预告的前提下,当天有 6 000 万网友走进直播间,直播 GMV(Gross Merchandise Volume,商品交易总额)超 1.3 亿元,这一情况证明了李佳琦的不可替代性。

李佳琦的不可替代性主要体现在以下两个方面。

① 对于消费者来讲,李佳琦更像是值得信赖的朋友,而不是主播,这与其严谨的工作态度、严格的选品流程、专业的直播团队是分不开的,选品的时间之久让消费者对产品的质量更加信任,其团队在直播中展现了很强的专业性,很少把产品信息搞错。最重要的是,消费者"爱"李佳琦本质上是爱他给自己带来的极具性价比的产品,李佳琦让消费者相信,李佳琦直播间的产品就是全网优惠力度最大的产品。

② 对于品牌方来讲,李佳琦直播间不是一个销售渠道,而是品牌发展的助推剂。对于新消费品牌或者流量较低的国货品牌来讲,李佳琦直播间是其获取流量的最快途径,这些品牌将李佳琦直播间当作利润获取渠道,通过主动让利达到扩大知名度的目的,而李佳琦团队一直践行"帮助国货品牌被消费者看见"的价值主张,在直播间为消费者推荐极具性价比的国货商品。品牌与主播"双向奔赴",最终消费者可以有更多消费选择,同时品牌也实现了店铺拉新、销量增加的目的,这样就达到了互惠互利、合作共赢的目的。

课堂讨论:李佳琦这个名字是如何一步步成为一个品牌的呢?

案例来源

蔡余杰,《从 0 到 1 学做电商直播》,中国纺织出版社。

课后思考题

1. 李佳琦的成功为什么不可复制?
2. 李佳琦在"直播带货洪流"中的核心竞争力是什么?最吸引消费者的点是什么?

参考文献

[1]　臧程程. 电商直播用户持续使用意愿影响因素研究[D]. 广州:广州体育学院,2022.

[2]　陶沁玉,陈思. 基于全媒体信息传播模式矩阵的直播类 KOL 研究——以李佳琦为

例[J]. 中国商论,2022(1):51-53.

［3］ 李佳琦低调复出,直播江湖走向何方[J]. 上海广播电视研究,2022(4):8-10.

［4］ 应思瑶,梅思宇. 直播带货中的女性世界建构——以主播李佳琦为例[J]. 金华职业技术学院学报,2022,22(2):88-92.

［5］ 张莹莹,陈欣. 直播营销模式分析——基于李佳琦直播间[J]. 商场现代化,2022(1):49-51.

拓展阅读

1. 李佳琦不可复制,"专业有趣的人"可以炼成. 2023-04-26. https://new.qq.com/rain/a/20230426A07UEC00.

2. 网红李佳琦——详细解剖他背后的成功故事. 2022-07-22. https://zhuanlan.zhihu.com/p/544883831.

3. 李佳琦直播成功秘诀:人脉关系、切合消费需求的内容和多渠道营销. 2023-04-25. https://www.163.com/dy/article/I36036AQ05561QNV.html.